COURS MOYEN et COURS SUPÉRIEUR

GEORGE NICOLAS

TU SERAS
CHEF DE FAMILLE

Livre de Lecture sur la Morale domestique

> La famille est une servitude; je ne dis point cela pour l'abaisser, mais pour la relever; c'est une noble servitude où chacun se doit à tous.
> — P. JANET.

Récit anecdotique.
Leçons de choses.
82 gravures.

Armand COLIN & Cie
ÉDITEURS
du Cours d'Économie domestique CHALAMET
et du Cours d'Instruction civique PIERRE LALOI

ÉMILE LAVISSE. — *Tu seras Soldat*. 1 vol. in-12, avec grav., cart. **1 40**
HENRY MARCHAND. — *Tu seras Agriculteur*. 1 vol. in-12, avec grav., cartonné.. **1 60**

10916

« TU SERAS CHEF DE FAMILLE »

LIVRE DE LECTURE

SUR LA MORALE DOMESTIQUE

AVEC

DES NOTIONS DE DROIT USUEL, DES LEÇONS DE CHOSES, ETC.

PAR

GEORGE NICOLAS

Professeur au lycée Saint-Louis.

> « La famille est une servitude ; je ne dis point cela pour l'abaisser, mais pour la relever : c'est une noble servitude où chacun se doit à tous. »
>
> P. JANET.

Ouvrage illustré de 182 gravures.

PARIS

ARMAND COLIN ET Cie, ÉDITEURS

5, RUE DE MÉZIÈRES, 5

Tous droits réservés.

MÊME LIBRAIRIE

Collection des « Tu seras »

Livres de lecture courante à l'usage des Écoles primaires.

Tu seras Soldat, histoire d'un soldat français, par M. Émile Lavisse. 1 vol. in-12 cart., avec cartes et gravures.... **1 40**
Tu seras Agriculteur, histoire d'une famille de cultivateurs, par M. Henry Marchand. 1 vol. in-12 cart. Leçons de choses, 160 gravures.. **1 60**
Tu seras Prévoyant, par M. Paul Matrat. 1 vol. in-12 cart., avec gravures.. » »
Tu seras Ouvrière, simple histoire d'une ouvrière, par Mme L.-Ch. Chasteau. 1 vol. in-12 cart. Leçons de choses et gravures... » »
Tu seras Citoyen, par M. E. Ganneron. 1 vol. in-12 cart. Leçons de choses et gravures................................ » »

Autres ouvrages de lecture courante.

Une famille, par MM. Leroux et J.-C. Montillot. 1 vol. in-12 cart., avec gravures... **1 50**
Petite histoire de Paris, par M. Fernand Bournon, 1 vol. in-12 cart., avec plans et gravures.............................. **1 60**
Petite histoire de la Civilisation française, par M. Alfred Rambaud. 1 vol. in-12 cart., avec gravures................. **1 75**

BIBLIOTHÈQUE DU PETIT FRANÇAIS

Le volume in-18 jésus, broché, **2 fr.**; relié toile, tr. dorées, **3 fr.**

Yves Kerhélo, par Mme Marie Delorme.
Princesse Sarah, par M. Lamy.
Six nouvelles, par M. Charles Normand.
Histoire de deux enfants de Londres, par M. Ph. Daryl.
Histoire d'un vaurien, par Mme Magbert.
Jacques la Chance et Jean la Guigne, par Mme Robert Halt.
Robert le Diable, par M. Edm. Pascal.
Voyage du novice Jean-Paul, par M. Lamy.
Voyage du matelot Jean-Paul, par M. C. de Varigny.
Historiettes pour Pierre et Paul, par M. J. Jarry.
La teppe aux merles, par Mme S. Blandy.
Journées de deux petits Parisiens, par Mme Malassez.

Coulommiers. — Imp. Paul BRODARD.

AUX ENFANTS

Avez-vous pensé quelquefois, mes amis, à ce que vous seriez un jour dans la vie ?

Oui, je vous entends :

— Moi, je serai officier et je battrai les ennemis de la France. — Moi, je serai marin et j'irai loin, bien loin !...

Bon !

Et un autre cultivera la terre, un autre construira des machines, un autre servira l'État comme employé ; chacun sera utile, à sa manière.

Mais toi, l'officier, vivras-tu toujours à la caserne ? toi, le marin, sur ton vaisseau ? toi, l'agriculteur, dans ton champ ? toi, l'employé, dans ton bureau ?

— Non, nous aurons une maison où nous rentrerons quand nous serons fatigués de notre travail.

— Et qui trouverez-vous dans cette maison ?

— Il y aura une compagne qui nous aimera, nous consolera, nous encouragera, comme nos mères aiment, consolent, encouragent nos pères. Il y aura des enfants qui nous chériront et nous respecteront, comme nous chérissons et respectons nos parents...

— Mes amis, tout petits que vous êtes, vous êtes de grands sages, car vous venez de dire le secret pour être heureux. Ce secret n'est pas ailleurs que dans l'accomplissement des devoirs qu'impose la famille. La charge est lourde et c'est une « servitude », ainsi que le dit la phrase qui est sur la couverture de ce livre. Mais, ne l'oubliez pas, les sacrifices que vous aurez faits vous seront payés au centuple par les joies que vous en ressentirez, par l'affection dont vous serez entourés, par le souvenir que vous laisserez.

Certains égoïstes se complaisent dans la solitude; de mauvais chefs de famille se dérobent à leurs devoirs. Blâmez-les, mais surtout plaignez-les : ils ignorent le vrai bonheur.

Et vous, voulez-vous le connaître? mariez-vous et soyez plus tard de bons époux, de bons pères.

G. N.

TU SERAS
CHEF DE FAMILLE

CHAPITRE I

LA FIN D'UN HONNÊTE HOMME

Lettre de Charles Moreau à son ami Pierre Désormes.

A monsieur Pierre Désormes, premier maître mécanicien de première classe à bord de l'aviso* le Dragon, *stationnaire* de Tunisie*.*

« Longueval, 12 décembre 1888.

« Mon cher Pierre,
« Mon père est mort.
« Il y a quatre jours, une dépêche de ma sœur
« Marguerite m'était apportée à l'usine : *Viens sans*
« *tarder*, et rien de plus. Douze heures après, j'étais
« à Longueval, rue des *Pierres*. J'avais de suite prévu
« un malheur et, depuis Lille*, j'avais le cœur serré;
« malgré tout, je ne voulais pas croire à quelque
« chose d'irréparable. En wagon, j'essayais de me
« rassurer; je me répétais : Ma sœur a signé la dé-
« pêche; il ne s'agit donc pas d'elle... Mon père?
« mais, aux dernières nouvelles que j'ai reçues, il

« avait toujours sa belle humeur et sa belle santé...
« C'est quelque indisposition dont cette pauvre Mar-
« guerite se sera effrayée sans motif.

« Il était deux heures du matin quand j'arrivai
« devant notre
« vieille boutique
« (fig. 1); une lueur
« filtrait sous les
« volets; on sem-
« blait m'attendre.
« Je frappe, et Jac-
« ques, l'apprenti,
« m'ouvre aussi-
« tôt. Il avait des
« larmes plein les
« yeux, ce brave
« petit :

Fig. 1. — La boutique de Moreau.

« — Ah! monsieur Charles, me dit-il, quel mal-
« heur!... Ce pauvre M. Moreau!...

« En même temps, par le petit escalier qui va de

DROIT USUEL : **Apprenti**. — L'apprenti est l'enfant ou le jeune homme qui apprend une profession sous la direction d'un maître.

Les obligations réciproques des *maîtres* et des *apprentis* sont réglées par le *contrat d'apprentissage*. L'apprentissage achevé, le maître délivre un certificat constatant que les conditions convenues ont été remplies.

Le maître doit être majeur et de bonne moralité. Il doit se conduire envers l'apprenti en bon père de famille et lui enseigner soigneusement la pratique de sa profession. Il peut être déclaré responsable du dommage causé par son apprenti.

L'apprenti doit à son maître *obéissance, respect* et *fidélité*. La qualité d'apprenti est une circonstance aggravante du *vol*.

La durée du travail est limitée à *dix heures* pour l'apprenti *au-dessous de quatorze ans*, à *douze heures* pour l'apprenti de *quatorze à seize ans*. A celui qui *n'a pas seize ans*, le travail de *nuit est interdit*. Les dimanches et jours de fête légale, l'apprenti n'est tenu à aucun travail, si ce n'est pour ranger l'atelier, jusqu'à dix heures du matin.

« la boutique à la chambre de mon père, descendait
« M. Weber. Il m'embrasse et me dit :

« — Du courage, mon garçon !... Monte là-haut
« consoler ta sœur.

« Ni Jacques, ni M. Weber n'avaient prononcé le
« mot, et pourtant j'avais compris que la mort était
« entrée chez nous.

« Oui, mon cher Pierre, mon père était mort, et
« ce pauvre père, si bon, si aimant, je n'avais pu lui
« fermer les yeux.
« J'ai trouvé Mar-
« guerite en face
« d'un cadavre ;
« car, malgré les
« prières de ceux
« qui l'assistaient
« dans ce moment
« cruel, la coura-
« geuse fille n'a-
« vait pas voulu
« s'éloigner du lit
« funèbre (fig. 2).
« Quand j'entrai,
« nous ne trou-

Fig. 2. — La courageuse fille n'avait pas voulu s'éloigner du lit funèbre.

« vâmes, ni l'un ni l'autre, une parole à nous dire ;
« elle s'est jetée à mon cou et nous avons confondu
« nos sanglots et nos larmes. Nous sommes restés
« ensemble, au chevet de celui que nous aimions tant,
« jusqu'à la mise en bière. Alors M. Weber, qui ne
« nous a pas quittés un instant, a emmené de force
« Marguerite.

« C'est lui qui, durant la veillée, m'a raconté com-
« ment est survenu le malheur qui nous frappe. Je
« n'ai pas le courage de te refaire son récit. Un
« article que je découpe dans l'*Écho de Longueval*

« et que je joins à ma lettre t'apprendra les détails.
« Mon père, comme tu le verras, a été victime de
« son dévouement.

« 13 décembre.

« J'achève ma lettre après l'enterrement... Je l'ai
« encore dans les yeux et dans le cœur. Oh! l'af-
« freuse chose que cette promenade derrière le cer-
« cueil qui emporte ce que vous avez de plus cher!
« L'affreuse chose que cette descente dans la fosse
« d'une bière fermée pour toujours! Pourtant, toutes
« les consolations que les hommes peuvent donner,
« je les ai eues. Il
« y avait foule au
« convoi, et non
« pas une foule in-
« différente, mais
« des gens sincè-
« rement émus.
« M. Weber, ce
« vieux soldat, pleu-
« rait comme un
« enfant. Au cime-
« tière, M. Huet,
« le maire, a pro-
« noncé un dis-

Fig. 3 — M. Huet, le maire, a prononcé un discours.

« cours (fig. 3); il a loué mon père dignement et
« simplement : cela venait du cœur. Ses paroles
« m'ont touché; pas plus cependant qu'un mot de
« la vieille Simon, la bonne femme qui vend des
« poires et des billes à la porte du collège. Je reve-
« nais du cimetière quand elle m'arrêta et me dit :

« — Monsieur Charles, vous aurez du mal si vous
« voulez valoir votre père !...

« — J'essayerai, mère Simon, lui ai-je répondu.

« Allons, mon cher Pierre, de là-bas, de ton Afri-

« que, envoie un dernier adieu au père Moreau;
« car, tu le sais, il t'aimait bien, toi aussi.

« Ton ami,
« Charles Moreau. »

L'article de l'Écho de Longueval. — Voici ce que lut Pierre Désormes dans le fragment de journal que lui envoyait son ami :

« Nous avons le regret d'apprendre le décès d'un de nos
« plus honorables concitoyens, M. Moreau, horloger, rue
« des *Pierres*. Il a succombé hier aux suites d'une fluxion
« de poitrine contractée dans les circonstances suivantes.
« Dans la cour de la maison qu'il habite, se trouve un
« puits à margelle très basse, ordinairement recouvert par
« une plaque de tôle. Cette plaque avait été retirée pour
« être passée en couleur. La jeune Juliette Martin, enfant
« âgée de six ans environ, échappant à la surveillance de sa
« mère, locataire dans la maison, s'approcha imprudem-
« ment de l'orifice et se laissa choir au fond de l'eau. A
« cet instant même, M. Moreau pénétrait dans la cour. Il
« appelle à grands cris son ouvrier et son apprenti; ceux-
« ci accourent et, avec eux, quelques voisins. M. Moreau
« se fait passer une corde sous les bras et descend ainsi
« dans le puits; il peut saisir l'enfant et, quand il l'a ra-
« menée à la surface, il commande de remonter la corde.
« Ce ne fut qu'après de longs efforts qu'on parvint à hisser
« jusqu'au bord le courageux sauveteur avec l'enfant cram-
« ponnée désespérément à son cou (fig. 4).
« La petite Juliette semblait complètement anéantie par
« l'émotion terrible qu'elle venait de subir et par son sé-
« jour dans une eau glacée. Grâce à des soins empressés,
« donnés sur les indications de M. Moreau lui-même, elle
« est à peu près remise à cette heure. Malheureusement,
« il ne devait pas en être de même de celui qui l'a arra-
« chée à la mort. Le lendemain, M. Moreau était pris d'une
« pneumonie. La vigueur de son tempérament faisait d'abord

Hygiène : **Pneumonie.** — La pneumonie, vulgairement appelée **fluxion de poitrine**, est une inflammation du *poumon*; sa durée est de *9* à *11 jours*.

« espérer une issue favorable, et lui-même comptait si bien sur son rétablissement qu'il avait défendu de pré-

Fig. 4. — Le sauvetage de la petite Juliette.

La pneumonie est le plus souvent causée par un *refroidissement subit*. Il faut donc éviter de passer brusquement d'une température chaude à une atmosphère froide, de s'exposer aux

« venir son fils, employé dans l'industrie à Lille *, de
« l'état où il se trouvait. Une aggravation subite du mal
« l'a brusquement enlevé à l'affection des siens et à l'estime
« de ses concitoyens.

« M. Moreau était âgé de cinquante-sept ans.

« La ville entière de Longueval s'associe à la douleur de
« ses enfants et de ses amis. »

CHAPITRE II

LONGUEVAL

Une sous-préfecture. — Longueval, que venait ainsi d'attrister la mort d'un honnête homme, est une sous-préfecture de dix mille habitants, demi-champenoise, demi-lorraine, à six ou sept heures de Paris, sur la ligne de Nancy *.

La configuration géographique des lieux où s'élève la ville suffit à expliquer son nom. Gravissez le coteau au revers duquel est adossé le vieux collège, et, des hauteurs où se dressait jadis le donjon * féodal, votre œil plongera sur une *longue vallée* à pentes douces, au fond de laquelle coule la *Claire*, cours d'eau lent et limpide qui serpente d'abord entre des saules et des peupliers, puis disparaît dans les maisons de la ville. Étymologie si peu contestable que, sur ce point, on était d'accord à la *Société des Lettres, Sciences et*

---

courants d'air, et, quand on est en sueur, de se coucher sur le sol ou de boire de l'eau trop fraîche.

La pneumonie a pour symptômes principaux : un *point de côté* violent, des *frissons*, la *fièvre*, une *respiration difficile*, une *toux sèche* d'abord, mais bientôt suivie d'*expectoration*.

C'est une maladie grave qui exige dès le début les soins d'un médecin ; laissée sans secours à sa marche ordinaire, elle pourrait être *mortelle*.

Arts[1] siégeant à Longueval. Dieu sait pourtant si l'on aimait à y discuter! Par exemple on se rattrapait sur le nom que la ville avait dû porter à l'époque gauloise; là-dessus, la Société s'escrimait de la langue et de la plume depuis cinquante ans, date de sa fondation.

La ville s'étend en longueur dans la vallée que couronnent des lisières de bois, des vignes, qui s'étagent sur le flanc des collines et descendent jusqu'aux premières maisons. Les rues de Longueval ne sont ni bien larges ni bien régulières, mais presque tout le monde y a sa maison et un petit jardin. La sous-préfecture, la mairie et le tribunal sont des bâtiments modernes, bien appropriés à leur destination, insignifiants d'ailleurs. On s'arrêterait plus volontiers devant le collège; il date du seizième siècle, et sa toiture quadrangulaire en tuiles, ses quatre faces sombres percées de larges fenêtres à petits carreaux verdâtres, sont d'un effet pittoresque.

Plus curieuse encore est Notre-Dame, église de **style gothique**, toute noire de son antiquité, avec une

---

Leçon de choses : **Style gothique.** — L'architecture en usage du *douzième* au *seizième* siècle est dite de style gothique; elle a succédé à l'architecture *romane*, à laquelle appartiennent les édifices religieux élevés en France depuis la fin du *cinquième* jusqu'au *onzième* siècle.

L'architecture gothique est caractérisée par les voûtes en *ogive*, c'est-à-dire par des voûtes formées de deux arcs qui se

---

1. Dans beaucoup de villes, il y a des sociétés analogues à celle dont il est ici question. Elles s'occupent des antiquités du pays, font des recherches sur les grands hommes qui y sont nés, organisent des expositions de tout genre, etc. Chaque année, des délégués de chaque société peuvent se réunir à Paris et se donner réciproquement connaissance de leurs travaux.

flèche pointue qui menace le ciel (fig. 5), un portail chargé de statues et de scènes bibliques à moitié détruites, des vitraux coloriés à personnages, et, dans

Fig. 5. — L'église de Longueval.

l'intérieur, des colonnes sur le chapiteau desquelles grimacent des figures du temps ancien.

---

croisent de manière à faire au sommet un angle aigu (fig. 6); l'architecture romane employait au contraire les voûtes à *plein cintre*, c'est-à-dire en demi-cercle (fig. 7).

 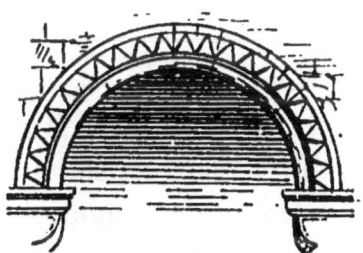

Fig. 6. — Architecture gothique.   Fig. 7. — Architecture romane.

Malgré son nom, l'architecture gothique ne provient pas des Goths *; elle a été créée par les architectes du nord de la France. C'est en ce style que sont bâties une foule d'admirables cathédrales (*Paris* *, *Reims* *, *Rouen* *, *Chartres* *, *Amiens* * *Orléans* *, etc.).

Mais l'orgueil des archéologues * locaux, c'est une vieille pierre portant une inscription et retrouvée il y a dix ans à trois pieds et demi de profondeur en terre, dans des débris de maçonnerie. Ce document lapidaire * est déposé sous le porche de la mairie ; malheureusement, on ne peut s'entendre sur son interprétation. On est à la vingt-deuxième, et M. Guillois, professeur d'histoire en retraite, parle d'en soumettre une vingt-troisième à la *Société des Lettres, Sciences et Arts*.

L'industrie du pays est assez active. Assurément

Fig. 8. — Fabrication du charbon de bois.

il s'en faut que les moulins de Longueval rivalisent avec les immenses établissements de Corbeil * ou de Gray *, mais cependant ils réduisent chaque année en farine des quantités importantes de blé. Si l'on remonte la vallée de la Claire, on rencontre une région forestière assez vaste. Tout un petit peuple vit de l'exploitation des taillis *, en faisant des bûches pour le chauffage, des sabots, du charbon de bois (fig. 8), des échalas pour les vignes, de menues pièces de charronnage; dans la saison de l'abatage, de fin janvier à fin avril, une bande de bûcherons met en coupe les futaies* centenaires et charrie, à deux scieries mécaniques mues par la rivière, les chênes et les sapins qu'elles débiteront en planches, en poutres, en madriers. Ailleurs, des gisements*, affleurant presque le sol, donnent un **minerai de fer** estimé que la fonderie Legrand, aux portes

---

Leçon de choses : **Minerai de fer.** — On appelle **minerais** les *métaux* tels qu'on les extrait du sein de la terre; ils sont ordinairement *combinés à d'autres corps.*

La *métallurgie* est l'ensemble des procédés suivis pour la transformation des minerais en métaux propres à l'exploitation; elle a fait en France, depuis quelques années, des progrès considérables, surtout pour le **fer**. Notre plus importante usine métallurgique est au *Creusot*.*

Après qu'on en a séparé, dans la mine même, les matières stériles, le minerai est soumis à un *concassage*; puis les fragments provenant de ce concassage subissent, ainsi que le minerai qui se présente en grains, l'opération du *débourbage* qui consiste à laver le minerai et à en séparer, autant que possible, par l'action de l'eau, les matières terreuses qui l'accompagnent (*gangue*).

Pour obtenir le fer, une seule opération suffit avec la *méthode catalane* qui traite le minerai par la chaleur dans des fourneaux bas et carrés entourés d'un massif en maçonnerie; ce procédé, très anciennement connu et très expéditif, donne un métal d'excellente qualité; mais il est peu employé à cause de la perte de minerai qu'il entraîne. La méthode des *hauts fourneaux* produit environ dix fois plus que la méthode catalane.

Fig. 9. — Un haut fourneau.

L'élévation d'un haut fourneau (fig. 9) varie de 8 à 15 mètres; l'intérieur, qui est en briques réfractaires ou en pierres capables de résister à la plus haute température, a la forme de deux pyra-

mêmes de Longueval, convertit en ustensiles de tout genre et en objets de grosse ferronnerie*. Non loin de la gare, s'élèvent d'autres ateliers métallurgiques réputés pour leurs tôles et leurs aciers. A côté, symbole du passé vaincu par le présent, s'écrasent les ruines d'un vieux manoir, rongées par la mousse comme un tronc d'arbre séculaire.

La famille Moreau. — En somme, c'est un aimable pays, plein de braves gens, et il y fait bon vivre : si bon que, vers 1860, quand les sept années qu'on exigeait alors des soldats furent révolues, le maréchal des logis Louis-Charles Moreau, du deuxième régiment d'artillerie à cheval, revint tout droit s'asseoir à l'établi d'horloger où il avait fait son apprentissage.

---

mides tronquées réunies par leur base. A l'aide de portes pratiquées dans la construction, on emplit le haut fourneau, en dessous, de coke (V. GAZ [1]), en dessus, de minerai mélangé avec du charbon. Sous l'influence de la chaleur qu'on élève à l'aide de machines soufflantes, la gangue se vitrifie, et, en raison de sa densité, le métal qui n'est pas encore du fer, mais de la *fonte* (V. FONDERIE), coule jusqu'à la partie inférieure du haut fourneau, dans un creuset qu'on débouche quand il est plein. L'*affinage* de la fonte, c'est-à-dire sa conversion en fer, consiste à la chauffer fortement au contact de l'air; cette opération se pratique dans des fours particuliers appelés *fours à puddler*.

Dans le langage historique, l'*âge du fer* se dit du temps où l'homme commence à faire usage de ce métal, par opposition à l'*âge du cuivre*, plus ancien, où tous les ustensiles étaient en cuivre, et à l'*âge de la pierre*, encore plus ancien, où tous les instruments tranchants étaient en silex.

---

1. Les indications de ce genre signifient que le mot précédent est expliqué dans un article ayant pour titre le terme imprimé en lettres capitales : *coke* est expliqué à la LEÇON DE CHOSES : **Gaz**. — Même observation pour les mots imprimés en capitales, sans autres indications, dans le courant des articles; en lisant : NOTAIRES dans l'article de DROIT USUEL : **Testament**, on sait que le mot NOTAIRES est l'objet d'un article portant ce titre. — Pour trouver l'article ainsi indiqué, se reporter à la table alphabétique, page 305.

— Reste, lui avait dit son camarade Weber, un Alsacien de Haguenau *. A Solférino *, nous avons gagné ensemble nos galons; nous gagnerons l'épaulette ensemble.

Mais, bah! Moreau se souciait peu des honneurs. Longueval l'appelait; non point la famille, car il était orphelin, mais les souvenirs d'enfance et de jeunesse, peut-être l'espoir de trouver une compagne. Prenait-il le bon parti? Certes, l'ambition militaire a sa grandeur; mais quand le capitaine Weber vint occuper, aux portes de Longueval, la perception d'Origny que lui avait value

Fig. 10. — Artilleurs à Saint-Privat.

une grave blessure reçue à Saint-Privat * (fig. 10), il comprit, devant le spectacle d'une famille bien unie, ce qu'il appelait autrefois la désertion de Moreau.

Celui-ci, en six mois de travail, avait recouvré toute son habileté professionnelle; d'ailleurs, au régiment, il avait sa trousse d'horloger et exerçait volontiers ses talents sur la montre d'argent des camarades; par deux fois, le colonel lui avait même confié son bréguet *. Ayant un petit patrimoine, Moreau songea à s'établir. Rue des *Pierres*, un vieil homme dont la vue se gâtait, cherchait à céder sa boutique. Oh! l'humble boutique que c'était! L'établi avec les outils indispensables, une devanture d'un vert sale, quelques montres pendues à un vitrage. Un an après l'installation du successeur, la boutique avait un aspect décent qui attirait la pratique; l'honnêteté du patron, sa gaieté, sa rondeur, lui faisaient de chaque client un ami.

En face de la boutique de l'horloger, demeurait un employé de la mairie, le père Vincent. Souvent, à la fenêtre du logis, Moreau apercevait, occupée à quelque travail de couture, une jeune personne fort simple et fort modeste. C'était la fille du bonhomme, Mlle Marthe. Elle n'avait pour dot que son trousseau, sa jeunesse, sa bonne humeur et ses qualités domestiques. Moreau trouva l'apport suffisant, fit sa demande et fut agréé.

— Jamais, disait-il, je n'ai fait si bonne affaire.

Moreau disait vrai. Combien aurait-il fallu de sacs d'écus pour valoir l'activité dévouée de sa compagne? Un conte breton dit des doigts de la ménagère que ce sont dix nains très obéissants, toujours prêts, sur l'ordre de leur maîtresse, à coudre, à blanchir, à repasser, à cuisiner, à entretenir l'ordre et la propreté. Eh bien! ils étaient infatigables les petits ouvriers de Mme Moreau, et si diligents, si prompts, si vifs! Vous eussiez juré qu'elle en avait au moins une centaine à son service.

Mme Moreau eut aussi une large part dans la prospérité et le bon renom de la maison de commerce. Sans doute Moreau en garda toujours la direction générale, mais il n'arrêta jamais une chose de quelque importance sans consulter sa femme. Il appelait cela prendre l'avis préalable de son conseil des finances. Sans Mme Moreau, y aurait-il eu dans le gouvernement du magasin autant de régularité, de prévoyance, d'économie? On peut en douter, car l'excellent Moreau était souvent distrait, souvent trop confiant, et, sans la fermeté douce de sa femme, il aurait eu trop facilement la main à la bourse. Dans les questions relatives à l'argent, Mme Moreau exerça une autorité réelle ; son mari lui obéissait d'autant mieux que jamais elle ne prenait avec lui ce ton impérieux et acariâtre qui ferait haïr les plus sages remontrances. Et les bonnes habitudes prises, Moreau se trouva les garder naturellement, après qu'un malheur inattendu lui eut enlevé sa chère Marthe.

Pour l'éducation de Charles et de Marguerite, le même accord régna entre les deux époux. Tous deux comprenaient que si l'intelligence se développe à l'école, c'est surtout à la maison que les mœurs se forment; ils comprenaient que ni les livres ni les maîtres ne peuvent remplacer l'exemple domestique pour enseigner aux enfants la probité, la bonté, la franchise, la politesse, l'égalité d'humeur, la douceur envers les animaux, en un mot tous les devoirs dont l'observation fait les honnêtes gens. Ni le père ni la mère ne s'amusaient à discourir longuement sur la morale; la meilleure des leçons pour Charles et Marguerite, c'était la vie de leurs parents.

Ceux-ci ne s'étaient jamais crus tenus de songer pour leurs enfants à une position plus élevée que celle dont eux-mêmes se contentaient. Par le travail et l'épargne, ils avaient acquis la maison qu'ils occupaient en partie, et chaque année, leur aisance s'augmentait; malgré cela, l'ambition ne leur venait pas. Ils étaient heureux dans leur existence modeste; pourquoi les enfants iraient-ils chercher autre part le bonheur?

— Charles sera horloger, disait volontiers Moreau à sa femme. Il se mariera et de lui naîtra une postérité de petits horlogers qui perpétueront le nom de Moreau sur l'enseigne de la maison. Plus tard, nous nous arrangerons pour que Marguerite, elle aussi, soit horlogère comme sa maman.

— Au moins on saura l'heure dans la famille, répondait Mme Moreau en souriant.

Ce rêve ne devait pas se réaliser. Nous savons que Charles n'était pas horloger et Marguerite, nous le verrons, n'était pas destinée à être horlogère.

C'est à l'établissement métallurgique voisin de la gare de Longueval que Charles devait sa vocation industrielle. Les hautes cheminées, sans cesse empanachées de fumée, avaient fait impression sur son imagination de petit enfant; plus tard, avec son père qui avait la pratique de la maison, il avait pénétré fréquemment dans l'usine. Un contremaître, amusé par les curiosités intelligentes du gamin, le promenait dans les ateliers, et le jaillissement des étincelles, le roulement des chariots chargés de masses incandescentes, les ouvriers masqués de toiles métalliques et remuant de leurs lourdes pinces le métal rougi à blanc, les coups réguliers de l'énorme marteau-pilon (fig. 11), tout ce spectacle réellement saisissant avait frappé Charles, si bien qu'une fois, en sortant, il avait dit à son père :

— Papa, plus tard, quand je serai grand, je veux travailler dans le fer.

— Dans le fer, petit malheureux, quand ton père travaille dans l'or ! s'écria Moreau avec un bon rire. Quelle chute! Enfin, plus tard nous verrons, si le cœur t'en dit vraiment. Remarque d'ailleurs, garçon, que si j'aime l'horlogerie, je ne méprise pas la métallurgie. Mieux vaut taper sur du fer en chantant que de bâiller à l'heure dans un bureau d'expéditionnaire.

D'ailleurs, le temps est proche où le monde n'emploiera plus que le fer pour tous les usages; on navigue dans des vaisseaux en fer, on bâtit en fer, on se guérit même, paraît-il, en avalant du fer. Allons,

Fig. 11. — Un intérieur d'usine. — Le marteau-pilon.

tu as peut-être raison. Travaille au collège et tu iras à l'**École des arts et métiers** de Châlons *.

INSTRUCTION CIVIQUE : **Écoles d'arts et métiers.** — Les trois Écoles d'arts et métiers, établies à *Aix* *, *Angers* * et *Châlons*-*sur-Marne*, sont destinées à former des chefs d'atelier et des ouvriers instruits et habiles pour les industries où l'on travaille le fer et le bois.

Nul élève ne peut y entrer que par la voie du *concours*, et nul candidat n'est admis à concourir : 1° s'il n'est Français; 2° s'il n'a justifié qu'il a *plus de quatorze ans* et *moins de seize ans* le 1er janvier de l'année dans laquelle le concours a lieu.

Le concours comprend *deux examens* : l'un devant un jury siégeant au chef-lieu de chaque département; l'autre devant une commission régionale.

Le premier examen a lieu dans les premiers jours d'août; il comprend : la *lecture* et l'*écriture*, l'*arithmétique*, des éléments de *géométrie*, de *dessin linéaire* et de *dessin d'ornement*, l'*exécution* d'une pièce de *bois* ou de *fer* en rapport avec le métier dont les candidats ont suivi la pratique.

Ceux qui ont subi ce premier examen d'une façon satisfaisante en passent un second qui est *limité aux matières du premier* et qui est purement *oral*.

A la fin de 1873, Mme Moreau était morte subitement; les médecins, un peu au hasard, avaient parlé d'une embolie, c'est-à-dire de l'obstruction d'un vaisseau sanguin[1] par un caillot*, formé dans un vaisseau plus grand. Charles était alors élève de troisième année à l'école de Châlons et la petite Marguerite allait sur ses douze ans. Ce fut la grande douleur de la vie de Moreau. On lui conseillait de se remarier; il refusa, d'abord par respect pour la mémoire de la morte, et aussi par crainte qu'une seconde union compromît, comme il arrive parfois, le bonheur de ses enfants. D'ailleurs, à quatorze ans, Marguerite, sortie de pension, tenait la maison de son père avec tout le sérieux requis.

Moreau avait eu un dernier chagrin : la disparition de son beau-frère, Célestin Vincent. Célibataire, esprit inquiet, Célestin avait tâté de tous les métiers. On disait même tout bas qu'il avait été acteur à Nancy* (fig. 12); et c'était vrai. Excellent homme au demeurant, Célestin vivait dans les nuages, toujours dupe

Fig. 12. — On disait même tout bas qu'il avait été acteur à Nancy.

La durée des études dans les Écoles d'arts et métiers est de *trois ans*. Les élèves sont *internes*. Le prix de la pension est de *600 francs* par an, à moins que les parents ne demandent une *bourse* ou une *fraction de bourse* en justifiant de l'insuffisance de leurs moyens.

---

1. Ce sont les *veines* et les *artères*. (V. CHAIR... MUSCLES, etc.)

de son imagination. Un beau jour, sans rime ni raison, il avait quitté la fonderie Legrand où il était employé comme comptable. Moreau, qui l'aimait fort, l'avait repris un peu vivement au sujet de cette sottise; dès lors, plus de Célestin à Longueval et pas de nouvelles. Le digne Moreau s'accusait d'avoir été trop dur et, bien à tort, se sentait des remords de conscience.

Bref, on voit que Moreau méritait les regrets dont il était suivi. Ils étaient universels et, malgré l'insouciance de leur âge, les enfants du quartier euxmêmes se désolaient à la pensée qu'ils ne verraient plus derrière sa vitre le papa de Mlle Marguerite et que, dans la rue, ils n'ôteraient plus leur casquette à ce grand monsieur si bon et si joyeux malgré le froncement de ses gros sourcils.

CHAPITRE III

RUE DES PIERRES

Retour du cimetière. — Après le discours du maire de Longueval, M. Weber avait entraîné Charles Moreau hors du cimetière.

— Allons, Charles, avait-il dit en raffermissant sa voix, il faut aller rue des *Pierres*... Ta sœur t'attend.

Quelle rentrée dans la maison d'où est sorti sans retour celui qui en était l'âme et la vie! La boutique est fermée; le joyeux tic tac des montres s'est éteint; les pendules en marche ont été arrêtées; dans l'ombre, on n'entend plus qu'un régulateur (fig. 13) dont le bruit monotone semble funèbre. Devant l'établi, Charles se laisse tomber sur un vieux tabouret de cuir vert, le siège de son père pendant des années. Dans cette pièce qu'il a laissée, il y a quelques mois, si claire et si gaie et qu'il retrouve sombre et triste comme un tombeau, il revoit son père avec tous les gestes qui lui étaient familiers dans ses travaux d'horlogerie ; il le revoit avec le froncement de son sourcil en broussailles quand il ajustait la loupe * à son œil (fig. 14) ; il l'entend siffler ses vieux airs tout en maniant la lime ou en frappant sur sa petite enclume.

Fig. 13. — Régulateur d'horlogerie.

Au bout d'un moment, M. Weber qui ne l'avait pas quitté, lui toucha l'épaule :

— Charles, lui dit-il, Hubert voudrait te parler.

Justin Hubert. — Justin Hubert était l'ouvrier du père Moreau : un grand garçon sec, froid, poli, parlant peu, ne riant jamais. Les pratiques à qui il avait affaire en l'absence du patron, disaient parfois à celui-ci :

— Il n'est pas causeur, votre Hubert.

— Ah! non, répondait le père Moreau... Et, franchement, il y a des jours où cela m'ennuie. Mais, que voulez-vous? il rhabille une montre comme pas un et je suis sûr de son honnêteté. Dans notre partie, c'est à considérer... Bah! Hubert se tait, je cause tout seul ; comme cela, nous ne nous querellons jamais, et le travail n'en va que mieux.

Sur les paroles de M. Weber, Charles s'était levé et, distinguant l'ouvrier qui sortait de l'angle le plus obscur de la boutique, lui avait tendu la main.

— Monsieur Charles, dit Hubert, je ne sais quelles sont vos intentions au sujet de la maison ; mais, quelles qu'elles soient, il serait utile de rouvrir demain et de me permettre de revenir pour une semaine ou deux. Nous avons du travail commencé qu'il faut finir... J'espère aussi que vous consentirez à me laisser Jacques pour le temps nécessaire à l'achèvement de la besogne en train.

Fig. 14.—Quand il ajustait la loupe à son œil.

— Faites pour le mieux, Hubert.

— Il vous sera facile de connaître par les livres de M. votre père ce que contient le magasin... C'est Mlle Marguerite qui les tenait dans ces derniers temps.... Quant aux objets donnés en réparation, horlogerie ou bijouterie, ils sont enfermés dans un tiroir dont on m'avait laissé la clef... La voici... Mlle Marguerite en tenait d'ailleurs un état. Peut-être faudrait-il vérifier ?

— C'est bon, Hubert ; j'ai confiance en vous.

— Soit, monsieur... Maintenant, je désirerais voir Mlle Marguerite pour l'assurer encore une fois de la part que je prends...

— Montez avec nous, Hubert.

Mlle Moreau était assise dans sa chambre; elle avait voulu y attendre seule le retour de Charles. Sans force, aussi abattue qu'elle avait été vaillante pendant la maladie de son père, Mlle Moreau ne put que tendre les bras à son frère.

— Je n'ai plus que toi, mon pauvre Charles, lui dit-elle en laissant couler silencieusement ses larmes.

Le frère l'embrassa, et, s'agenouillant à côté d'elle, lui dit :

— Allons, sois courageuse, ma petite Marguerite.

M. Weber ajouta d'un ton de reproche :

— Et puis il ne faut pas compter les amis pour rien, mon enfant.

Fig. 15. — Hubert, par discrétion, s'était arrêté un instant à la porte.

Hubert qui, par discrétion, s'était arrêté un instant à la porte, s'avança (fig. 15); Jacques, l'apprenti, le suivait, les yeux rouges et la respiration comme oppressée par un sanglot contenu. Dans la demi-obscurité de la chambre dont les rideaux étaient tirés, l'ouvrier dit :

— Mademoiselle, c'est moi... Hubert... Quand on a passé quatre ans avec un homme comme M. votre père, et qu'on le voit partir, surtout dans les circonstances que tout le monde sait, il faudrait n'avoir pas de cœur pour ne pas venir dire à sa fille et à son fils tout le chagrin qu'on a... J'aurais peut-être dû l'empêcher de faire ce qu'il a fait. Mais vous le connaissiez, n'est-ce pas? vous savez bien que, même le voulant, je n'aurais pas pu... Si j'ai cru pouvoir vous déranger dans un pareil moment, mademoiselle, c'est que je n'étais pas pour M. Moreau le premier venu; il m'estimait, et cette estime me donne, je crois, le droit de partager votre douleur...

De sa vie, Hubert n'en avait peut-être jamais tant dit; tout en parlant, il s'était passé deux fois le revers de la main sur la figure. Était-ce le geste que font souvent, comme par fatigue, les gens taciturnes quand une fois ils s'expriment plus longuement que de coutume, ou, tout simplement, avait-il essuyé ses yeux qui se mouillaient? Quoi qu'il en soit, on aurait pu distinguer un tremblement dans sa voix d'ordinaire si ferme.

— Merci, Hubert, dirent les enfants de Moreau. Et ils ajoutèrent quelques mots pour Jacques qui s'était tenu silencieux à côté de l'ouvrier.

Le testament de Moreau. — Weber n'avait d'autre famille que celle de l'horloger, où chacun d'ailleurs le respectait pour sa droiture et l'adorait pour sa bonté qui n'allait pas sans quelque brusquerie. Moreau n'avait pas de secrets pour lui.

Resté seul avec Charles et Marguerite, il leur dit :

— Mes enfants, je sais qu'il y a deux ans et demi environ votre père a mis par écrit ses dernières volontés. Vous trouverez, je crois, le papier qui les contient dans un tiroir de son secrétaire... Maintenant, au revoir... Causez ensemble, réfléchissez. Vous serez mieux seuls... Avant le départ de Charles pour Lille *, vous viendrez tous les deux à Origny me dire ce que vous aurez décidé. Il est bien entendu que si vous avez besoin de moi... Allons, au revoir!

Et, ayant embrassé les enfants de son ami, Weber les laissa.

Dans le secrétaire de leur père ils trouvèrent en effet un **testament** olographe sous une large enveloppe portant cette suscription :

Pour mes enfants.

Charles le lut à sa sœur (fig. 16). Voici ce qu'il contenait :

« Ceci est mon testament.
« Je soussigné, Louis-Charles Moreau, horloger à Lon-
« gueval, étant sain de corps et d'esprit et agissant avec
« réflexion et pleine liberté, déclare faire les dispositions
« de dernière volonté qui suivent.
« Mes biens consistent :

Droit usuel : **Testament.** — Le testament est l'acte par lequel une personne déclare ses *dernières volontés* et dispose de ses *biens* après sa mort.

Toute personne *majeure* peut faire son testament ; le *mineur*, parvenu à l'âge de *seize ans*, peut disposer de la moitié des biens dont il pourrait disposer s'il était majeur.

La loi distingue trois sortes de testament :

1° Le *testament olographe*, c'est-à-dire celui qui est *écrit en entier*, *daté* et *signé* de la *main du testateur*.

2° Le *testament par acte public*, qui est *dicté* par le testateur à *deux* NOTAIRES en présence de *deux témoins* ou à *un notaire* en présence de *quatre témoins*.

3° Le *testament mystique* ou *secret*, qui est écrit ou tout au moins signé par le testateur, et remis par lui *clos* et *scellé* à *un notaire* en présence de *six témoins* ; un procès-verbal de ce dépôt est dressé par le notaire.

Tant qu'on jouit de sa raison, on peut *annuler* un testament par un autre.

Les testaments contenant des clauses illégales peuvent être *cassés* par les tribunaux.

On appelle *exécuteur testamentaire* la personne que le testateur charge de l'exécution de son testament. Ce mandat est gratuit ; cependant le testateur peut laisser à son exécuteur testamentaire un présent, en témoignage de sa reconnaissance, ou même lui attribuer un salaire.

« 1° Dans une maison située à Longueval, rue des *Pierres*, laquelle est libre
de toute hypothèque et peut être
évaluée approximativement à....... 15 000 fr.
« 2° Un fonds de commerce d'horlogerie, évalué par moi avec les marchandises m'appartenant à.......... 10 000 —
« 3° En rente 4 1/2 p. 100 sur l'État. 7 000 —
« Ce qui fait un total de..... 32 000 fr.

« Je connais trop mes enfants, Charles et Marguerite
« Moreau, pour penser qu'après mon décès, il puisse s'élever
« entre eux une con-
« testation sur le
« partage de ces
« biens à la moitié
« desquels ils ont
« chacun droit. Je
« déclare seulement,
« pour le cas où ma
« mort surviendrait
« avant l'établisse-
« ment de ma fille
« Marguerite, que
« les sept mille
« francs en rentes
« sur l'État sont des-
« tinés dans mon

Fig. 16. — Charles lut le testament à sa sœur.

« intention à lui servir de **dot**. Cette disposition aura, je le
« sais d'avance, l'approbation de mon fils Charles.

Droit usuel : **Dot**. — La loi ne fait pas aux père et mère une
obligation de donner une **dot** à leurs filles; mais elle ne laisse
pas ignorer que la nature leur impose le *devoir* de le faire
s'ils le peuvent.
Ce n'est qu'après la célébration du mariage que le mari
peut exiger la dot, car elle n'est due qu'autant qu'il se réalise.
Mais alors, il doit le faire car la loi le déclare responsable de
sa négligence et, à la dissolution de communauté, la femme ou
ses héritiers la réclameraient contre lui, s'il y avait lieu, sans
être obligés de prouver qu'il l'a reçue; il lui faudrait justifier
que ses démarches, pour s'en procurer la remise, ont été
inutiles. L'usage de doter les filles date des Romains; chez les
autres peuples anciens, c'était plutôt le mari qui constituait
une dot à sa femme.

« Je fais le vœu que la maison de la rue des *Pierres*,
« dont la location sera d'ailleurs aisée, reste dans la famille.
« Mes enfants y sont nés; leur mère y est morte; vraisem-
« blablement leur père y mourra. Si ces souvenirs sont
« chers à mon fils et à ma fille, qu'ils fassent en sorte que
« cette humble demeure, acquise par le travail et l'éco-
« nomie de leurs parents, ne passe pas dans des mains
« étrangères.

« Je charge ma fille Marguerite de remettre à mon ex-
« cellent ami, M. Weber, percepteur d'Origny, le chrono-
« mètre* de précision que je porte d'habitude. De plus elle
« fera choix de trois autres objets qu'elle donnera, en sou-
« venir de moi, l'un à l'ami de son frère, Pierre Désormes,
« maître mécanicien de la marine, les deux autres à l'ou-
« vrier et à l'apprenti que j'occuperai au moment de mon
« décès.

« A la date où je rédige ce testament, j'emploie comme
« ouvrier Justin Hubert dont j'apprécie la probité et l'ha-
« bileté. Si, au moment de mon décès, il est encore dans
« la maison, et qu'il désire prendre ma succession, je de-
« mande à mes enfants de lui en faciliter les moyens.

« Bien que j'estime assez mon fils Charles Moreau pour
« croire la recommandation inutile, je lui rappelle que,
« moi parti, il est le protecteur de sa sœur Marguerite jus-
« qu'à ce qu'elle soit mariée. Sur ce dernier point, j'ajou-
« terai que Pierre Désormes nous a fait part de certains
« projets d'avenir auxquels ma fille est mêlée. Je déclare
« ici, comme je l'ai déjà déclaré, qu'une telle union aurait
« toute mon approbation...

— Et la mienne aussi, dit Charles en interrompant sa lecture. Reste ton consentement, petite sœur. Tu n'as pas changé d'avis, j'espère?

— Ce n'est pas le moment de parler de cela, Charles, répondit Marguerite.

« ..... Si, après ma mort, Célestin Vincent, frère de feu
« ma bien-aimée femme, Marthe Vincent, lequel est au-
« jourd'hui disparu, venait à faire savoir de ses nouvelles,
« je lègue à mes enfants, et particulièrement à mon fils

« Charles, le devoir de lui venir en aide, dans la mesure
« de leurs forces, si besoin en est. Ils n'oublieront pas
« que, malgré ses bizarreries de conduite, c'est un honnête
« homme qui les a toujours beaucoup aimés...

Ce fut au tour de Marguerite de s'écrier :
— Ah qu'il revienne donc au plus vite, ce pauvre
oncle! Mais est-il encore de ce monde?... Est-ce tout,
Charles?
— Non, j'achève :

« Et maintenant, je dis adieu à tous ceux que j'ai aimés,
« parents, amis, voisins, concitoyens de Longueval. Si à
« quelqu'un j'ai fait, bien involontairement, du mal, j'en
« demande pardon.
« Écrit en entier, daté et signé de ma main, à Longue-
« val, le quatre avril mil huit cent quatre-vingt-sept.
                              « LOUIS-CHARLES MOREAU. »

CHAPITRE IV

LE FRÈRE ET LA SŒUR

Charles et Marguerite. — Quelques passages
de ce testament étaient le plus bel éloge que Moreau
pût faire de ses enfants. L'horloger prévoyait avec
raison que jamais entre eux ne s'élèveraient de ces
vilaines querelles d'intérêt, si odieuses dans les familles ; il prévoyait qu'à défaut du père, le frère sau-
rait veiller sur la sœur.

Et celle-ci, je vous jure, avait un solide porte-res-
pect en ce grand gaillard de vingt-sept ans, aux cheveux noirs, légèrement frisés, au teint brun, à la
bouche ombrée d'une moustache épaisse. Un monsieur d'ailleurs que ce mécanicien, pas plus embar-

rassé dans une redingote que dans sa cotte de travail, d'allure aussi aisée quand, le dimanche, il avait une canne au bout du bras que, durant la semaine, quand il maniait le marteau pour dégourdir un novice ou pour faire honte à quelque mauvais ouvrier (fig. 17). Au reste, calme, doux et gai.

Marguerite, née environ cinq ans après Charles, lui ressemblait peu physiquement. Moreau disait vers la fin de sa vie :

Fig. 17. — Charles maniant le marteau.

— Charles, c'est moi autrefois. Pour Marguerite, c'est tout le portrait de sa mère à vingt ans.

En ce cas, Mme Moreau avait dû être charmante : des traits jolis et fins, d'épais cheveux châtain clair, un sourire très doux. Nerveuse dans son enfance, Marguerite avait gardé une nature très impressionnable; mais elle en avait conscience, et sa sensibilité ne nuisait pas, ainsi qu'il arrive parfois, à la rectitude de son jugement.

De tout temps, les enfants de Moreau s'étaient beaucoup aimés. Entre eux jamais de disputes, désespoir si fréquent des parents. Le collégien Charles, tout sérieux qu'il était, aimait, ses devoirs finis, à jouer avec sa sœur; de son côté, la sœur, dans sa petite enfance, lui témoignait son affection par de gentilles caresses, et, devenue grandelette, par les petits services qu'elle était heureuse de lui rendre. Ainsi, ce fut une grande joie, la première fois que, sachant enfin tenir une aiguille, elle put lui recoudre un **bouton**.

L'horloger Moreau avait pu mourir en paix ; il laissait à sa fille un appui.

— Pauvre père ! fit Charles en repliant les feuilles du testament (fig. 18), il a pensé à tout le monde.

Fig 18. — Pauvre père ! fit Charles en repliant les feuilles du testament.

Leçon de choses : **Boutons**. — Les boutons d'*os* et de *bois* sont ordinairement fabriqués au *tour*. On les perce à l'aide de forets montés sur le tour.

Les boutons de *corne* sont fabriqués en comprimant dans des moules, dont la forme rappelle celle des gaufriers, des morceaux de corne ramollie dans l'eau bouillante.

Les boutons *métalliques* sont, en général, faits en *étain* ou en un *alliage* de cuivre et d'étain que l'on fond et que l'on coule dans des moules en sable. Les boutons de laiton et de cuivre doré sont confectionnés par estampage* sur des lamelles de cuivre auxquelles on soude ensuite les queues que l'on polit.

Les boutons d'*étoffe* sont faits en recouvrant d'étoffe ou de passementerie des moules en bois fabriqués généralement dans nos campagnes de l'Est.

Fig. 19. — Comment s'habillaient les anciens.

Discussion d'affaires. — Marguerite, qui avait écouté attentivement les dernières volontés de son père, répondit, un peu songeuse :

— Oui, mais peut-être un peu trop à moi... Écoute, Charles. Toute femme que je suis, je sais les affaires... Pas beaucoup, mais enfin assez pour que papa m'ait donné à tenir ses livres et à mener presque tout ici. Suis-moi bien. Nous ne vendons pas la maison, n'est-ce pas? puisque le père le défend, et, d'ailleurs, cela m'aurait fait de la peine... A toi aussi, je pense. Bon. Mais alors nous aurons des locataires. Les deux d'aujourd'hui, Mme Martin... la mère de cette petite Juliette... et M. Charpentier, le professeur du collège, payent bien; mais ils peuvent nous quitter, mais les logements peuvent rester vacants, mais de nouveaux locataires peuvent être mauvais, mais... que sais-je? D'autre part, je suppose que, comme le veut papa, nous cédions le fonds à Hubert. Il ne demandera pas mieux, je crois; mais il lui faudra certainement du temps pour payer. J'admets même qu'il ait à lui quelque argent disponible; cela ne peut pas être grand'chose et, d'ailleurs, nous ne pouvons lui demander de tout nous donner; il faut qu'il en garde pour le roulement de la maison. Donc nous devrons attendre. En somme, pour l'instant, ce qu'il

---

On fait encore des boutons en *nacre*, en *ivoire*, en *pâte céramique*, qui servent surtout comme boutons de chemise.

Paris * et *Lyon* * en France, *Birmingham* * et *Londres* * en Angleterre sont les endroits où l'on fabrique le plus de boutons. *Briare* * inonde le monde entier de ces boutons en pâte céramique, blancs et de couleur, à trous et à queues, qu'on vend cousus sur des cartons.

L'usage des boutons n'est pas fort ancien; nos ancêtres se servaient plutôt d'agrafes, de rubans, de cordons ou de grosses épingles pour fermer leurs vêtements (fig. 19).

y a de plus clair dans la succession, ce sont les sept mille francs placés en **rentes sur l'État**. Et le père veut que tu me les abandonnes!... Oh! je sais bien que tu ne diras pas non. Mais je suis, malgré tout, un peu honteuse d'être si bien traitée. Si tu allais croire...

Marguerite qui, tout d'abord, parlait assise, était maintenant debout, en face de son frère adossé au secrétaire qu'il avait refermé. Charles, qui l'avait laissée aller, lui prit les deux mains et, la regardant affectueusement, répondit :

— Petite sœur, vous parlez comme un **notaire** en

ÉCONOMIE DOMESTIQUE : **Rentes sur l'État.** — Il arrive que l'État contracte des *emprunts*, c'est-à-dire demande aux particuliers de lui prêter une somme dont il a besoin. De son côté, il s'engage, non à rembourser le capital, mais à en payer perpétuellement les intérêts (*arrérages*). Pour constater le droit de chaque prêteur, il lui remet un titre de rente : ce titre est *nominatif*, s'il contient le nom de la personne à qui il appartient; il est *au porteur*, s'il ne contient aucun nom.

Les titres de **rentes sur l'État** peuvent s'acheter ou se vendre. Leur prix peut s'abaisser ou s'élever; c'est ce qu'on appelle le *cours* de la rente; ce cours est coté* chaque jour à la *Bourse* de Paris* et reproduit par les journaux. Quel que soit le prix d'achat, le nouveau propriétaire touche la même rente que l'ancien. Les ventes et les achats de titres se font moyennant commission, par l'intermédiaire des agents* de change et des banquiers; à leur défaut, les percepteurs, les receveurs particuliers et les trésoriers-payeurs* généraux peuvent se charger des achats.

Le payement des arrérages se fait chez les mêmes personnes et au Ministère des finances à Paris*, sur présentation des titres pour les rentes nominatives, et, pour les rentes au porteur, sur la présentation des *coupons*, bandes de papier que l'on détache du titre même à chaque échéance. On a un délai de *cinq ans* pour toucher les arrérages.

Une somme de 100 francs mise en rentes sur l'État rapporte au moins 3 francs. L'intérêt est modeste; seulement le placement est sûr et, par suite, préférable à un placement fait dans une entreprise hasardeuse qui rapporterait peut-être de gros intérêts, mais où l'on risque de perdre son capital.

DROIT USUEL : **Notaires.** — Les **notaires** sont des officiers

cravate blanche. Il y a des cas où cela peut être très bon, mais, de vous à moi, cela est fort mauvais. Ce que le père a fait est fort bien fait... Voyons, Marguerite, t'imagines-tu qu'un chef d'atelier dans une grande usine ait besoin, pour vivre, de demander à sa sœur d'écorner sa dot? Je ne sais pas s'il y a des frères de cet acabit; mais, s'il y en a, je ne suis pas en goût de les imiter. Admettons que le père t'ait fait un petit avantage. Quoi de plus juste? Ne faut-il pas tenir compte du passé? Calcule un peu ce qui a été dépensé pour moi, le collège, Châlons*, le volontariat[1]... et le reste. Penses-tu que mon instruction n'a

---

ministériels établis pour rédiger les actes auxquels on veut donner une forme *authentique*, un *contrat de mariage*, un TESTAMENT, un BAIL, etc. Ils en conservent le *dépôt* et en délivrent des copies dites *expéditions*.

Tous ont des *panonceaux* (fig. 20) pour insignes.

Il faut, pour être notaire, avoir *vingt-cinq ans* au moins et avoir fait un *stage*, généralement de *six ans*, dans une étude de notaire, dont une année au moins comme *maître-clerc*.

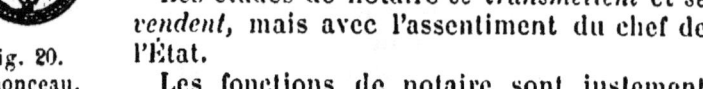

Fig. 20.
Panonceau.

Les notaires ne peuvent pas refuser leur ministère quand on le requiert, à moins qu'il ne s'agisse d'actes illégaux.

Les études de notaire *se transmettent* et *se vendent,* mais avec l'assentiment du chef de l'État.

Les fonctions de notaire sont justement honorées. Elles exigent beaucoup de lumières, de prudence, de discrétion et, surtout, une extrême probité.

Les contestations entre les notaires et leurs clients sont réglées par la *chambre des notaires* établie au chef-lieu de chaque arrondissement.

---

1. Avant la dernière loi militaire, dite *loi de trois ans* (1889), les jeunes gens bacheliers*, diplômés, élèves de grandes écoles, et ceux qui avaient subi avec succès un examen spécial, étaient admis à contracter un engagement conditionnel d'un an moyennant le payement à l'État d'une somme de 1500 francs : c'est ce qu'on appelait le *volontariat*. Ils ne passaient ainsi qu'un an dans l'armée active au lieu de cinq; mais, en cas de guerre, ils étaient convoqués avec leur classe.

pas coûté deux, trois, quatre fois plus cher que la tienne? Mlle Boisseau, chez qui je t'ai si souvent conduite (fig. 21), était sans doute une excellente maîtresse, mais elle ne vendait pas sa science bien cher, la bonne demoiselle... Et puis qui l'a soigné, ce brave père, dans ces dernières années? qui, depuis la mort de maman, a été la joie de son existence? Toi, sa gentille petite ménagère, sa jolie petite teneuse de livres... Allons, mademoiselle, qu'il ne soit plus question entre nous de ce vilain argent.

Fig. 21. — Mlle Boisseau.

Que répondre? Embrasser son frère.

C'est ce que fit Marguerite.

Une lettre de Lille. — Sur ces entrefaites, Jacques, ayant frappé à la porte, entra et remit une lettre à Charles.

— De Lille*, dit celui-ci... C'est l'écriture de M. Verlinde, mon patron.

Il lut et tendit la lettre à Marguerite :

— Tiens... vois.

La lettre était courte :

« Mon cher Moreau,

« La dépêche que vous m'avez envoyée de Lon-
« gueval m'a appris le malheur qui vous frappe.
« Je n'avais pas l'honneur de connaître votre père,
« mais je suis sûr que celui qui a élevé un brave et

« loyal garçon comme vous devait être digne de tous
« les respects.

« Je ne vous adresse pas de consolations banales ;
« quand vous serez de retour au milieu de nous, le
« travail, je ne dis pas dissipera, mais atténuera votre
« affliction.

« Réglez donc vos affaires au plus vite. Nous vous
« attendons, s'il est possible, vers Noël.

« Votre affectionné,
« Verlinde. »

Le départ est résolu. — Marguerite fit cette réflexion :

— Il n'en écrit pas long, ce monsieur, mais il doit avoir du cœur.

— Beaucoup, je t'assure... Maintenant, ma petite Marguerite, causons affaires ; sérieusement cette fois, pas comme tout à l'heure... Demain je verrai Hubert. Nous nous entendrons, j'espère. Si, comme il est probable, il y a besoin d'un notaire, j'irai chez M⁰ Brion (fig. 22). Quoi encore ? Ah ! passer à l'enregis-

Fig. 22. — L'étude de M⁰ Brion.

trement * pour les droits de succession. Bref, toutes les démarches nécessaires, je m'en charge... Toi, prépare notre déménagement, vois ce que tu veux emporter, laisser ou vendre. Nous avons huit jours devant nous, ma bonne, dix au plus. Et après, en route !

LE FRÈRE ET LA SOEUR.

Marguerite tressaillit et regarda son frère, tout effarée. Dans sa désolation et son trouble, il ne lui était pas encore venu à l'idée que, sans doute, il lui faudrait abandonner son cher pays de Longueval.

— En route, Charles? mais pour aller où?

— A Lille*, parbleu!

Et Charles qui, pour soutenir sa sœur, voulait prendre le dessus sur son chagrin, ajouta en essayant de sourire :

— D'ailleurs, mademoiselle est libre... Si elle aime mieux rester toute seule à manger son fameux 4 1/2 p. 100.

— Oh! Charles... Mais nous reviendrons quelquefois, dis? quand ce ne serait que pour revoir là où est papa?

Et la pauvre Marguerite eut encore une affreuse crise de larmes. Charles la prit dans ses bras robustes (fig. 23), la berça comme un enfant et l'affection du grand frère apaisa cette dernière explosion violente de la douleur.

Fig. 23. — Charles prit sa sœur dans ses bras robustes.

Le successeur du père Moreau. — Cependant, le lendemain de l'enterrement de Moreau, la boutique s'ouvrait, désormais veuve du brave homme qui en avait été si longtemps l'honneur et la gaieté. Dès le matin, Hubert et Jacques s'étaient assis à l'établi, séparés par le tabouret de cuir vert resté à la place du milieu, à la place du patron (fig. 24).

Fig. 24. — Hubert et Jacques s'étaient assis à l'établi, séparés par le tabouret de cuir vert resté à la place du patron.

— Voyez-vous, monsieur Hubert, disait l'apprenti, des patrons comme M. Moreau, on n'en fait plus.

Le silencieux Hubert approuva d'un hochement de tête. L'apprenti continua :

— Je ne savais pas trop, avant le malheur, ce que vous pensiez de M. Moreau, vu que, soit dit sans reproche, on ne connaît pas trop la couleur de vos paroles, monsieur Hubert. Mais, à la façon dont vous avez parlé à notre demoiselle, j'ai bien compris les sentiments que vous aviez pour lui. J'ai été content de vous savoir comme ça. On aurait presque dit que vous aviez envie de pleurer, pas vrai, dites, monsieur Hubert?

Nouveau hochement de tête qui disait clairement :

— Oui, Jacques.

A ce moment, Charles descendit, tenant à la main le testament de son père. Il envoya l'apprenti faire une course en ville, et, montrant à Hubert le paragraphe qui le concernait, il lui dit :

— Mon père avait songé à vous pour être son successeur. Cela vous conviendrait-il, Hubert?

— Certes! dit l'ouvrier après un regard jeté sur le papier... S'établir est le rêve de tout bon ouvrier, sans compter, monsieur Charles, que reprendre la maison Moreau, c'est un honneur. Malheureusement, ce que je possède est fort peu de chose... Trois billets de mille francs, guère plus.

— Mais, mon pauvre Hubert, vous imaginez-vous que mon père vous prît pour un capitaliste? Il savait fort bien que si les ouvriers horlogers ont de l'or plein les mains, cet or appartient aux autres... Acceptez, Hubert.

— Qu'en pense Mlle Marguerite?

— Ce que j'en pense moi-même : à savoir, que nous ne pourrions faire un choix meilleur. Vous allez rester à déjeuner avec nous et, pour cet après-midi, vous laisserez là vos raccommodages. Nous prendrons les livres et nous procéderons à un **inventaire**... Voyez, en 1886, mon père estimait son fonds à dix mille francs avec les marchandises lui appartenant. Pensez-vous que ce chiffre soit resté exact?

— Sans aucun doute... M. Moreau, suivant les commandes, faisait venir de Besançon* ou de Paris*, mais il n'aimait pas à s'encombrer ni à recevoir les dépôts que tous les fabricants lui offraient. On ne dort pas tranquille avec tout cela chez soi, disait-il. Depuis que je suis ici, il y a toujours eu pour environ sept mille francs de marchandises appartenant à M. Moreau. Son estimation met donc à trois mille francs la cession de la clientèle. le pas de porte, comme on dit... Ce n'est pas cher, à peine la moitié de ce que l'usage lui aurait permis de demander.

Entre ces gens de bonne foi, l'affaire fut lestement conclue; Hubert prenait la maison comme principal locataire, les sous-locations restant telles quelles. En sus du **bail**, il s'engageait à payer aux héritiers

---

Droit usuel : **Inventaire**. — Les commerçants sont tenus par la loi de faire *tous les ans* un **inventaire**, c'est-à-dire la recherche de ce qu'ils possèdent (*actif*) et de ce qu'ils doivent (*passif*). Le résultat est écrit sur un livre appelé *registre d'inventaires*. La date de l'inventaire est à la convenance du commerçant, mais doit être la même chaque année. Cette opération doit être faite avec un soin minutieux et une exactitude scrupuleuse.

Un inventaire est nécessaire en cas de vente du fonds de commerce.

Droit usuel : **Bail**. — Le bail est un *contrat* par lequel on cède la jouissance d'une chose, moyennant un prix convenu et pour un temps déterminé. On donne également ce nom à *l'acte* qui relate les clauses et les conditions de ce contrat.

Les baux doivent être *enregistrés* chez le receveur de l'enregistrement. Les frais sont de 25 centimes par 100 francs et par année payables dans les trois mois de la date de l'acte. Ils sont à la charge du preneur (*locataire*); mais le bailleur

Moreau dix mille francs, dont un cinquième comptant et le reste en huit annuités.

— Il faut vous marier, Hubert, lui dit Charles en sortant de chez le notaire Brion qui avait dressé l'acte de vente (fig. 25).

— J'y songe, monsieur, répondit le nouveau patron. Et d'ailleurs, ajouta-t-il en se déridant un peu, M. Moreau me disait quelquefois que mon air faisait peur aux clients. Il sera bon qu'il y ait au magasin une figure qui fasse pardonner la mienne.

Fig. 25. — Il faut vous marier, Hubert.

(*propriétaire*) est responsable comme le preneur, si l'enregistrement n'a pas été payé en temps voulu.

On peut distinguer le *bail à loyer* (maisons ou meubles), le *bail à ferme* (bien rural), le *bail à cheptel* (bétail dont le produit est partagé entre le preneur et le bailleur).

Tous les baux prennent fin à la volonté des deux parties ou à la volonté de l'une d'elles, suivant les conditions stipulées au contrat. En cas de désaccord, il faut avoir recours au ministère d'un huissier.

Voici quelques règles qui s'appliquent ordinairement au *bail à loyer d'une maison* :

Les grosses réparations sont à la charge du propriétaire. Si elles ont une durée moindre de quarante jours, le locataire est tenu de les souffrir sans indemnité; au delà de ce terme, il peut réclamer une indemnité ou même faire résilier le bail. — Les réparations locatives, autrement dit les petites réparations aux portes, croisées, cheminées, serrures, papiers peints, etc., sont à la charge du locataire. — Le locataire doit garnir la maison de meubles suffisants pour garantir le prix du loyer. — Il

Les droits de succession. — Un temps s'était écoulé durant lequel Charles n'avait guère été occupé qu'à visiter les principaux clients de son père pour leur recommander Hubert. Une fois, en rentrant, il dit à sa sœur :

— J'irai demain à l'enregistrement *. Je viens justement de rencontrer le commis du receveur, mon ancien camarade Duclerc, qui, en me quittant, m'a dit : « Nous t'attendons au bureau, tu sais, Moreau. »

— C'est pour la **vente du magasin**? demanda Marguerite... Je croyais que cela regardait le notaire.

— L'acte de vente sera, comme tu le dis, enregistré par les soins du notaire. Mais Duclerc voulait parler des droits de succession.

Marguerite ne savait pas qu'on dût payer pour hériter de son père. Elle s'étonna et n'hésita pas à déclarer que cet impôt n'avait ni raison ni justice. Son frère lui répondit :

— Il n'y a, ma chère Marguerite, aucun impôt dont

---

s'engage à faire ramoner et nettoyer les cheminées autant de fois que cela est nécessaire. — Il s'interdit de céder son droit au bail ni de sous-louer sans le consentement par écrit du propriétaire. — Les impôts des portes et fenêtres doivent être payés par lui.

Droit usuel : **Vente de magasin.** — Une **vente de magasin** comprend tout le fonds de commerce : les marchandises, l'agencement, la clientèle. Le prix des marchandises et la valeur de l'agencement sont évalués d'un commun accord par le vendeur et par l'acheteur; la clientèle, autrement dit le *pas de porte*, est ordinairement estimée à la somme des bénéfices nets des trois dernières années. La vente d'un fonds de commerce emporte le droit au bail des lieux occupés. L'acheteur a le droit de se dire le successeur du vendeur et de faire usage de son enseigne.

Le plus souvent, il est convenu que le vendeur ne pourra former un établissement du même genre, ou, s'il s'est réservé ce droit, il ne peut l'exercer qu'à une distance déterminée.

on ne puisse dire du mal et qu'on ne vit disparaître volontiers. Mais est-il si déraisonnable et si injuste que l'État nous fasse payer pour nous assurer la propriété paisible d'un argent qui nous vient sans que nous ayons rien fait pour le gagner?

— Et qu'est-ce que cela coûte pour hériter? demanda la sœur.

Cela, Charles n'en savait rien. Il alla prendre dans une armoire un *Dictionnaire*

Fig. 26. — Charles lisant à sa sœur l'article sur les « Déclarations de succession. »

encyclopédique que consultait souvent son père et chercha à l'article : DÉCLARATION DE SUCCESSION (fig. 26). Il lut :

— « *Après un décès, les héritiers et les légataires « doivent faire, au bureau de l'enregistrement*, la décla- « ration de l'actif du décédé. L'État perçoit sur cet actif « un droit de mutation suivant le degré de parenté des « héritiers : 1 p. 100 en ligne directe...* » C'est notre cas. La succession de notre père étant évaluée à 32 000 francs, nous devons donc quelque chose comme 320 francs à l'État.

Reprenant l'article, il continua :

— Dans les autres cas, on paye davantage... « *Entre époux : 3 p. 100; entre frères et sœurs, oncles « et tantes, neveux et nièces : 6,50 p. 100; entre « grands-oncles et grand'tantes, petits-neveux et petites-*

« nièces, cousins germains : *7 p. 100; entre parents au
« delà du quatrième degré : 8 p. 100; entre personnes
« non parents : 9 p. 100...* » Voilà.

— Mais, objecta Marguerite, si on ne déclarait rien?

— D'abord, on volerait l'État, ce qui est fort mal. En second lieu, on s'exposerait à payer une amende.

Et Charles, qui n'avait pas quitté des yeux le *Dictionnaire*, continua sa lecture à haute voix :

— « *Faute de déclaration, les héritiers ou légataires*
« *sont passibles, à titre d'amende, d'un demi-droit en*
« *sus du droit qui était dû...* »

— Et si on ne déclarait pas tout?

— Décidément, Marguerite, tu as de mauvaises intentions à l'égard du fisc*... Eh bien, on s'exposerait à la même amende. Écoute : « *Sont punies de*
« *même les omissions dans les déclarations et les insuf-*
« *fisances constatées dans les estimations des biens décla-*
« *rés...* » Tiens, mais on me semble un peu pressé dans le bureau de ce brave Duclerc. D'après le livre, on a six mois pour faire la déclaration à compter du jour du décès.

Il était clair que Marguerite en voulait à l'enregistrement*, car elle s'écria :

— Six mois, c'est assurément bien assez, si le parent dont on hérite meurt en France. Mais s'il meurt à l'étranger? En Russie, par exemple?

Charles consulta le *Dictionnaire*.

— On a huit mois, si le décès a lieu dans un pays d'Europe autre que la France.

Marguerite n'était pas encore satisfaite.

— Mais on peut avoir des parents qui meurent plus loin encore... S'il est encore en vie, qui sait où mourra le pauvre oncle Célestin? Oh! celui-là, je sais bien que sa **succession** ne rapportera pas grand'chose à l'enregistrement*. Mais, enfin, il y a ces fameux oncles d'Amérique dont on parle quelquefois.

— Pour les oncles d'Amérique, dit Charles en fermant le *Dictionnaire* où il s'était tout frais instruit, le délai est d'un an. On a deux ans pour les oncles d'Asie et d'Afrique. Le livre ne dit rien de ceux d'Océanie... Il n'y a pas d'oncles à héritage dans ces pays-là, paraît-il.

Droit usuel : **Successions.** — Les successions sont recueillies dans l'ordre suivant : 1° par les *descendants* du défunt (enfants et petits-enfants), à l'exclusion de tous les autres parents ; — 2° s'il n'a pas de descendants, par ses *père* et *mère*, chacun pour un quart, et par ses *frères* et *sœurs* pour le reste ; — 3° s'il n'a ni descendants, ni père ni mère, par ses *frères* et *sœurs*, à l'exclusion des grands-parents et des grands-oncles ; — 4° à défaut des précédentes personnes, par les *ascendants* et les *collatéraux* jusqu'au douzième degré de parenté.

Les enfants d'un défunt héritent *par tête* ; ses petits-enfants ou les enfants de ses frères et sœurs héritent *par souche*. Exemple :

La succession de Pierre *est de 18 000 francs. Il avait eu 3 enfants,* Paul, Jacques *et* Jeanne ; *cette dernière, morte avant son père, a laissé 2 fils,* Louis *et* Charles. *Les 18 000 francs seront ainsi partagés :* Paul, *6000 francs ;* — Jacques, *6000 francs ;* — Louis *et* Charles, *représentant leur mère* Jeanne, *3000 francs chacun.*

Autre :

Pierre, *qui laisse 18 000 francs, est mort sans enfants. Il a une sœur,* Thérèse, *et deux nièces,* Marthe *et* Marie, *filles d'un frère prédécédé,* Lucien. *La succession sera ainsi partagée :* Thérèse, *9000 francs ;* — Marthe *et* Marie, *représentant leur père* Lucien : *4500 francs chacune.*

Dans tous les autres cas, la succession revient à l'héritier le plus proche, moitié pour la *ligne paternelle*, moitié pour la *ligne maternelle* ; s'il n'existe de parents au degré successible que dans une ligne, cette ligne succède pour le tout.

Les *époux* ne sont héritiers l'un de l'autre qu'à défaut de parents au degré successible ; une loi récente accorde à l'époux survivant seulement le droit d'usufruit* variable suivant les cas.

S'il n'existe ni parents ni conjoint, la succession appartient à l'*État*.

Les testaments peuvent modifier entièrement les conditions

CHAPITRE V

LES DERNIERS JOURS A LONGUEVAL

Le déménagement. — Quand on fut en règle avec la loi, on commença le déménagement. Le choix avait été fait des objets qu'on voulait transporter à Lille[*]. Le linge, les effets, les livres furent empilés dans des malles. Charles emballa soigneusement dans du foin les objets fragiles, deux pendules, deux glaces, la vaisselle, et ces mille riens qui, sans valeur pour un étranger, étaient précieux aux yeux des enfants de Moreau : c'était ou une vieille gravure dans un cadre qui avait presque perdu sa dorure ou un vase gagné soit à la foire de Longueval, soit à la fête d'Origny, ou encore... que sais-je ?

Fig. 27. — Te rappelles-tu?..., disait souvent Marguerite à son frère.

— Te rappelles-tu?... disait souvent Marguerite en passant quelque bagatelle à son frère agenouillé devant une caisse (fig. 27).

---

d'une succession; toutefois la quotité disponible est limitée dans le cas où on laisse des *descendants* ou des *ascendants*.

Si une personne ayant droit à une succession craint que les dettes ne soient trop considérables, elle a le droit de faire procéder à un INVENTAIRE des biens, et, en ce cas, elle n'est tenue des dettes que jusqu'à concurrence de ce qu'elle recueille; c'est ce qu'on appelle *accepter sous bénéfice d'inventaire*.

Et toujours dans le souvenir invoqué apparaissait le père avec sa bonté et son affection.

Plusieurs pièces du gros mobilier avaient été cédées à Hubert; la plus grande partie devait suivre Charles et Marguerite. En effet, chacun des meubles qui garnissaient la chambre de Marguerite était presque sacré pour elle; tel lui avait été donné par son père le jour de sa fête, tel autre le jour de son anniversaire. Régulièrement, la veille de ces dates-là, Moreau annonçait à sa fille qu'il avait conclu quelque affaire avantageuse et que, vu la circonstance, celle-ci aurait les rideaux, ou l'étagère, ou le guéridon qui lui manquait.

— Mais, papa, je n'ai besoin de rien.

— Paix! fillette, répondait le brave homme; je sais ce qu'il vous faut.

Et il ajoutait :

— Passe chez tel marchand voir si ce que j'ai choisi te convient.

Non, pour rien au monde, la fille de Moreau n'aurait consenti à laisser mettre aux enchères tous ces souvenirs du passé, à les laisser partir chez un brocanteur ou chez tout autre acheteur indifférent. Certes, c'était un ameublement modeste que celui de Marguerite. L'étoffe en était de simple **cretonne** et

---

Leçon de choses : **Cretonne.** — La cretonne (de *Creton*, qui en fabriqua le premier, il y a plus de deux siècles) est, à proprement parler, une toile blanche très forte, dont la *chaîne* (fils formant la longueur de la pièce mise sur le métier) est de *chanvre*, et la *trame* (fils transversaux), de *lin*. On en fait de toutes qualités, de la *fine*, de la *moyenne*, de la *grosse*. Elle s'emploie pour le linge de corps, de table, etc.

Le nom de cretonne a été étendu à des étoffes de *coton* qui, blanches, remplacent économiquement la cretonne de fil, et, imprimées ou enluminées, servent pour l'ameublement.

le bois, de noyer; mais sa cretonne et son noyer, Marguerite ne les aurait pas échangés pour la soie et le **palissandre** qu'elle voyait quelquefois à l'étalage du tapissier de la *Grand'Rue*.

D'autre part, Charles avait dit :

— Nous emporterons la chambre du père. Cela me serrerait le cœur de m'en séparer. Quand je regarde ces meubles, je revois toute mon enfance. Que d'heures j'ai passées devant ce grand bureau, travaillant à mes devoirs ou apprenant mes leçons !... Tiens, Marguerite, je te vois encore toute petite, assise devant le lit, sur ce tapis à fleurs rouges que voici, et jouant avec ta poupée (fig. 28)... Elle s'appelait Catherine, ta poupée... Oh! tu restais bien sage tant que Charles avait la tête baissée sur son livre

Fig. 28. — Je te vois encore toute petite jouant avec ta poupée.

La cretonne de toile se fabrique beaucoup en *Normandie*, la cretonne blanche de coton, à *Saint-Quentin**, et la cretonne d'ameublement en *Alsace.* (V. PLANTES TEXTILES, etc.)

LEÇON DE CHOSES : **Palissandre.** — Le palissandre est un arbre de la *Guyane** dont la nature est assez mal connue. Son *bois*, dont le tissu est injecté d'une matière colorante, est *violet* avec nuance de *noir* et de *jaune*; il répand une odeur assez agréable. C'est un bois d'*ébénisterie* très recherché; on l'emploie rarement *massif*, à cause de son prix élevé; le plus souvent, on le débite en lames minces appelées *placage*, que l'on fixe à la colle forte sur des carcasses de bois commun. L'assemblage des lames peut former des dessins élégants par l'heureuse disposition des veines.

ou son cahier. Mais ensuite, quelles courses dans la chambre ! Tu te cachais derrière le grand fauteuil, et moi, je faisais semblant de te chercher... Ah ! pauvre vieil **acajou**, nous as-tu vus assez gais et assez heureux ! Bah ! si tu n'es plus guère à la mode, tu es encore solide. Nous t'emmènerons, mon camarade.

Maison vide. — En deux jours, tout fut prêt. Les meubles avaient été démontés par un menuisier du voisinage et mis en état de supporter le voyage. Les malles étaient fermées et ficelées ; les caisses étaient clouées et, sur certaines, l'apprenti Jacques avait écrit, en grandes lettres noires, la nature du contenu, horlogerie, verre ou porcelaine, afin de les garantir ou contre la négligence ou la brusquerie dans le chargement et le déchargement. Un camion * du chemin de fer vint qui emporta le tout.

Ce fut un samedi à midi, huit jours après l'enterrement de Moreau, que l'appartement de la rue des *Pierres* se trouva ainsi dégarni de la plupart de ses meubles. Marguerite allait dans les pièces presque vides d'un air éploré. La fatigue et les tracas du déménagement l'avaient distraite pendant ces quelques jours. La tristesse des murs nus ravivait sa douleur et allait sans doute ramener les larmes. Heureusement son frère lui dit :

Leçon de choses : **Acajou.** — L'acajou est un grand et bel arbre de l'*Amérique méridionale*, très rameux *. Son *bois*, dont le tissu est injecté, comme celui du palissandre, d'une matière colorante, est d'un *brun rougeâtre* qui prend une teinte plus foncée avec le temps. C'est un excellent bois de travail, moins cher que le PALISSANDRE, et qui s'emploie également soit à l'état *massif*, soit sous forme de *placage*.

L'acajou à *planches* est de même nature que l'acajou à *meubles*; mais son bois est infiniment moins beau et moins précieux.

52 TU SERAS CHEF DE FAMILLE.

— Marguerite, nous partons à quatre heures pour Origny. En accompagnant les camionneurs aux bureaux de la petite vitesse, j'ai envoyé une **dépêche télégraphique** à M. Weber... Maintenant, descendons au magasin, veux-tu?

Leçon de choses : **Dépêche télégraphique.** — La dépêche télégraphique ou télégramme est une communication adressée par le *télégraphe*, appareil destiné à transmettre à distance des signaux ou des lettres.

Les anciens avaient des signaux, par exemple de grands *feux*

Fig. 29. — Les anciens avaient des signaux.

Fig. 30. — Un des postes télégraphiques de Chappe.

allumés sur les montagnes, pour transmettre rapidement les nouvelles importantes (fig. 29).

Les frères Chappe imaginèrent en 1792 un *télégraphe aérien* composé de trois branches mobiles (fig. 30) dont les différentes positions exprimaient les lettres de l'alphabet, ou même des syllabes et certaines idées.

Un *télégraphe électrique* se compose essentiellement de quatre parties (fig. 31) :

1° Une *pile* P pour produire un courant électrique.

2° Un *fil conducteur* F qui transmet ce courant. Les fils conducteurs sont des fils de fer galvanisé * reposant sur des godets en porcelaine fixés à des poteaux de bois; quelquefois aussi, ils sont enfouis sous terre.

Deux lettres de Pierre Désormes. — Hubert et Jacques étaient au travail.

Marguerite et Charles s'assirent, l'une à côté de l'apprenti, l'autre à côté du nouveau patron. Pendant quelque temps la sœur se plut à écouter les regrets et les souhaits naïfs de l'enfant, tandis que le frère, étant lui-même d'esprit fort net et fort précis, entendait avec plaisir le langage bref et net dont Hubert lui exposait ses projets d'avenir.

— La maison reste entre bonnes mains, se disait Charles.

Et de fait, il aurait été pénible pour les enfants de Moreau de la laisser à qui aurait pu en compromettre le renom.

Bientôt le facteur entra ; il tenait deux lettres.

— C'est timbré de Tunis*, dit-il. Il y en avait une pour M. Moreau ; l'autre est pour vous, monsieur Charles.

3° Un *manipulateur* M placé à la station qui envoie la dépêche.

4° Un *récepteur* R placé à la station qui la reçoit ; dans le récepteur, un *électro-aimant* E est disposé en face d'un *levier* en fer doux L, ajusté à un ressort B. Avec le manipulateur, on *fait passer* le courant électrique ou on *l'interrompt* ; alors l'électro-aimant E du récepteur s'aimante ou se *désaimante* alternativement et, par là, il communique des mouvements au levier L qui trace sur une bandelette de papier des points ou des traits dont la combinaison forme un alphabet (*télégraphe Morse*). Dans certains télégraphes, les mouvements du levier mettent en action un système d'imprimerie.

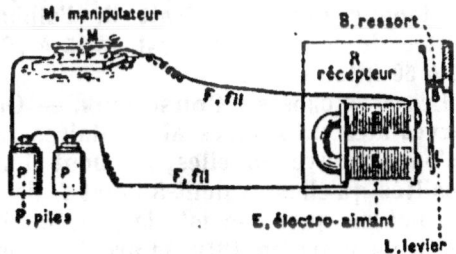

Fig. 31. — Télégraphe.

L'invention du télégraphe électrique est due aux travaux successifs de plusieurs savants (1774-1833), parmi lesquels nous citerons le Français Ampère (1775-1836).

On donne le nom de *télégraphe sous-marin* au télégraphe

Ces deux lettres étaient de Pierre Désormes. Il avait écrit la première, ignorant encore le décès de Moreau; la seconde, datée du lendemain, était une réponse à celle que Charles lui avait envoyée le 12 courant.

Elle était très gaie, la lettre que Pierre écrivait au pauvre horloger, d'autant plus gaie qu'il avait une bonne nouvelle à lui annoncer.

« Tunis*, 13 décembre.

« Cher monsieur Moreau,

« Quelle chance inespérée ! Votre beau-frère,
« l'oncle Célestin, est retrouvé ! Oui, l'oncle Célestin
« en personne ! Comment ? Voici. Aujourd'hui même,
« 15 décembre, à 9 heures, je quitte le *Dragon*, mon
« bâtiment, pour aller faire un tour sur la terre
« ferme et, je peux bien l'avouer, un dîner pas-
« sable au restaurant. On abuse des **conserves** à

électrique dont les fils protégés par une enveloppe sont plongés dans la mer et vont d'un rivage à un autre.

Les forteresses qui défendent nos frontières sont reliées entre elles par un système de télégraphie spécial qu'on appelle *télégraphie optique*. L'appareil permet d'obtenir des éclats lumineux d'une durée plus ou moins longue; un éclat lumineux de courte durée représente un point, un éclat lumineux de longue durée un trait de l'alphabet Morse. Le jour, la portée de ces appareils est de 15 à 20 kilomètres; la nuit, de 30 à 50 kilomètres.

Leçon de choses : **Conserves**. — On donne le nom de conserves aux substances alimentaires préparées de telle façon qu'on retrouve en elles, au bout d'un assez long temps, les qualités qu'elles avaient à l'état frais.

Voici en quoi consiste le procédé le plus employé, dû à un Français mort en 1840, le *procédé Appert*. Les substances alimentaires, cuites et assaisonnées, sont introduites dans des boîtes de fer-blanc dont on soude le couvercle. Ces boîtes sont ensuite placées dans de l'eau bouillante, pendant une durée variable suivant la nature de la conserve. Les viandes, légumes, poissons, ainsi préparés, ne pourrissent pas, parce

« bord. Le canot du *Dragon* me débarque à la
« Goulette* (fig. 32). Un nom assez coquet, n'est-ce
« pas? Triste endroit cependant pour un estomac qui
« veut se refaire. Des amandes, des figues, des olives,
« de la viande noirâtre et d'affreux vin, dans de mi-
« sérables auberges, indignes d'un premier maître

Fig. 32. — Rade de la Goulette.

« mécanicien de première classe de la flotte fran-
« çaise proposé pour le grade de mécanicien prin-
« cipal de deuxième classe.

« Oh! le pot-au-feu du dimanche à Longueval!

« Bref, je saute dans un wagon du chemin de fer
« qui relie ce bourg déplaisant à Tunis*; descendu,

---

que la cuisson a d'abord détruit les germes de putréfaction
qu'ils contenaient et que la température de l'eau bouillante a
tué ceux que contenait l'air de la boîte.

La préparation des conserves est devenue l'objet d'une
industrie dont les centres principaux sont *Nantes**, *Bordeaux**,
le Mans*, *Paris**.

On peut également empêcher la corruption des substances
alimentaires en les *desséchant,* en les *salant,* en les *fumant,* en
les soumettant, dans un lieu clos, à une *température inférieure
à zéro.*

« je m'oriente tant bien que mal à la recherche
« d'une cuisine marseillaise de ma connaissance,
« je glisse, je patauge, j'épouvante des légions de
« chats — ce sont les maîtres incontestés des rues
« à Tunis* — et j'arrive. A la première table de
« gauche, j'aperçois, vêtu de gris et raclant grave-
« ment l'os d'une côtelette de mouton... qui? par-
« bleu, l'oncle Célestin. Je n'hésitai pas une minute.
« C'était bien son grand nez, ses cheveux poivre et
« sel, lesquels se font rares au sommet de la tête, je
« vous l'annonce. Je m'approche :

« — Bonjour, monsieur Célestin.... Eh bien,
« oui, c'est moi, Pierre, Pierre Désormes, de Lon-
« gueval.

« — Ah! mon Dieu!

« Et voilà ce pauvre oncle Célestin qui saute sur
« ses pieds, laisse aller os de côtelette et couteau,
« renverse son verre, sa carafe, sa chaise et me saute
« au cou. Sa gravité était loin, je vous assure.
« Quelles embrassades, monsieur Moreau, et que
« de questions! Questions sur vous, sur vos enfants,
« sur tout le monde. Quand, installé à table devant
« lui, je pus avoir mon tour de parole, je l'inter-
« rogeai :

« — Voyons, monsieur Célestin, quand vous avez
« quitté Longueval, c'était après une petite brouille
« avec M. Moreau?...

« — Oui, il s'était fâché parce que je n'avais pas
« voulu rester à la fonderie de M. Legrand.

« — Alors, vous êtes parti pour Marseille* où
« vous êtes entré dans une maison pour les huiles et
« savons... Depuis, vous n'avez plus donné de nou-
« velles. On vous a écrit, on a écrit à votre patron;
« pas de réponse... Pourquoi, monsieur Célestin?

« — Ah! le patron a fait faillite et s'est sauvé à

« Buenos-Ayres*... Moi, j'attendais pour écrire que
« j'eusse une position sûre.

« — Et vous l'avez trouvée de suite?

« — Peuh!... De Marseille*, je suis parti pour
« l'Algérie*, comptable d'une Société pour l'exploi-
« tation d'une carrière de marbre.

« — Nouvelle faillite?

« — Mon Dieu, oui.

« — Et maintenant?

« — Je suis employé ici, dans une maison d'ex-
« portation pour les **plantes textiles et tinctoriales.**

Leçon de choses : **Plantes textiles et tinctoriales.** — Les
plantes textiles sont celles qui sont propres à faire des *tissus*.

Nos plantes textiles *indigènes* sont le *chanvre* et le *lin* (fig. 33
et 34). Le lin (fig. 35) sert à fabriquer la *toile fine* de ménage, la

Fig. 33. — Chanvre femelle.   Fig. 34. — Chanvre mâle.

batiste, ainsi que le *coutil*; on cultive principalement le lin dans
les départements du *Nord*, du *Pas-de-Calais*, de la *Manche*, des

« — Position sûre?

« — Je crois.

« — Retournez à Longueval, monsieur Célestin, « et M. Legrand vous reprendra.

« — Vous pensez?... Ma foi!...

Côtes-du-Nord, du *Finistère*. Le chanvre sert à fabriquer de la *grosse toile* pour les *draps*, les *sacs*, les *torchons*, les *voiles*, et

Fig. 35. — Lin.

Fig. 36. — Branche de cotonnier.

de la *corderie*; on cultive le chanvre dans toute la *partie occidentale* de la France.

De toutes les plantes textiles *exotiques*, la plus employée est le *coton* (fig. 36), qui croît principalement aux *États-Unis* et dans l'*Inde anglaise*. Les étoffes les plus connues fabriquées avec le coton sont le *calicot*, la *percale*, les *indiennes*, le *madapolam*, le *jaconas*, etc. Une autre plante textile de l'Inde anglaise, le *jute*, commence à être importée en quantité assez considérable. Citons encore l'*alfa d'Algérie*, le *phormium tenax* ou *lin de la Nouvelle-Zélande*, le *chanvre de Chine*, la *ramie*, originaire de *Java*, qui remplace le coton dans quelques plantations de l'Amérique du Sud.

Fig. 37. — Garance.

Les plantes tinctoriales sont celles qui servent à la teinture.

La *France* produit la *garance* (fig. 37), qui donne la belle cou-

« Attendez-vous, monsieur Moreau, à revoir un
« de ces jours votre
« beau-frère.

« J'écris cette let-
« tre sur le coin de la
« table d'un café (fig.
« 38). L'oncle me
« regarde tout ému ;
« il y ajouterait bien
« quelques mots,
« mais je vois bien
« qu'il n'ose pas.
« L'heure me presse ;
« aussi je vous em-
« brasse à la hâte
« vous et les vôtres.

Fig. 38. — J'écris cette lettre sur le coin de la table d'un café.

« Votre plus qu'affectionné,
  « PIERRE DÉSORMES. »

leur *rouge* dont sont teints les pantalons de nos soldats d'infanterie ; le *safran* (fig. 39), qui donne une couleur *orange* ; le *carthame*, qui donne certaines nuances rouges, *ponceau, cerise, rose, couleur de chair* ; l'*orseille*, qui donne un *rouge violet* ; etc.

Les principales couleurs végétales qui se tirent de plantes *exotiques* sont : l'*indigo*, qui est un beau *bleu* qu'on tire d'un arbre appelé indigotier (*Bengale, Guatemala*) ; le *noir-violet*, qu'on tire du *bois de Campêche* ; le *rouge-pourpre* qu'on tire du *bois de Brésil* ; les *noirs* qu'on tire des *galles* * des *chênes de l'Asie Mineure* ; etc.

La culture des plantes tinctoriales a beaucoup perdu de son importance depuis qu'on emploie pour la teinture les couleurs extraites du **goudron de houille**.

Fig. 39. — Safran.

Ainsi s'exprimait l'honnête mécanicien, enchanté du bonheur que sa communication allait causer aux amis de Longueval. Hélas! le lendemain, il apprenait la fin de celui à qui il venait d'écrire, et le même courrier emportait, avec sa première lettre si joyeuse, quelques lignes à l'adresse de Charles, où l'on devinait le chagrin sincère et profond d'un brave cœur.

« Tunis *, 16 décembre.

« Mon cher Charles,

« Vous êtes cruellement éprouvés par le sort, ta
« sœur et toi. Que vous dire, sinon de pleurer?
« Devant une telle catastrophe, les paroles, même
« celles d'un ami dévoué, ne sauraient être un
« remède à la douleur.

« Au reste, cette douleur, j'en ai ma large part.
« J'avais mérité de ne pas être indifférent à ton père
« et tu sais quelle affectueuse vénération j'avais
« pour lui. N'est-ce pas dans sa maison que, pauvre
« boursier du collège de Longueval, j'ai pu oublier
« quelquefois que j'étais sans famille? Tu ne me
« contrediras pas, mon cher Charles, si je dis, non
« sans quelque orgueil, que ton père m'a regardé
« un peu comme son fils adoptif. Et son intérêt
« pour moi allait fort loin; vous comprenez, toi
« et Marguerite, ce que je veux dire.

« Adieu; tâche d'être fort et aime ta sœur pour deux.

« Ton vieux camarade,

« Pierre Désormes.

« *Post-scriptum.* — Pourrai-je prévenir verbale-
« ment ton oncle Célestin? Je ne sais, car nous rece-
« vons l'ordre d'appareiller * de suite pour Alger *.
« En tout cas, je lui ferai parvenir ta lettre avec
« un mot de moi. Quel coup aussi pour ce pauvre
« homme! »

Le fils du forestier. — Qu'était-ce donc que Pierre Désormes ?

Un très brave et très honnête garçon qui devait beaucoup à lui-même et un peu aux Moreau. Il était fils d'un **garde forestier** des environs de Longueval ; sa naissance avait coûté la vie à sa mère. Son père, ancien soldat d'Afrique, habitait une maisonnette au fond des bois ; là s'était écoulée la première enfance de Pierre. A cette rude éducation en plein air, il avait gagné une santé de fer et une vigueur redoutable.

INSTRUCTION CIVIQUE : **Garde forestier.** — Les gardes forestiers (fig. 40) sont des agents préposés à la garde des bois et forêts. Ils constatent également les délits de chasse, de pêche et les contraventions aux lois sur le port d'armes.

Fig. 40. — Le garde forestier.   Fig. 41. — Le maire.

Ils arrêtent et conduisent devant le JUGE DE PAIX ou le **maire** (fig. 41) tout inconnu qu'ils ont surpris en flagrant délit. Leurs *procès-verbaux* font foi en justice.

Les gardes forestiers n'entrent en exercice qu'après avoir prêté serment. Dans leurs tournées, ils doivent être munis d'une *plaque* qu'ils portent ostensiblement.

Après vingt-cinq ans de service, les gardes forestiers ont droit à une retraite.

Plus tard, son père l'avait envoyé à l'école d'une commune voisine. L'instituteur s'intéressa à ce petit sauvage qui, d'ailleurs, n'était ni sot ni fainéant; une fois il parla au père Désormes de faire concourir le gamin pour une **bourse** au collège. Le collège? terme bien vague pour l'honnête forestier.

— Et que fait-on dans un collège?

— On apprend les mathématiques, la physique, l'histoire, les langues vivantes, le latin même, si l'on veut.

Le père Désormes entendit avec respect cette énumération de sciences à lui inconnues.

Instruction civique : **Bourses.** — L'État, les départements, les communes riches, et aussi certains particuliers, payent chaque année la pension d'un certain nombre d'enfants et de jeunes gens dans les *écoles primaires supérieures*, les *lycées* et *collèges*, les *écoles du Gouvernement*. Ces **bourses** sont données après examen; elles peuvent être retirées si les boursiers cessent de les mériter.

Les *bourses de l'État* sont conférées par les ministres; les *bourses départementales* par les conseils généraux; les *bourses communales* par les conseils municipaux.

Pour être admis à l'examen des bourses des écoles primaires supérieures, il faut avoir *douze ans au moins* et *seize ans au plus*. Les candidats examinés sont classés par ordre et reçoivent, soit une *bourse*, soit une *demi-bourse d'interne*, soit une *bourse d'externe*. Les demandes d'inscription doivent être déposées au bureau de l'inspecteur d'académie; elles sont accompagnées de l'acte de naissance du candidat, de son certificat d'études primaires, d'un certificat de vaccine et d'un certificat de bonne conduite.

Les candidats à l'examen des bourses des lycées et collèges doivent avoir *neuf ans au moins* et *dix-sept ans au plus*. Il y a des *bourses d'internat*, de *demi-pension*, *d'externat simple* ou *surveillé*; elles peuvent être fractionnées. L'examen doit justifier que les enfants ou jeunes gens sont en état de suivre la classe qui correspond à leur âge. Les demandes sont reçues au secrétariat de la préfecture; on doit y joindre l'acte de naissance du candidat et un certificat de bonne conduite délivré par le chef de l'établissement où il a commencé ses études, s'il a déjà suivi quelques cours.

— Diable, fit-il, avec un pareil bagage, on ne doit pas être embarrassé de faire son chemin dans le monde... Va pour le collège.

Une bourse de demi-pensionnaire fut accordée à Pierre. Chaque matin et chaque soir, chaussé de gros souliers ferrés, ses livres retenus par une courroie, il arpentait allégrement la bonne lieue qui séparait la maison forestière du collège et le collège de la maison forestière. L'hiver, par la neige, c'était dur. Mais le gars, qui mordait ferme à la science, ne se plaignait pas. Un matin, on ramassa le père Désormes au pied d'un chêne, la poitrine traversée de deux balles (fig. 42) : vengeance de braconnier. Le meurtrier fut découvert; dans un cabaret, il s'était vanté, après boire, d'avoir fait payer cher au père Désormes les procès-verbaux que celui-ci lui avait dressés. On l'envoya aux travaux forcés à perpétuité. Le pauvre Pierre s'était lié au collège d'une amitié étroite avec Charles, quoiqu'ils fussent rivaux en classe et au gymnase; il fut pendant quelque temps recueilli chez les Moreau. Les deux camarades avaient alors douze ans à peu près. En considération des humbles, mais dévoués services du

Fig. 42. — Un matin, on ramassa le père Désormes au pied d'un chêne.

père Désormes, de sa fin tragique, aussi en considération des succès obtenus par le fils dans le cours de ses études, la bourse de demi-pension fut convertie en bourse de pension entière. L'orphelin eut le père Moreau comme correspondant. Il devint presque de la famille, où chacun s'était pris pour lui d'une affection méritée. Moreau se disait même :

— Ma foi, s'il ne déplaisait pas à Marguerite, je serais content que Pierre devînt mon fils, surtout s'il voulait mordre à l'horlogerie.

Pierre n'y mordit pas plus que Charles, et les deux camarades furent reçus à Châlons* la même année. Naturellement, Désormes y était entré comme boursier, et, en sortant, il lui fallut gagner immédiatement son pain. **La marine de guerre** recrute volontiers ses mécaniciens dans les écoles d'Arts et Métiers; Pierre s'engagea donc comme élève-mécanicien.

INSTRUCTION CIVIQUE : **Marine de guerre.** — La **marine de guerre** comprend les bâtiments de tout ordre destinés à protéger les côtes et les colonies françaises ou à assurer les divers services.

Les habitants des côtes qui se livrent à une profession maritime sont inscrits sur un registre (*inscription maritime*); ils font en temps de paix un service de trois ans et peuvent être appelés en temps de guerre de dix-huit à cinquante ans.

Les officiers dans la marine sont les *amiraux*, les *vice-amiraux*, les *contre-amiraux*, les *capitaines de vaisseau*, les *capitaines de frégate*, les *lieutenants de vaisseau*, les *enseignes* et les *aspirants* de première classe; la plupart sortent de l'*école navale*, en rade de Brest*, et font un stage d'officier en qualité d'*aspirants de seconde classe*. Les sous-officiers sont les *premiers maîtres*, les *maîtres*, et les *seconds maîtres* et les *quartiers-maîtres*.

Le personnel des officiers de la marine comprend encore des *mécaniciens*, des *médecins*, des *commissaires* qui dirigent les services administratifs, des *ingénieurs des constructions navales*, etc.

Il existe une *école des mousses* destinée à former des marins pour la flotte et un *dépôt d'instruction des apprentis marins*.

Après son stage sur la frégate-école l'*Hermione*, il fit un séjour à Longueval. La veille de son départ, il dit à Moreau :

— Monsieur Moreau, je ne vous quitterai pas sans vous assurer encore une fois des sentiments que j'ai pour vous et pour les vôtres. De plus, si j'osais...

— Ose, mon brave Pierre.

— M'estimez-vous, monsieur Moreau?

— Beaucoup, Pierre.

— Cela m'encourage... Vous savez, monsieur Moreau, que les mécaniciens occupent dans la marine une place dont l'importance, déjà considérable, s'accroît tous les jours. Je puis donc, avec du zèle et de la conduite, prétendre dans ce corps à une position honorable...

Ici l'honnête Pierre parut avaler difficilement sa salive.

— ... Si je parvenais à cette position, m'accepteriez-vous pour gendre?

— Pourquoi pas?... Mais, tu sais, Pierre, sur cette question, Marguerite a voix prépondérante au chapitre.

— M'autorisez-vous à lui en toucher un mot devant vous?

— Ce blanc-bec qui n'a pas ses vingt ans et qui veut causer mariage à une fillette de quinze! Que diantre! nous avons le temps, mon cher garçon. Travaille dur, gagne les galons et espère. En attendant, Marguerite apprendra le ménage à surveiller la soupe de son papa... Allons, courage, Pierre! Surtout, quand tu obtiendras des congés, n'oublie pas que, gendre ou non gendre, la porte de Moreau t'est ouverte à deux battants.

Plus tard, Pierre, devenu un des maîtres mécani-

ciens les mieux notés de la flotte, disait à Marguerite
en présence de Moreau et de Charles :

— Si, dans trois ans, je me présentais à vous, les
galons d'officier mécanicien sur la manche, accepteriez-vous de devenir ma femme, Marguerite?

Marguerite était une droite et loyale nature de
jeune fille. Elle s'interrogea et ne trouvant aucun
déplaisir à penser que l'ami de son frère serait un
jour son époux, elle répondit au bout d'un instant :

— Si mon père y consentait, je crois, Pierre, que
j'y consentirais aussi.

Il n'y eut pas d'autre cérémonie de fiançailles. Cela
suffit pour que Marguerite comptât sur Pierre et Pierre
sur Marguerite.

L'ex-canonnier Thomas, professeur de cuisine. — M. Weber attendait les deux orphelins à la
petite station d'Origny. On chemina silencieusement
à travers le village jusqu'à l'église; derrière, entre
l'école et le bureau de poste, se trouvait la petite
maison tapissée de lierre où s'étaient succédé tous
les percepteurs d'Origny.

Un chien, qui semblait attendre sur le seuil, aboya
à la vue des arrivants. C'était Mitraille, un ami, qui,
tout d'abord, bondit joyeusement vers Marguerite.
Les bêtes doivent comprendre nos douleurs; car, à
l'aspect affligé de la jeune fille, Mitraille redevint
subitement calme et, levant vers elle son museau, se
contenta de jeter comme un long hurlement.

Presque aussitôt la porte s'ouvrit; un grand homme
sec descendit en boitant les trois marches du perron,
accueillit Marguerite avec un air de chagrin qui ridait
son visage en mille plis, et secoua la tête en serrant
la main que Charles lui tendit; pas un mot d'ailleurs.
Ce personnage singulier était Thomas, actuellement

serviteur de M. Weber, jadis soldat dans la batterie qu'il commandait. Thomas avait eu la jambe cassée dans une des batailles sous Metz. Au sortir de l'ambulance, le pauvre homme était fort en peine de sa personne.

Son ancien capitaine, qui avait en poche sa nomination de percepteur à Origny, le rencontre et remarque son air désorienté ; il s'approche, et comme il le savait un peu sourd à force d'avoir tiré le canon, il lui crie à l'oreille :

— Où vas-tu ?... Au pays ?

L'interpellé fait un signe témoignant du plus complet embarras... Son pays... ? Il n'en a pas... Fils d'une cantinière, Thomas était né sur la grande route de Paris* à Strasbourg*. D'abord **enfant de troupe**, puis engagé au 2ᵉ d'artillerie à cheval, il n'avait d'autre chez lui que la caserne.

Weber eut pitié du vieux brave et lui dit :

— Je ne crois pas, camarade, que tu me sois jamais d'une grande ressource pour la conversa-

---

INSTRUCTION CIVIQUE : **Enfants de troupe.** — On appelle **enfants de troupe** les fils de militaires élevés aux frais de l'État. Autrefois, ils restaient à la caserne ; depuis 1888, ils sont laissés dans leurs familles, et celles-ci reçoivent une allocation de 100, 150 ou 180 francs suivant l'âge de l'enfant. Nul ne peut être proposé pour être enfant de troupe s'il n'a *deux ans* au moins et *treize ans* au plus. Les enfants de troupe qui ont atteint l'âge de treize ans sont placés dans les *écoles militaires* préparatoires suivantes : *Rambouillet**, *Montreuil-sur-Mer**, *Saint-Hippolyte-du-Fort**, *les Andelys** (infanterie) ; *Autun** (cavalerie) ; *Billom** (artillerie, génie, train des équipages). Les parents s'engagent à reverser au Trésor public la moitié des indemnités perçues par eux dans le cas où l'enfant renoncerait à entrer dans une de ces écoles. L'orphelinat Hériot, à *la Boissière**, reçoit les enfants de troupe orphelins, exception faite des fils d'officiers ; ils doivent être âgés de *cinq ans* au moins et de *treize ans* au plus. A treize ans, ils sont admis dans une des écoles militaires préparatoires citées plus haut.

tion, mais, enfin, tu garderas ma caisse... Viens avec moi.

Et, sans plus d'explications, trouvant naturel de suivre son capitaine, Thomas avait emboîté le pas. Depuis ce temps, il garde la caisse du percepteur; c'est là sa fonction principale. Chaque soir, il dresse sa couchette devant le coffre, le revolver d'ordonnance de Weber à portée de sa main, le chien Mitraille au pied du lit (fig. 43)... Oh! le gouvernement n'a rien à craindre pour ses fonds; le poste est solide et la place est bien gardée... A l'occasion, Thomas porte les avertissements aux contribuables; illettré, comme l'étaient trop de gens autrefois, il ne se trompe jamais sur le papier à remettre. Thomas est également commis au service des vivres. Du premier jour il s'est révélé comme un caporal d'ordinaire* très probe et très avisé, et, avec le temps, il est devenu un cuisinier plus que passable. Tout d'abord, il avait des recettes étranges, rapportées de partout, d'Afrique, de Chine, du Mexique, de tous les pays où il avait traîné son canon. M. Weber ayant fait la grimace, Thomas avait eu une idée. Un artilleur est toujours tant soit peu voiturier, palefrenier, charron, autre chose encore; ses talents, Thomas les avait mis gratuitement au service de Mme Guérin, l'auber-

Fig. 43. — Chaque soir, Thomas dresse sa couchette devant le coffre.

giste du *Cheval Blanc*, laquelle était un cordon bleu ; celle-ci, en échange, lui avait donné des leçons de cuisine, et la maîtresse se faisait honneur de son disciple.

— Vraiment, ce M. Thomas a des capacités extraordinaires pour la partie, déclarait-elle à qui voulait l'entendre.

Seulement, un point la fâchait. Elle était exclusive dans ses préférences pour le beurre, admettant à peine la graisse dans certains cas et, contre l'huile, prononçant l'anathème ; d'esprit plus ouvert, Thomas réconciliait, dans sa pratique, la Normandie, la Gascogne et la Provence.

A son tour, Thomas avait formé une élève.

Dans les premiers temps qu'elle tenait la maison de son père, Marguerite s'était trouvée quelque peu embarrassée en face de son fourneau. La cuisine était fort simple chez les Moreau ; mais tout au moins fallait-il savoir préparer un bouillon, apprêter des œufs, un ragoût, un rôti. Art plus difficile qu'on pourrait croire et qui ne s'apprend point sans étude. Or, Marguerite avait perdu sa mère trop jeune pour avoir été initiée par elle aux tâches culinaires. De plus, ce n'était pas encore la mode, dans les écoles, d'instruire les jeunes personnes à faire la soupe ; d'ailleurs, si cette pauvre Mlle Boisseau, l'institutrice de Marguerite, était de première force sur les participes et la règle de trois, elle aurait été bien empêchée de démontrer comment on réussit une bonne omelette, bien battue, bien assaisonnée, cuite à point et gracieusement roulée. Une cousine, Mme Ledru, cuisinière passable, se serait fait un plaisir de dresser Marguerite ; mais son mari l'avait arrachée de Longueval presque aussitôt après l'avènement de celle-ci à la dignité de ménagère. Restaient les manuels spéciaux, *la Cuisinière bourgeoise* ou tout autre livre analogue. Maigre ressource! il en est de la cuisine comme de la morale : rien ne vaut l'exemple. Aussi Marguerite, appréciant les connaissances de Thomas, s'était résolument mise à son école pendant ses fréquentes visites à Origny. C'était un spectacle comique que l'attention de la jeune fille, tandis que le vieux troupier lui expliquait ses recettes dans un langage presque monosyllabique, et lui montrait, au bout d'un couteau ou autrement, la dose d'ingrédients nécessaire à la confection du plat.

— Beurre!... Sel!... Poivre!... Thym!

Et quand la sauce était enfin à son goût, il en tendait à son élève une cuillère toute pleine, disant avec une grimace de satisfaction :

— Bon, hein?

Après chacune de ses séances au cours de Thomas, Marguerite était en progrès. Moreau s'en émerveillait.

— Me serais-je jamais imaginé, s'écriait-il, qu'un artilleur pût devenir professeur de cuisine!

Donc, c'est assis devant un repas préparé par le canonnier que Charles exposa à M. Weber les résolutions qui avaient été prises; tout fut approuvé. Ensuite on décida que le frère et la sœur passeraient à Origny le lendemain qui était un dimanche; le lundi, ils feraient leurs derniers adieux à Longueval, et ils partiraient pour Lille* le mardi matin.

Évocation du passé. — Pour les deux jeunes gens, ce dimanche à Origny fut d'une mélancolie qui eut son charme. Dans la petite maison du percepteur, dans le jardin y attenant, où ils avaient tant de fois couru, joué, bêché, sarclé, Charles et Marguerite avaient une partie de leur passé.

Ah! les bons dimanches de jadis, les heureux jours de vacances !

Moreau n'était pas un savant botaniste, mais il avait comme une tendresse pour la nature, et, s'il en parlait, il savait intéresser. Ce n'était pas sans une certaine éloquence familière qu'il causait de ces plantes auxquelles nous devons la nourriture, le vêtement, le chauffage, l'éclairage, les médicaments. Quand, durant la belle saison, on avait gravi lentement la côte d'Origny, on aimait à s'asseoir près de lui et à l'entendre disserter sur ces végétaux qui sont des êtres vivants organisés comme des animaux. Il arrachait quelque pousse à côté de lui et montrait à ses compagnons la racine, la tige, les feuilles, les fleurs, les fruits, les graines, les disséquant avec son canif, expliquant sans prétention ce qu'il savait. Les enfants étaient tout oreilles et Weber s'émerveillait de la science de son vieux camarade. Il était rare que Moreau ne finît pas par quelque réflexion de ce genre :

— Vraiment l'homme est un singulier animal. Il s'empresse dans les foires pour contempler de prétendues curiosités qui ne sont d'ordinaire que des niaiseries, et la nature, dont les curiosités sont infinies, il passe à travers sans daigner lui jeter un regard.

Songeant à ces journées heureuses, les deux orphelins voulurent sortir dans Origny, parcourir les sentiers voisins, malgré le vent aigre qui balayait les feuilles mortes. Impossibilité de croire si vite à la mort d'un être qu'on a beaucoup aimé! Ils se voyaient allant au bois avec leur père; dans cette promenade, son image, ses traits, le son de sa voix leur étaient présents; ils auraient cru qu'il les entretenait, qu'il les appelait par leur nom. Et la même illusion était dans l'esprit du vieil ami qui les accompagnait.

Au cimetière de Longueval. — Le lundi, revenus à Longueval, Charles et Marguerite accomplirent quelques devoirs de politesse indispensables; puis, dans l'après-midi, ils allèrent au cimetière, faire une dernière visite à la sépulture de famille. A travers une rangée de monuments modestes, de croix de fer chargées de couronnes en perles noires ou en immortelles, ils se dirigèrent vers un endroit, hélas! déjà trop connu d'eux, vers le caveau où, sous une **pierre de liais** (fig. 44), leur mère reposait depuis longtemps et où leur père venait de la rejoindre. Autour, des arbustes toujours verts dressaient leur feuillage sombre, et, pendant la saison, des chrysanthèmes poussaient leurs fleurs jaunes, des anémones, leurs fleurs violettes.

Fig. 44. — Charles et Marguerite allèrent au cimetière faire une dernière visite.

Les orphelins, en arrivant, virent une petite fille qui posait une couronne sur la tombe des Moreau. Comme leur pas faisait crier le sable de l'allée, une

---

Leçon de choses : **Pierre de liais.** — La pierre de liais est une variété de pierre *calcaire*, c'est-à-dire qu'elle est formée par de la *chaux* combinée avec de l'*acide carbonique*. Le *marbre*, la *craie*, la *pierre lithographique* sont de même nature.

LES DERNIERS JOURS A LONGUEVAL.

femme qui conduisait l'enfant leva la tête; apercevant les visiteurs, elle sembla vouloir l'emmener aussitôt. Charles avait reconnu leur locataire, Mme Martin et sa petite Juliette, celle que Moreau avait sauvée au prix de sa vie; d'un signe, il l'invita à rester.

— Pourquoi vous enfuir ainsi, madame Martin?

— Mon Dieu, monsieur Charles, je craignais que la vue de l'enfant...

Cependant celle-ci, quittant la main de sa mère, s'était approchée timidement de Marguerite, l'avait prise par sa robe et levait vers elle des yeux suppliants, tout humides de larmes, qui demandaient pardon. Comment résister à cette prière ingénue? La fille de Moreau se baissa, embrassa Juliette et lui dit seulement :

Fig. 45. — Bas-relief de la fontaine des Innocents représentant une Naïade*.

Le liais est compact, dépourvu de cavités, d'un grain fin et serré. C'est une bonne *pierre à bâtir*, assez commune *aux environs de Paris**. La chapelle du château de *Versailles**, construite au XVIIe siècle par Hardouin-Mansard, est en très beau liais.

Il est également propre à la *sculpture*; les bas-reliefs de la *fontaine des Innocents* (fig. 45) à Paris*, exécutés en 1550 par Jean Goujon (fig. 46), sont en liais.

On distingue plusieurs sortes de liais: le *liais rose*, qui est le plus beau; le *franc liais*, qu'on emploie dans le dallage, associé au marbre noir; le *liais férault*, qui ne brûle point au feu et qui sert, pour cette raison, à faire les jambages de cheminées. L'exploitation des carrières de pierre à bâtir se fait soit à ciel ouvert, soit souterrainement; aux environs de Paris on emploie des *treuils* sur lesquels on agit à l'aide de grandes roues.

Fig. 46. — Jean Goujon.

TU SERAS CHEF DE FAMILLE.

— Tu te souviendras de mon papa, Juliette (fig. 47)?
— Oh! oui, mademoiselle... Je sais bien que, sans lui, c'est moi qui serais aujourd'hui dans la terre.

Après une heure, une heure bien triste et cependant bien courte, on retourna rue des *Pierres* où un repas, commandé par Hubert, fut servi dans la boutique. Deux lits avaient été également préparés par ses soins.

Fig. 47. — Tu te souviendras de mon papa, Juliette?

Les adieux. — Sur les huit heures, M. Weber, venu d'Origny avant le jour, s'acheminait vers la gare, donnant le bras à Marguerite. Il lui parlait en phrases brèves dont le ton brusque dissimulait mal l'émotion :

— Tu m'écriras, ma petite, tu n'oublieras pas le vieil ami de ton père... Je n'avais déjà plus de pays... un Alsacien, n'est-ce pas?... De famille, je n'avais que vous autres, et maintenant plus personne!... Une lettre de temps en temps, cela ne te coûtera guère, Marguerite... Allons, c'est entendu, tu ne m'oublieras pas...

— Vous oublier, monsieur Weber!

Et Charles, qui marchait à côté, répéta :

— Vous oublier, vous!

A la gare on trouva Hubert et Jacques. Hubert s'était chargé de faire transporter au chemin de fer la valise de Charles et la malle que Marguerite emmenait avec elle; l'apprenti avait tenu à porter les cartons et autres menus paquets qui accompagnent toute femme en voyage.

Des camarades de Charles et des amies de Marguerite étaient venus faire leurs adieux aux deux orphelins (fig. 48). On vit même le maire, M. Huet. Quelques jours auparavant, Charles lui avait fait une visite pour le remercier du discours qu'il avait

Fig. 48. — Des camarades de Charles, des amies de Marguerite étaient venus faire leurs adieux aux deux orphelins.

prononcé lors des funérailles de Moreau. M. Huet, qui était passé au magasin de la rue des *Pierres* tandis que les enfants de Moreau étaient à Origny, avait appris d'Hubert la date et l'heure de leur départ; il avait tenu à leur apporter lui-même, au nom de la ville, un dernier témoignage d'estime pour les vertus et le courage de leur père.

De telles marques de sympathie sont précieuses; mais si elles adoucissent la peine que cause un malheur, elles aggravent la tristesse des départs. Charles et Marguerite avaient les yeux mouillés quand le fracas des brouettes, la bousculade du factage, enfin une sonnerie et un mouvement de signaux annoncèrent l'approche du train (fig. 49).

— Allons, adieu !
— Non, au revoir !

Une dernière poignée de main et les deux voyageurs s'asseyaient en face l'un de l'autre dans un compartiment de deuxième classe inoccupé. Trois

Fig. 49. — Une sonnerie et un mouvement de signaux annoncèrent l'approche du train.

minutes après, ils étaient entraînés à grands tours de roue loin du pays natal.

Réflexions tristes. — Depuis plusieurs années, Charles ne faisait que des séjours assez courts à Longueval ; mais, jusqu'alors, il n'avait jamais quitté sa chère petite ville sans l'espérance d'y revenir bientôt ; pour peu de temps sans doute, mais enfin il pouvait se dire que, dans tant de mois, il y serait de nouveau. Quel que fût l'endroit où les nécessités de l'existence pouvaient le pousser, Longueval où vivaient son père et sa sœur, c'était *chez lui*, c'était son *port* *d'attache*, comme disait Désormes en parlant de la ville maritime où retournent les navires après une campagne. Maintenant, n'était-ce pas fini? Quand il reviendra visiter la tombe de ses parents, il ne sera plus qu'un étranger, un passant.

Ces réflexions, il n'en laissait rien paraître à sa sœur.

D'ailleurs, celle-ci s'appliquait, elle aussi, à être forte. Silencieuse, elle regarda par la vitre de la portière le paysage qui filait rapidement. Après Origny, où le train, qui était direct, ne s'arrêta pas, ce n'étaient plus les lieux qu'elle avait tant de fois parcourus avec son père. Le spectacle de cette campagne dépouillée par l'hiver était pour elle sans intérêt; elle se rejeta dans un coin du wagon. Charles dit :

— Nous coucherons à Paris*, Marguerite; tu t'es trop fatiguée ces jours derniers pour faire le voyage tout d'une traite. Après avoir déposé nos bagages à la consigne* de la gare du Nord, nous passerons à un hôtel où je retiendrai une chambre pour moi. Les cousins Ledru, que j'ai prévenus et qui nous attendent, te donneront l'hospitalité. Naturellement, nous resterons avec eux le temps dont nous disposerons; aussi bien le cœur ne nous dirait guère d'aller promener notre deuil dans les rues de Paris*.

A la première station, le compartiment se remplit. Il déplaisait aux deux orphelins, dans la situation d'esprit où ils se trouvaient, de causer devant des indifférents. Le frère essaya de lire et la sœur songea jusqu'à la fin du voyage.

CHAPITRE VI

A PARIS

L'arrivée. — Un appel sortit du milieu de la foule qui, à la gare de l'Est, attendait les arrivants.

— Hé, Marguerite! Par ici, Charles!

— Parbleu, dit ce dernier, voilà la cousine Ledru!

Et la cousine Ledru, portant sur son bras gauche Georges, le plus jeune de ses enfants, faisait comme un télégraphe aérien du parapluie qu'elle tenait à la main droite (fig. 50).

— Que je vous embrasse, mes enfants! Ah! quel malheur dans la famille! Mon pauvre oncle Moreau! Embrasse le cousin et la cousine, mon petit Georges. Et vos bagages? J'ai retenu une voiture, vous savez.

Fig. 50. — La cousine Ledru faisait comme un télégraphe aérien du parapluie qu'elle tenait.

Tout cela lâché d'une seule bordée. C'est qu'elle allait vite en besogne, la langue de la cousine Ledru. « On dirait le claquet d'un moulin », disait feu Moreau. Mais elle était si bonne personne, la brave dame, que tout le monde lui passait volontiers son défaut.

De la gare de l'Est, on roula à la gare du Nord qui en est très voisine, puis à un hôtel situé dans le quartier des Ledru, enfin vers la maison de ceux-ci. En chemin, la cousine dit, un peu embarrassée :

— Je suis désolée de te laisser aller à l'hôtel, mon bon Charles. Mais nous sommes si petitement logés... Oh! ce Paris*! C'est comme pour l'enterrement de votre pauvre père. Moi, de toute façon, je n'aurais pu y aller à cause des enfants. Mais Ledru!... Obtenir un congé, c'était facile. Malheureusement... mon Dieu, je n'ai pas de honte à vous avouer cela... malheureusement, le chemin de fer ne fait pas crédit et, ce mois-ci, nous n'avons que juste de quoi faire bouillir la marmite. La vie est si chère, l'hiver surtout... Vous ne nous en voulez pas, n'est-ce pas?

— Mais non, ma cousine!

— Ce qui nous a mis en retard, voyez-vous, c'est une **scarlatine** du petit... Les visites du médecin, le pharmacien, c'est prévu dans nos dépenses. Mais, les deux autres enfants, il a fallu les éloigner, les mettre en pension... Deux trimestres à payer, pensez donc!

— Il a donc été bien malade, ce pauvre Georges? demanda Marguerite.

HYGIÈNE : **Scarlatine.** — La scarlatine est une maladie caractérisée par une *coloration rouge* de la peau ; elle frappe surtout les enfants.

Elle a pour symptômes : le *mal de gorge*, le *mal de tête*, la *fièvre*, la *soif*, une alternative de *frissons* et de *chaleurs* avec sécheresse de la peau.

La scarlatine est toujours *contagieuse*, souvent *épidémique*; il faut donc, autant que possible, éloigner les enfants sains des maisons, et, dans le second cas, des localités où elle règne.

Cette maladie est ordinairement *bénigne*; le *lit*, une *température douce*, des *boissons rafraîchissantes* suffisent à la guérir. Les *refroidissements* doivent être *évités* avec le plus grand soin, et les sorties interdites au moins pendant 15 jours après l'éruption. Si le *mal de gorge* était *très violent* ou s'il y avait *délire*, la scarlatine pourrait être *maligne* et exiger des soins particuliers. Du reste, quelle que soit l'allure de la maladie, il est toujours prudent d'appeler le médecin.

— Toutes les maladies d'enfants deviennent graves dans cette maudite ville !... On tremble réellement pour ce qui serait un bobo autre part. A Longueval, le plus souvent la scarlatine c'est comme qui dirait une grosse **rougeole**; des précautions, des tisanes, et voilà un enfant hors d'affaire. Ici, huit fois sur dix, c'est la scarlatine maligne et il peut survenir une inflammation interne. Ah! par quelles transes j'ai passé !

Charles interrompit Mme Ledru :

— Mais, à cette heure, il va tout à fait bien, le petit cousin Georges?

— Peuh! voyez-moi cette figure de mie de pain! Ce qu'il faut aux enfants, c'est de l'air et à Paris*... Ah! nous voilà arrivés.

Une maison de Paris. — On descendit dans une rue du centre, devant une grande maison à cinq étages (fig. 51), avec une porte cochère chargée d'ornements, des fenêtres à encadrements compliqués et des balcons de fonte soutenus par des têtes de femme

---

HYGIÈNE : **Rougeole.** — La rougeole est une maladie très commune caractérisée par des *taches rouges* sur le corps; elle s'attaque généralement aux enfants de 5 à 15 ans.

Elle s'annonce par la *fièvre*, l'*éternuement*, le *larmoiement*, la *toux*.

Aucune maladie peut-être n'est plus *contagieuse*; quand elle vient à se montrer dans une famille, si l'on ne se hâte pas d'éloigner les enfants sains, presque toujours ils sont frappés successivement.

La rougeole est *facile à traiter*; on tient le malade au *lit*, dès que les taches rouges sont apparues, on lui donne des *tisanes douces* (bourrache, tilleul, mauve, etc.); mais surtout, comme dans la scarlatine, on *évite* avec le plus grand soin les *refroidissements*, qui pourraient faire *rentrer* brusquement les taches et rendre la maladie *mortelle*. Malgré la bénignité de la rougeole, il est bon de prendre les conseils d'un médecin.

en pierre; on franchit une entrée revêtue de **stuc**, en passant devant un vestibule vitré d'apparence luxueuse, et l'on se trouva dans une cour cimentée, très propre, mais si profonde que jamais le soleil ne devait y descendre. A droite et à gauche, des écuries; au fond, un second corps de bâtiment élevé de trois étages, aussi nu extérieurement que la façade de la rue était richement décorée.

Fig. 51. — Une maison parisienne.

— Voilà où nous prenons nos bains d'air, mes enfants, dit ironiquement Mme Ledru. L'hiver cela peut aller, à l'humidité près. Par malheur, les écuries sentent si mauvais pendant la belle saison qu'il faut

---

Leçon de choses : **Stuc**. — Le stuc est un *enduit* fait soit avec un mélange de *chaux* et de *marbre pulvérisé* que l'on gâche dans l'eau de façon à former une espèce de mortier, soit avec du PLATRE *cuit* exprès, *pilé* et *tamisé*, puis *gâché* dans de *l'eau chaude* contenant de la *colle forte* et de la *gomme arabique*.

Cette composition, qui était connue des anciens, contracte, au moyen d'un *chauffage subit*, une très grande *dureté* et peut prendre *l'éclat du marbre* le mieux poli.

Le stuc est d'ordinaire *blanc*; mais il est facile d'en *varier* les *nuances* en y mélangeant des substances minérales de diverses couleurs.

Les revêtements de stuc conviennent surtout pour les murs des escaliers, pour ceux des dortoirs, des salles à manger et des salles de bain. Ils ont une durée que ne peuvent égaler ni les peintures à l'huile ou à la colle ni le vernis. Pour les nettoyer, il suffit d'une éponge et d'eau pure.

5.

absolument fermer les fenêtres. Et encore, je ne me plains pas quand je songe à notre ancien appartement. Là, les plombs destinés à l'écoulement des eaux ménagères s'ouvraient sur l'escalier et nous étions empoisonnés les douze mois de l'année... Tu te rappelles, Charles ? tu y es venu.

Les cousins Ledru. — Mme Anatole Ledru, née Barbe Vincent, était une petite-cousine des enfants de Moreau : ligne maternelle. Le **degré de parenté**

Droit usuel : **Degré de parenté.** — La distance plus ou moins grande qui sépare deux membres d'une même famille s'établit par le nombre de *générations*, et chaque génération s'appelle un **degré de parenté**.

On appelle *ligne directe* les parents qui descendent les uns

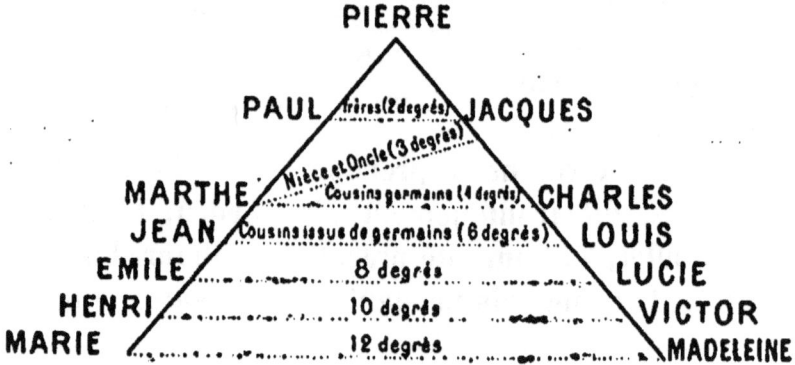

Fig. 52. — Degrés de parenté.

des autres : l'*aïeul* et le *petit-fils* sont parents en ligne directe. La ligne directe est dite *ascendante* lorsqu'elle remonte à la souche (par exemple du petit-fils à l'aïeul); elle est dite *descendante* quand elle va de l'auteur commun à ceux qui en sont issus (par exemple de l'aïeul au petit-fils).

Pour calculer la parenté en ligne directe, il suffit de compter le nombre de générations; ainsi le père et le fils sont à l'égard l'un de l'autre au *premier degré*, l'aïeul et le petit-fils, au *second degré*, etc.

On appelle *ligne collatérale* les différentes séries de parents qui descendent d'un auteur commun, *frères* et *sœurs*, *oncles* et *tantes*, *neveux* et *nièces*, *cousins* et *cousines*.

Pour calculer à quel degré deux personnes sont parentes en ligne collatérale, il faut additionner le nombre de générations

était un peu éloigné, mais on s'était toujours fréquenté et estimé. Après la mort de Mme Moreau, la cousine Barbe, alors à Longueval, avait rendu plus d'un service domestique à l'horloger resté seul. Petite, vive, un peu bavarde comme nous savons, au reste adroite et soigneuse, elle s'était mariée, il y avait de cela quinze ans environ, avec un Parisien venu à Longueval comme employé dans une maison de banque. Ledru passait à juste titre pour un employé actif et probe. Les deux époux avaient trois enfants. Albert et Fanny, âgés l'un de quatorze ans, l'autre de douze, étaient nés à Longueval; le dernier, Georges, qui allait sur ses sept ans, était venu au monde un certain temps après l'installation de ses parents à Paris.

Anatole Ledru ne s'était jamais cru fixé définitivement à Longueval. Après la mort de ses beaux-parents survenue coup sur coup, il avait annoncé à sa femme que, sous peu, on s'en irait à Paris * : le correspondant parisien de son patron de Longueval lui avait promis la première place vacante dans ses bureaux. Mme Ledru ne lui avait pas épargné les représentations :

— Paris *, disait-elle, ne vaudra rien pour Albert et Fanny. Ils ne sont pas déjà si robustes, les pauvres enfants. Ils tiennent de toi, Ledru, car cela ne t'a pas

---

depuis l'une de ces personnes jusques et non compris l'auteur commun et le nombre de générations depuis l'auteur commun jusqu'à l'autre personne; ainsi les frères et sœurs sont au *deuxième degré*, les oncles, tantes, neveux, nièces, au *troisième*, les cousins germains au *quatrième*, etc. Le tableau ci-dessus montre clairement ces différents rapports (fig. 52).

A un autre point de vue, on distingue encore la *ligne paternelle* qui embrasse tous les parents du côté du père, et la *ligne maternelle* qui embrasse tous ceux du côté de la mère.

trop bien réussi de passer ton enfance dans ces nids à rats qu'on est forcé d'habiter à Paris*.

De fait, Anatole (fig. 53), grêle, pâle, avec ses cheveux et sa barbe rares, avec ses épaules rentrées et sa poitrine étroite, ne paraissait guère solide. Comment aurait-il pu en être autrement? Fils d'un cartonnier en chambre, il était né et avait été élevé dans un air vicié par la poussière des papiers de couleur, par l'odeur de la colle rancie, par la respiration d'êtres humains entassés dans un logement trop étroit.

Fig. 53. — Anatole Ledru.

De tels souvenirs ne rebutaient pas Ledru. Les intérieurs malsains où s'était écoulée son enfance, il se les rappelait sans déplaisir. D'autres ont la nostalgie* de la montagne, de la forêt, de la mer; lui avait celle de ces casernes qui sont les maisons de Paris*.

On était donc parti. Mais, depuis ce temps, Mme Ledru, sans cesser d'aimer de tout cœur un mari qui le méritait, ne se faisait pas faute de pester à l'occasion contre lui. Songez donc! Une ville où une livre de méchant beurre coûtait plus de trente sous! où, pour un pot-au-feu passable, il fallait payer des cent sous à la boucherie! une ville qui vous réclamait une cinquantaine de francs pour l'entrée d'une pièce de vin!

— Vrai, disait-elle parfois, dans sa mauvaise humeur

de femme économe, j'ai envie de te laisser dans ton Paris*, monsieur Ledru, et de retourner chez nous!

— Et le code? répondait Anatole en riant. La femme est obligée d'habiter avec le mari et de le suivre partout où il juge à propos de résider... Je juge à propos de résider à Paris, IIe arrondissement... Te vois-tu ramenée ici par deux gendarmes, madame Ledru? (fig. 54.)

Mme Ledru éclatait de rire à l'idée de ce spectacle comique, et

Fig. 54. — Te vois-tu ramenée ici par deux gendarmes, madame Ledru?

la querelle était finie jusqu'à sa prochaine indignation contre les fournisseurs, contre **l'octroi**, contre la

---

ENSEIGNEMENT CIVIQUE: **Octroi.** — L'octroi est un impôt perçu à l'entrée des communes et à leur profit sur certaines denrées, généralement sur les *boissons*, les *comestibles*, les *combustibles*, les *fourrages* et les *matériaux*.

Les droits d'octroi sont *votés* par les *conseils municipaux*.

Ils sont payés à l'entrée de la commune par le conducteur ou le porteur; lorsqu'une marchandise soumise à l'octroi ne fait que traverser une commune, le conducteur ou le porteur verse les droits à l'entrée, mais on les lui rend à la sortie sur la présentation d'un papier appelé *passe-debout*.

Toute *fausse déclaration* est punie de *l'amende* ou même de la *confiscation*; la moitié du produit appartient aux communes, l'autre moitié aux préposés de l'octroi.

Frauder l'octroi est un *vol*.

cour glaciale, contre l'écurie d'en bas, contre Paris* enfin.

Un logement d'employé. — Charles et Marguerite avaient suivi leur cousine jusqu'au troisième par un escalier étroit et sombre, où l'humidité faisait tomber en écailles la peinture de la muraille.

Le logis était composé de trois pièces, prenant jour chacune par une seule fenêtre. La pièce qui aurait pu être le salon servait de chambre à coucher à M. et à Mme Ledru ; une autre, dans laquelle s'ouvrait une petite alcôve, était occupée par les deux garçons. Ces deux chambres étaient séparées par la salle à manger, dans laquelle, chaque soir, on dressait un lit pour la fillette. Un trou noir était décoré du nom de cuisine. Les meubles et les parquets reluisaient de propreté et, cependant, il régnait là dedans une odeur indéfinissable, quelque chose comme un relent* de chambre à coucher et de salle à manger insuffisamment aérées. C'était l'atmosphère d'un logement dont la capacité n'est pas proportionnée au nombre des personnes qui l'habitent. Avec cela, l'appartement, donnant sur une cour fermée de tous les côtés, semblait, par cette journée de décembre, d'une tristesse de tombe.

Tantôt riant, tantôt grondant, la cousine Ledru reprit ses doléances.

— Charmant logement, n'est-ce pas ? Voilà ce que Ledru préfère à la maison que nous avions à Longueval !... Tenez, ce pot de giroflée sur la fenêtre (fig. 35), c'est ce qui remplace notre jardin... Oh ! la maison est bien habitée, cela flatte mon mari. C'est quelque chose sans doute ; mais un peu d'air respirable, ce serait quelque chose aussi. Quand je dis à Ledru que j'étouffe à Paris, il se moque de moi. Il me répond : « Paris a 34 kilomètres de tour et tu y étouffes? » Que voulez-vous répondre à des raisons pareilles?

— Et le loyer est de combien? demanda Charles.

— De huit cents francs... Je sais bien que, pour le même prix, nous aurions mieux dans un quartier moins central. Ah! si Ledru n'avait que son bureau! L'omnibus ou le tramway* (fig. 56) pourrait le

Fig. 55. — Tenez, ce pot de giroflée sur la fenêtre...

conduire pour neuf heures et le ramener pour le dîner. Mais, quatre fois par semaine, il va tenir des livres

Fig. 56. — Omnibus et tramway.

chez un commerçant du quartier. Alors impossible de s'en aller au loin... Pour que nous puissions joindre les deux bouts, il faut qu'il se tue de travail; ce malheureux Anatole !

— En somme, vous regrettez Longueval, ma cousine?

— Certes! et moins pour moi que pour les enfants.

Jeune Parisien et jeune Parisienne. — Sur les quatre heures, rentra Ledru qui avait quitté son bureau plus tôt qu'à l'ordinaire. Il fit son apparition ayant un seau de charbon au bout d'un bras, un panier à bouteilles au bout de l'autre; car la cave était dans ses attributions. Il n'y eut rien que de très sincère dans les démonstrations d'amitié qu'il fit aux parents de sa femme.

Peu après, Albert rentra avec Fanny; en sortant de l'école Turgot* dont il suivait les cours, il l'avait prise à sa pension. Tous deux, comme d'ailleurs leur petit frère Georges, avaient de jolies figures, assez fines et assez délicates; mais leur mère y aurait voulu un peu de ces bonnes couleurs qu'elle avait connues aux enfants de Longueval. Ainsi que beaucoup de jeunes garçons élevés dans la grande ville, Albert avait une assurance et une facilité à parler de tout qui ravissait Ledru, mais qui impatientait souvent sa femme. De son côté Fanny s'inquiétait un peu trop de sa toilette et, pour la maman, cette coquetterie naissante de petite Parisienne était un autre sujet de fâcherie. Le frère et la sœur firent, l'un à Charles, l'autre à Marguerite, un petit compliment de bienvenue, assez bien tourné, ma foi. Le père s'extasiait, mais Mme Ledru, qui aurait voulu plus de naturel, les interrompit brusquement :

— Allons, pas tant de façons! Embrassez le cousin et la cousine et taisez-vous.

— Mais tu leur coupes tous leurs moyens, madame Ledru! s'écria le papa désolé.

A table. — A six heures et demie, on s'assit pour dîner, autour d'une table ronde qui occupait les deux tiers de la salle à manger.

— Aujourd'hui, en votre honneur, cousin et cousine, j'ai fait une soupe à la mode de chez nous : des choux, des navets, des carottes, des poireaux, du bœuf et du pain... Tant pis si tu fais la grimace, Ledru !

Ledru, en effet, n'aimait pas la soupe ; lui et ses enfants, les deux aînés surtout, qui avaient hérité de son dégoût pour cette ancienne et excellente nourriture de famille, trempèrent, par pure formalité, les lèvres dans leurs cuillers. Le petit Georges avait avalé son assiettée de meilleur cœur. Pourtant, quand il eut achevé, il déclara que le **vermicelle** était plus amusant à manger, ou encore les pâtes qui ressemblaien à des étoiles. Ledru approuvant, sa femme le repri d'importance.

— S'il est possible de dire amen à des enfantillages pareils ! Sais-tu ce que dit notre médecin, le docteur

---

LEÇON DE CHOSES : **Vermicelle.** — Le vermicelle est une *pâte alimentaire* qui se fait avec de la *farine* ou avec de la *semoule* (blé moulu moins fin que la farine).

À la farine ou à la semoule on ajoute un peu d'eau bouillante et on obtient ainsi une pâte qu'on place dans une auge où elle est pétrie par une meule se mouvant circulairement. Ensuite, pour lui faire prendre la forme voulue, on la met dans un vase en métal dont le fond est percé de trous ; on chauffe le vase afin de liquéfier la pâte, et, au moyen d'une presse verticale, on la pousse de façon à la faire sortir en filaments ; ceux-ci sont aussitôt refroidis et séchés par un ventilateur. Ces fils de pâte sont coupés à la longueur de 75 centimètres ou plus, et arrondis en anneaux.

Le *macaroni* se fabrique d'une manière analogue ; il suffit que le fond du vase en métal présente des ouvertures annulaires pour donner à la pâte la forme de tubes creux.

Le vermicelle et le macaroni d'*Italie* ont été longtemps les seuls renommés ; chez nous *Clermont-Ferrand*[*] et *Lyon*[*] en produisent aujourd'hui d'excellents.

Simon? Il dit qu'un des inconvénients du régime actuel des enfants, c'est la disparition de la soupe au pain. Et cela, je le crois. Est-ce qu'on ne dit pas bon comme du pain? Oui, le pain qui nourrit plus que toutes vos inventions de pâtes d'Italie ou d'ailleurs, est en même temps beaucoup moins lourd. Or, que faut-il aux enfants? des choses substantielles et légères... Je vais chercher le bouilli.

Fig. 57. — Ledru prit dans le placard un grand bocal de cornichons.

C'était une fort belle côte de bœuf, entrelardée à souhait, tout à fait appétissante. Ledru se leva et alla prendre dans le placard un grand bocal rempli de cornichons (fig. 57). Fanny exprima sa joie sur une note assez bruyante;

Fig. 58. — Le concombre à cornichon.

ÉCONOMIE DOMESTIQUE : **Cornichon.** — Le cornichon (fig. 58) est un petit fruit vert, allongé, ordinairement un peu courbé; il appartient au genre *concombre* et est originaire de l'*Asie*.
Pour préparer les cornichons, on emploie du VINAIGRE blanc qu'on fait bouillir à 80 degrés et qu'on verse ensuite sur les fruits disposés dans un vase avec du sel, du poivre et des feuilles de laurier. Il est nécessaire de se servir de vases de terre ou de porcelaine pour que les cornichons ne deviennent pas dangereux.
L'abus des cornichons est mauvais pour l'estomac.

mais M#{me} Ledru ne quitta pas de l'œil la fourchette avec laquelle son mari piquait les fruits baignant dans leur **vinaigre**; quand il en eut déposé un de grosseur raisonnable sur l'assiette de la fillette, elle commanda :

— Assez pour l'enfant! Toi, Anatole, tu es assez grand pour savoir ce que tu fais. S'il te plaît de te détruire l'estomac, je n'ai rien à dire.

— Mais les cornichons font digérer, ma femme.

— Un ou deux peut-être. Mais en prendre comme tu fais, et comme en prendrait la petite, si on l'écoutait, rien n'est plus mauvais.

Marguerite, habituée aux grosses faims des enfants de Longueval, remarquait avec étonnement le manque d'appétit de ses jeunes cousins. Ils semblaient réellement n'avoir de goût que pour les mets échauffants. Ainsi Albert n'avait pas l'enthousiasme de sa sœur pour les cornichons, mais, en revanche, il assaisonnait chacun de ses morceaux

---

· Leçon de choses : **Vinaigre**. — Le *vinaigre* est un liquide *acide* qui sert à l'assaisonnement des aliments et qui provient de l'*altération* d'un liquide *alcoolique*, comme le *vin*, la *bière*, le *cidre*, etc. Cette altération se produit par l'action de l'*oxygène de l'air* sur l'alcool.

La présence d'un ferment appelé *mère de vinaigre* accélère cette altération. Ce ferment est le plus souvent fourni par des copeaux de hêtre mis en contact avec l'eau.

Orléans est renommé pour la fabrication du vinaigre.

· La sève des végétaux contient beaucoup de vinaigre; on extrait du bois sec ou vert le *vinaigre de bois* ou *acide pyroligneux*, qui est également employé pour la cuisine.

· L'abus du vinaigre peut causer de graves désordres d'estomac.

· Outre le *vinaigre de table*, il y a une infinité de *vinaigres de toilette* et de *vinaigres médicinaux*. C'est du vinaigre ordinaire dans lequel on fait infuser des substances aromatiques ou médicamenteuses.

d'une énorme quantité de **moutarde**. La mère se fâcha.

— Au bout du compte, dit Ledru, le bouilli c'est bien fade. Parbleu, du bœuf qui, pendant des heures, a infusé dans l'eau chaude! Si c'était du jambon, on pourrait à la rigueur se passer de condiments.

Mme Ledru avait horreur de la charcuterie. Cela vous mettait le feu dans le corps, disait-elle, non sans apparence de raison. Les paroles de son mari furent l'occasion d'une sortie contre cette nourriture chère au peuple de Paris*. Le mari crut avoir trouvé moyen de la confondre :

— Voyons, ma femme, à t'entendre, dans les campagnes on se porterait mieux qu'ailleurs. Eh bien, que mange-t-on dans les campagnes? du porc, et encore du porc, c'est-à-dire de la charcuterie.

En vérité, Mme Ledru ne savait trop que répondre. Charles vint à son secours.

Leçon de choses : Moutarde. — La moutarde est une plante de la famille des *crucifères* dont plusieurs espèces croissent en Europe; on l'appelle aussi *senevé*. Les espèces les plus répandues sont la moutarde *noire* (fig. 59) et la moutarde *blanche*.

Les graines de moutarde noire, broyées et apprêtées avec du VINAIGRE, donnent un assaisonnement d'un goût très vif, mais dont il ne faut pas abuser; celle de *Dijon** est renommée. La farine de moutarde noire est employée en médecine sous forme de *sinapismes*, médicaments qu'on applique sur la peau pour y attirer le sang, et de *cataplasmes*; on en prépare aussi des *bains de pieds sinapisés*.

L'usage de la farine de moutarde blanche peut activer et faciliter la digestion; mais ce n'est pas une moutarde de table.

Fig. 59. — Moutarde noire.

— Mais, cousin Anatole, si le porc n'incommode pas au village, ne serait-ce pas tout simplement parce qu'au village on le prépare sans tous les ingrédients qu'y mettent les charcutiers des villes? (Fig. 60.) Ajoutez que les campagnards, vivant presque toujours en plein air, digèrent plus facilement que nous. Car, vous savez, on digère autant avec les jambes qu'avec l'estomac.

Fig. 60. — Villageois grillant un porc.

Où le cousin Anatole continue à n'avoir pas raison. — La conversation changea et, jusqu'au dessert, roula sur Longueval, sur feu Moreau, sur l'oncle Célestin dont on avait enfin des nouvelles. Mais, quand parurent sur la table des pâtisseries et des sucreries qu'avait achetées Ledru en personne, une nouvelle discussion s'éleva entre le mari et la femme. Celle-ci dut mettre ordre aux générosités de Ledru qui distribuait sans mesure aux enfants des gâteaux à la crème et des fondants; elle cita encore l'autorité du docteur Simon qui, paraît-il, disait volontiers : marchand de pâtisseries, marchand de maladies.

— Tu crois donc à la médecine? interrompit Ledru en haussant les épaules.

— Et tu y crois comme moi. A la moindre indisposition des enfants, ne cours-tu pas comme un fou chez le médecin? Seulement, entre nous il y a une différence. Toi, par faiblesse, tu leur laisserais se faire du mal, quitte ensuite à t'arracher les cheveux ; moi, j'aime mieux les en empêcher, au risque de passer pour maman Grognon.

Les discussions de ce genre n'étaient pas rares dans le ménage. Trop souvent, les enfants entendaient leurs parents se contredire assez vivement à leur sujet, parfois sur des points assez sérieux d'éducation. C'était fâcheux, et Mme Ledru se l'avouait. Mais comment faire? Le père, quoiqu'il ne fût point sot, manquait de raison pour la direction de la famille. Applaudissant à toutes les fantaisies d'Albert, de Fanny et de Georges, même à leurs défauts, il les aurait gâtés si la mère n'y eût mis ordre. En réalité, c'était elle qui dans la maison exerçait l'autorité paternelle; elle était aimée comme le père, mais elle était un peu crainte, comme il aurait dû l'être.

De différentes connaissances qu'il est bon d'acquérir. — Tandis que Mme Ledru, aidée de sa fille et de Marguerite, remettait en ordre le logement, Charles fit causer le jeune cousin Albert sur ses études, ses goûts, ses désirs d'avenir.

Les mathématiques, les compositions en français et l'histoire plaisaient assez au jeune garçon, et il y réussissait; il mordait peu au dessin; quant à la géographie et aux langues vivantes, elles l'ennuyaient.

Charles eut un mot juste sur chacune des parties de l'enseignement que préférait Albert. Les mathématiques donnent à l'esprit de la netteté, de la justesse, et elles sont le fondement d'une foule de connaissances pratiques; l'étude de la langue maternelle est un devoir pour tout homme; un Français qui veut bien aimer et bien servir son pays doit en connaître le passé. Puis, il regretta le peu d'aptitude d'Albert pour le dessin, un art précieux entre tous.

— De nos jours, dit-il, on en a si bien compris l'utilité que les départements rivalisent avec Paris* pour la création d'écoles où on l'enseigne.

— Le dessin est un art utile dans ta mécanique peut-être, interrompit Ledru.

—Utile dans presque toutes les industries. Vous avez à Paris* une école pour les arts purement décoratifs, mais, ailleurs, il en existe qui s'appliquent à différentes branches de fabrication ; Saint-Étienne* en a une pour les rubans, Lyon* en a une pour les soies, Roubaix* en a une pour les étoffes et les papiers imprimés, et il y en a une foule d'autres.

— Bah! fit Ledru, tous ces métiers-là ne nous plaisent pas, à nous autres, gens de Paris. Mieux vaut être employé, hein, Albert?

Charles reprit :

— Anatole, vous avez tort de faire fi de l'industrie, particulièrement de la mécanique, comme vous dites. Dans la mécanique on gagne sa vie, et fort bien, je vous assure... Avant d'être chef d'atelier j'ai manié l'outil comme le premier ouvrier venu, et je le manie encore à l'occasion; eh bien, si j'avais un fils, je serais désolé que mon métier ne lui convînt pas. Dans l'industrie, il y a de l'avenir, plus que dans un bureau. Combien y a-t-il d'employés à qui leur travail ait donné seulement l'aisance? Par contre, je citerai nombre d'ouvriers qui, même sans passer comme moi par une école, ont, à ma connaissance, fondé de bons ateliers... Employé?... de qui?... de l'État?... La carrière est honorable, sinon lucrative; mais les grandes administrations ne demandent-elles pas le baccalauréat* ?... Employé de commerce ?... Si Albert y songe, qu'alors il ne néglige pas la géographie, la géographie économique surtout qui lui fera connaître les produits créés par le commerce, l'industrie, l'agriculture, qui le renseignera sur les voies de communication, **les chiffres et la nature des échanges de la France avec les différents pays...**

Tout cela était lettre close pour Ledru, aux yeux de qui toute la science commerciale se résumait dans la tenue des livres en partie double; il s'écria :

— A quoi bon pour établir une balance * d'entrée et de sortie ?

Économie politique : **Chiffre et nature des échanges de la France avec les différents pays.** — Les échanges de produits entre une nation et les autres nations constituent son *commerce extérieur.*

Les habitants d'un pays envoient leurs produits aux habitants des autres pays ou en reçoivent d'eux : dans le premier cas, le commerce est dit *commerce d'exportation*; dans le second, *commerce d'importation.*

Le **chiffre** de nos exportations et de nos importations est d'environ **9 milliards de francs**, y compris le commerce avec nos colonies.

Les pays d'Europe avec lesquels la France entretient le plus de relations commerciales sont : l'*Angleterre* (1 500 millions); — la *Belgique* (900 millions); — l'*Allemagne* (800 millions). Viennent ensuite la *Suisse* et l'*Espagne*. Notre commerce extérieur avec l'*Italie*, autrefois considérable, est actuellement tombé très bas. En dehors de l'Europe, c'est avec les *États-Unis* que nous entretenons le plus de relations (700 millions); des droits considérables d'entrée que ce pays vient de voter pourront les diminuer. Les affaires avec l'*Algérie* * atteignent déjà un chiffre respectable (300 millions), qui s'accroîtra avec le protectorat que nous exerçons sur la *Tunisie* *.

Voici la **nature** de nos principaux échanges avec l'étranger et nos colonies.

Nous *importons* des *métaux*, de la *houille*, des *bois de construction* et de *teinture*, des *chevaux* et des *mulets*, des *peaux brutes*, de la *laine*, du *soufre*, de la *soie écrue*, du *fil de chanvre* et *de lin*, du *coton*, du *blé*, de l'*indigo*, du *cacao*, du *café*, du *sucre*, du *tabac*, etc.

Les objets *exportés* sont : la *chapellerie*, les *dentelles*, les *draps*, les *vins*, les *eaux-de-vie*, les *étoffes de laine* et *de soie*, les *glaces*, les *gravures*, les *lithographies*, les *livres*, la *mercerie*, la *rubanerie*, les *meubles*, les *articles de mode*, les *articles* dits *de Paris* *, la *parfumerie*, les *savons*, etc.

— Soit, continua Charles... Mais si l'on veut être autre chose qu'une règle à calcul?... Laissons d'ailleurs la géographie. Convenez au moins que savoir les langues est fort utile pour la correspondance ou la représentation en pays étranger.

— Bah! interrompit Anatole, le français se parle partout, s'écrit partout.

— Partout?... pas dans nos colonies toujours, où des Anglais, des Allemands, des Italiens, qui parlent leur anglais, leur allemand, leur italien, font fortune, pendant que nombre de Français traînent chez eux la misère, et souvent la pire de toutes, celle du monsieur en habit noir. D'où vient cette apathie? de notre beau dédain pour tout ce qui n'est pas français. Perdons ce sot préjugé, apprenons les langues et nous augmenterons nos moyens d'action. Qui peut penser en deux langues se dédouble pour ainsi dire; au lieu d'un homme il y en a deux...

Fig. 61. — Un employé parisien.

Charles poursuivit encore quelque temps sur ce sujet qui lui était cher. Ledru haussa les épaules et finit par déclarer qu'une mansarde à Paris valait mieux qu'un palais dans des pays ridicules. Albert fut de l'avis de son père. Leur cousin se tut et vit bien que le jeune Ledru serait un employé parisien, bien mis, très correct (fig. 61); ce que, légèrement agacé, il appelait intérieurement une marionnette de bureau.

L'heure étant déjà avancée, Charles gagna son hôtel après avoir fait ses adieux à Ledru et aux aînés des enfants qui partaient de bonne heure, l'un pour sa banque, les autres pour l'école. Le lendemain, vers dix heures, il revenait déjeuner avec sa sœur chez la cousine; ensuite, laissant celle-ci aux tracas du ménage, il se faisait voiturer avec Marguerite jusqu'à la gare du Nord.

CHAPITRE VII

DE PARIS A LILLE

La gare du Nord. — La veille, encore émue d'avoir quitté Longueval, puis, à l'arrivée, étourdie au milieu de gens qui se pressaient, se cherchaient,

Fig. 62. — La gare du Nord (façade).

s'appelaient, Marguerite n'avait guère remarqué l'embarcadère de l'Est, et son attention, distraite par les propos de la cousine Ledru, ne s'était pas davantage portée sur la gare du Nord (fig. 62), quand Charles y avait mis leurs bagages en dépôt. A présent, la curiosité était la plus forte; Marguerite ouvrait de grands yeux en face de l'immense édifice qui est comme la tête des 4000 kilomètres de voies ferrées que possède la Compagnie du Nord. C'est que cette gare de Paris* lui imposait par sa façade luxueuse ornée de pilastres*, de colonnes, de statues. Quelle différence avec celle de Longueval, un assez pauvre bâtiment de briques entre des hangars et des magasins à marchandises, constructions en bois revêtues d'une peinture jaunâtre!

Le va-et-vient affairé, qui est incessant sur la place et dans les rues avoisinantes, était aussi pour la jeune fille un spectacle nouveau. Bien des fois, avec son père, elle avait accompagné à la gare de Longueval Charles qui retournait à son école de Châlons* ou à son usine de Lille*; au milieu de la foule agitée qui passait devant elle, Marguerite se rappelait le calme de ces départs : on remontait, tout en causant, la route de la gare où l'on arrivait une demi-heure avant le passage du train; le père Moreau, en sa qualité d'horloger de la compagnie, tirait son chronomètre* de sa poche et en vérifiait l'exacte concordance avec l'heure de la gare (fig. 63); puis on s'asseyait jusqu'à ce que l'omnibus du *Soleil d'or* eût apporté la malle du voyageur.

Fig. 63. — Moreau vérifiait l'exacte concordance avec l'heure de la gare.

— Ce pauvre omnibus, pensait Marguerite, dire qu'à Longueval je le trouvais tapageur avec son fracas de vitres quand il roulait sur le pavé et les claquements de fouet de son conducteur!

Ces souvenirs lui revenaient, tandis qu'immobile sur le trottoir et suspendue au bras de son frère, elle regardait, un peu assourdie, les voitures chargées de colis, montant, descendant, se croisant dans une circulation sans fin, et les piétons innombrables qui, presque entre les roues, avaient l'air d'être comme chez eux. Et Marguerite qui, n'étant ni sotte ni ignorante, s'était toujours doutée qu'il y avait au monde des villes faites autrement que Longueval, souriait tout en confiant naïvement à son frère son étonnement devant cette vie active d'un quartier parisien.

Une rencontre. — Un passant s'était arrêté et, ayant salué Marguerite (fig. 64), tendait la main à Charles :

— Bonjour, Moreau.

— Mais c'est Leroux !

Leroux était un camarade de Châlons*. Fils d'un chef d'équipe mort victime d'un accident dans la gare du Nord, la Compagnie l'avait pris à son service dès sa sortie de l'école ; pour le moment, il était dessinateur à Creil *.

Fig. 64. — Bonjour, Moreau. — Mais c'est Leroux !

— Tu es en deuil, Moreau ?

— De mon père... Je reviens de l'enterrer à Longueval et je retourne à Lille * chez Verlinde. J'emmène ma sœur que voici.

En quelques mots simples, le camarade présenta

aux deux orphelins ses compliments de condoléance et, après un silence, ajouta :

— De mon côté, Moreau, j'ai à t'apprendre une nouvelle qui m'intéresse, une bonne nouvelle, bien différente de celle que tu me donnes. Je me marie, et si tu me rencontres dans ces parages, c'est que j'ai pris une matinée de congé pour venir à la mairie de l'arrondissement où nous sommes me faire délivrer copie de mon acte de naissance. Donc, dimanche prochain, devant la porte de la maison commune de Creil*, Alexandre Leroux sera déclaré futur époux de Mlle Claire Bourgeois, fille mineure de Louis Bourgeois, marchand de grains, et de dame Mélanie Roussel, son épouse... La dot est médiocre, mais la famille est absolument honorable... Ma mère, qui vit à Saint-Omer*, ouvre déjà les bras pour recevoir sa bru. Oh! les **actes respectueux** seront inu-

---

DROIT USUEL : **Actes respectueux**. — Les garçons, à *vingt-cinq ans* révolus, et les filles, à *vingt et un* ans révolus, peuvent se marier *sans le consentement* de leurs parents, *père* et *mère* ou *ascendants* les remplaçant. Néanmoins la loi oblige les enfants à leur demander conseil et à recourir aux **actes respectueux** si leur volonté se trouve contraire au mariage.

L'*acte respectueux* consiste dans une demande rédigée et présentée aux parents par un *notaire* assisté d'un autre notaire ou de deux témoins. L'enfant n'est pas présent à la notification de l'acte.

De *vingt-cinq* à *trente ans* pour les garçons, et de *vingt et un* à *vingt-cinq ans* pour les filles, *trois* actes respectueux, renouvelés de mois en mois, sont exigés, et, un mois après le troisième acte, il peut être passé outre à la célébration du mariage.

Après *trente ans* pour les garçons, et *vingt-cinq ans* pour les filles, *un seul* acte suffit et le mariage peut être célébré un mois après.

Si l'absence de la personne à laquelle eût dû être fait l'acte respectueux est judiciairement constatée, il est passé outre à la célébration du mariage.

Dans les cas où les actes respectueux sont prescrits, il est absolument interdit aux officiers de l'état civil de procéder au

tiles. Quand le maire lui demandera si elle consent, elle dira oui plutôt trois fois qu'une.

— Tous mes souhaits de bonheur, mon brave Leroux.

— A titre de revanche, mon cher Moreau... Mais partiriez-vous par le train de midi quarante? Alors nous ferions route ensemble... Oui? Eh bien, entrons dans la gare, voulez-vous? En arrivant à l'avance, nous pourrons choisir notre voiture à loisir et flâner un instant sur le quai.

Dans la salle de distribution des billets, le guichet venait de s'ouvrir. Une fois les places prises, les bagages retirés de la consigne *, puis enregistrés, on pénétra sous une grande halle couverte, à charpente de fer et à toiture vitrée, juste en face du train; des plaques accrochées indiquaient la destination aux voyageurs.

Leroux avait l'orgueil de sa Compagnie du Nord. Il faisait remarquer à Moreau la largeur des quais longeant latéralement la halle couverte, un pour le départ, un pour l'arrivée, et la commodité de cette disposition :

— Ah! c'est un beau type de gare, s'écriait-il... En un clin d'œil, les voyageurs embarquent ou débarquent, les bagages sont chargés ou déchargés... Une belle gare, vois-tu, Moreau, une gare comme celle-ci c'est le chef-d'œuvre de l'architecture moderne!

---

mariage avant qu'ils aient eu lieu; en contrevenant à cette défense, ils s'exposeraient à une *amende* et même à l'*emprisonnement*.

Les actes respectueux sont souvent appelés *sommations respectueuses*. Ces deux mots vont mal ensemble, car une *sommation* ne peut être *respectueuse*. Il faut donc dire *acte*; c'est d'ailleurs le terme qu'emploie le code.

Un ingénieur eût applaudi, mais un artiste n'aurait peut-être pas été de l'avis du bon Leroux.

Le sifflet du mécanicien a répondu au signal du départ, et le bruit du démarrage s'est transmis de wagon en wagon. Charles, sa sœur et le camarade Leroux roulent dans un compartiment de seconde classe; Leroux a dit un mot au chef de train qu'il connaît, et la complaisance de celui-ci pour quelqu'un qui est de la maison permettra à nos trois voyageurs d'être seuls jusqu'à Creil *.

Ce qu'on voit le long d'une ligne. — Décidément le chemin de fer intéresse maintenant Marguerite. Son frère est heureux de cette curiosité qui fait diversion à sa douleur récente; de son côté, l'excellent Leroux donne complaisamment à sa compagne de route toutes les explications qu'elle peut souhaiter.

Fig. 65. — Vous voulez savoir à quoi servent ces colonnes surmontées d'un disque?

— Vous voulez savoir, mademoiselle, à quoi servent ces colonnes de fer ou de bois surmontées d'un disque (fig. 65), qu'on trouve aux environs des gares? C'est un signal fixe destiné à prévenir les rencontres et les accidents de toute espèce. Peut-être avez-vous remarqué qu'une face de ces disques est rouge; si cette face rouge se présente en avant d'un train, semblant ainsi barrer la voie, le signal commande l'arrêt; au cas contraire, si le disque est maintenu effacé et parallèle à la voie, c'est que celle-ci est libre. La manœuvre se fait à l'aide d'un levier... Et la nuit, dites-vous? C'est fort simple. Le disque est percé d'une ouverture munie d'un verre rouge, à la hauteur de laquelle est disposée une lanterne à verres blancs. Quand le disque est effacé, le feu blanc est visible pour le convoi... Passez!... Si l'on fait tourner le disque à l'arrêt, l'ouverture dont j'ai parlé vient se placer devant la lanterne et transforme le feu blanc en feu rouge... Par conséquent, halte!... Si bien réglées qu'aient été les heures de départ et d'arrivée, nombre de circonstances peuvent influer sur la marche des trains; la nécessité des disques et autres **signaux** est donc évidente. Hélas! les braves gens qui les manœuvrent ne font pas fortune à assurer notre sécurité : huit cents francs par an, mille au plus.

Leroux poursuivit, manifestement flatté de l'attention que Marguerite prêtait à ses paroles :

Leçon de choses : **Signaux**. — Les **signaux** employés dans l'exploitation des chemins de fer peuvent être divisés en diverses catégories : 1° les *signaux fixes*, invariablement placés en des points déterminés de la voie : les disques et les drapeaux ou les lanternes que les gardiens de passage à niveau, les aiguilleurs, etc., présentent au train en marche; — 2° les *signaux mobiles,* qu'on peut poser à volonté sur un point quelconque de la ligne : ainsi les pétards placés sur les rails et destinés à éclater sous la roue des locomotives; — 3° les *signaux de locomotive,* confiés au mécanicien pour le service même des trains : tels sont les coups de sifflet dont la valeur est comprise de ceux à qui ils s'adressent; — 4° les *fils électriques* qui relient les différentes stations entre elles. Ce sont, à proprement parler, des signaux fixes, mais, par leur importance capitale, ils méritent d'être mis à part. L'électricité sur les lignes de chemins de fer ne sert pas seulement à envoyer des dépêches télégraphiques; elle est encore le principe de signaux dont le but est d'empêcher que deux trains puissent se trouver simultanément sur la même voie entre deux postes consécutifs (*block-system,* terme anglais qui signifie *système pour barrer*).

— Le désir de se rendre compte de ce qu'on voit sur un chemin de fer est moins commun qu'on ne penserait ; presque tout le monde circule sur une voie, indifférent à des appareils dont il ignore l'usage... Tenez, si l'on excepte les gens du métier, y a-t-il seulement dans notre train dix personnes capables de dire ce que signifient ces poteaux surmontés d'une planchette qui passent de temps en temps devant nos yeux ?

Marguerite confessa son ignorance.

— En voici justement un, dit Leroux qui avait le visage tourné vers la portière... Si vous avez pu l'apercevoir, vous aurez vu que la planchette ne portait qu'un simple nombre ; en ce cas, les poteaux indiquent en kilomètres la distance du point de la voie où ils sont placés à la gare tête de ligne. D'autres portent une planchette horizontale suivie d'une autre planchette inclinée dans un sens ou dans l'autre, chaque

Planchette indiquant une pente.

Fig. 66. — Planchette indiquant une rampe.

planchette contenant deux nombres superposés (fig. 66). Ces poteaux montrent qu'à une partie horizontale de la voie succède soit une pente, soit une rampe, indication utile au mécanicien qui règle en conséquence la marche de sa machine.

Le convoi a ralenti sa vitesse ; tout à coup une secousse se répète à chaque voiture en produisant un son métallique. Leroux explique à Marguerite que cette commotion et ce bruit sont dus à leur passage sur les plaques tournantes (fig. 67), destinées à relier les voies entre elles ; il n'a pas fini que déjà le train est arrêté devant la station de Chantilly*.

106 TU SERAS CHEF DE FAMILLE.

— Dans dix minutes je serai rendu, reprend le dessinateur : mais avant de souhaiter bon voyage à Mlle Moreau, je lui ferai encore les honneurs du **viaduc** de Chantilly *... Nous y voilà !... 440 mètres de longueur et 71 de hauteur... La vallée est d'ailleurs charmante, jolie comme le nom de la rivière qui y coule, la Nonette*. Tenez, à gauche, c'est la cathédrale de Senlis *... Maintenant, nous en avons fini avec la belle nature : 4 kilomètres dans des carrières de pierre, et ensuite c'est ma gare, l'endroit où nous nous disons adieu.

Fig. 67. — Une locomotive manœuvrant sur une plaque tournante.

LEÇON DE CHOSES : **Viaduc.** — On désigne sous le nom de **viaducs** des *ponts à arcades* qui, au lieu d'être établis d'une rive à l'autre d'un cours d'eau, rejoignent les flancs des vallées au-dessus de la rivière et servent au passage d'une route, ordinairement d'un *chemin de fer*.

En une foule d'endroits on a dû construire des ouvrages de ce genre. Quelques-uns sont d'une très grande hauteur, comme le viaduc de *Garabit* (122 m.), jeté sur la vallée de la Truyère*, près de Marvejols* (fig. 68).

Naguère encore on construisait les viaducs entièrement en maçonnerie. De nos jours le *tablier*, c'est-à-dire la partie supérieure, formant route, et même les *arcs* sont souvent *métalliques*; cependant, le tout est encore supporté par des *piles* en maçonnerie.

Les autres travaux d'art les plus remarquables exécutés par

Un monsieur communicatif. — Après Creil*, le frère et la sœur se retrouvèrent seuls; Charles essaya à son tour d'occuper l'esprit de sa sœur. Un brave homme qui, avec d'autres, monta dans le compartiment à Saint-Just* lui vint en aide.

Imaginez un gros monsieur, entre cinquante et soixante ans, confortablement vêtu, avec une large face et deux yeux bleus, un peu ternes et trop saillants (fig. 69). A peine installé, son parapluie entre les jambes et les deux mains croisées sur la pomme du manche, il était en conversation avec ses voisins; conversation dont il faisait à peu près tout les frais. A Breteuil*, on savait son nom : Bidault. De Breteuil* à Longueau*, il exposait l'état de ses affaires : il était

---

les compagnies de chemins de fer sont les *tunnels*, percées souterraines à travers les montagnes qu'il serait impossible d'es-

Fig. 68. — Viaduc de Garabit.

calader. Ainsi, pour aller de Lyon* en Italie, on a foré sous les Alpes le tunnel du *mont Cenis*, long de 12 kilomètres.

dans la **bonneterie**, une industrie du pays. Puis, il passa au caractère de sa femme, laquelle était excellente pour le ménage et le commerce, mais trop volontaire; à telles enseignes que, pour l'instant, M. et Mme Bidault étaient en froid avec leur gendre, également dans la bonneterie et établi à Corbie *. La gare de Longueau *, où les trains d'Amiens * se raccordent avec ceux de Lille *, donna de nouveaux auditeurs à ce communicatif personnage. Imperturbablement, sans baisser le ton, il continua à instruire le public de ce qui ne regardait que lui. Ces confidences n'étaient

Fig. 69. — Imaginez un gros monsieur entre cinquante et soixante ans...

Leçon de choses : **Bonneterie**. — La bonneterie embrasse la fabrication d'objets tels que bas et chaussettes, caleçons, gilets de tricot, gants, châles, cache-nez, etc. Les matières premières employées pour cette industrie sont le *coton*, la *laine* pure ou mélangée de coton et de soie, le *lin*, la *soie*.

Le tissu de bonneterie ou *tricot* se faisait autrefois *à la main*, avec l'aiguille à tricoter; ce mode de travail n'est plus guère appliqué industriellement que pour certains articles de fantaisie.

Aujourd'hui on emploie : 1° le *métier rectiligne*, qui produit des pièces planes, élargies et rétrécies suivant les endroits, auxquelles les ouvrières n'ont plus à faire que des points de remmaillage *; — 2° le *métier circulaire*, qui produit des pièces de tricot cylindriques, dans lesquelles on taille aux ciseaux des bas, gilets, caleçons, etc., dont les coutures sont faites soit

guère à leur place, mais il faut avouer qu'il les entremêlait de réflexions fort justes.

— Ma femme est maîtresse chez elle ; pourquoi vouloir faire la loi chez sa fille?... Y a-t-il rien de plus beau qu'une famille bien unie?... Les parents qui savent s'attacher leur gendre ne trouvent-ils pas comme un fils?

Bref, il ajoutait qu'une occasion honnête de raccommodement se présentait et qu'il voulait en profiter ; il avait obtenu une forte commande de tricots pour la troupe, et il allait proposer à son gendre de la partager avec lui, comptant ainsi sur les affaires pour ramener la concorde dans la famille. Et, à la fin, l'histoire de la commande de tricots se mêlait si bien à celle de ses ennuis domestiques que quand le bonhomme descendit à Corbie*, personne dans le wagon ne pouvait plus tenir son sérieux.

Fin du voyage. — Cependant le pays devenait laid ; des vallées marécageuses, des coteaux crayeux et nus, ensuite des plaines monotones, un immense horizon plat. Marguerite, habituée aux environs accidentés de Longueval, hochait la tête, tandis que son frère, à mi-voix, lui vantait la richesse de la région qu'ils traversaient.

A Arras*, où commence la terre de la houille et du fer, la nuit était tombée. Charles avoua que le paysage disparu dans l'ombre était peu de chose.

— Et encore, fit-il en se reprenant, il faut s'entendre.

à la main, soit à la machine à coudre ; ce sont des articles à bas prix.
La bonneterie de coton et de laine se fabrique surtout dans l'*Aube* et dans la *Somme*; la bonneterie de lin, dans le *Pas-de-Calais*. La bonneterie de soie est peu importante ; cette industrie est particulièrement exercée à *Lyon** et dans le *Midi*.

Certes, une forêt de hautes cheminées est moins pittoresque qu'une forêt de chênes ou de sapins. Mais, ces

Fig. 70. — Mais ces contrées noires, avec leurs beffrois de mines, leurs hauts fourneaux et leurs fours à coke, on finit par les aimer.

contrées noires, avec leurs beffrois de mines, avec leurs hauts fourneaux et leurs fours à coke qui la nuit lancent au ciel des flammes bleues ou rouges, on finit par les aimer (fig. 70)... Tu verras, Marguerite, c'est un beau spectacle que celui de cette industrie qui sera la gloire de notre époque !
Douai *!.... Enfin Lille *!

CHAPITRE VIII

UN FAUBOURG INDUSTRIEL

Mme **Degand.** — Il était cinq heures et demie environ. Une dame d'une soixantaine d'années, bonne figure flamande sous des cheveux tout blancs, souhaita la bienvenue aux deux arrivants. C'était Mme Degand, chez qui Charles logeait en garni. Sachant par quel train arrivaient les enfants de Moreau, elle s'était fait un devoir de venir recevoir Marguerite à la gare. Mme Degand, veuve assez tôt d'un caissier de la maison Verlinde, d'ailleurs à son aise et ne louant une de ses chambres que par crainte de l'isolement, n'acceptait volontiers chez elle que des gens de l'usine, où son mari avait travaillé plus de trente ans; mais, par exemple, elle avait pour son locataire toutes les gâteries qu'elle ne pouvait prodiguer à sa fille unique, mariée à un ancien élève de l'école de Saint-Étienne *, employé depuis longtemps aux mines de Gar-Rouban *, en Algérie *. D'abord toute chagrine en recevant la nouvelle que Charles Moreau, devenu comme chef de famille, allait nécessairement la quitter et s'établir chez lui, elle s'était consolée en s'énumérant tous les services qu'elle pourrait rendre à la sœur de son ancien locataire.

— Il faudra que je me fasse des amis de ce petit ménage-là, avait pensé la bonne vieille dame.

Et aussitôt, dès qu'elle avait su la prochaine arrivée de Marguerite, elle avait répondu qu'en attendant une installation définitive, elle entendait qu'on restât et qu'on mangeât chez elle : justement, elle avait au rez-de-chaussée, à côté de sa propre chambre, une petite chambre pour Mlle Moreau, celle qu'occupait trop rarement sa fille d'Algérie *. De plus, elle se chargeait de chercher avec la jeune fille une petite maison pas chère dans le voisinage de l'usine, et de lui donner tous les renseignements utiles. Mme Degand et Marguerite étaient donc une paire d'amies, même avant de s'être vues.

La sortie des ateliers. — Cependant, derrière un facteur du chemin de fer qui traînait les bagages sur sa charrette à bras, on se dirigeait vers un faubourg situé derrière la gare. Ce faubourg, c'était Fives, nom fameux dans l'industrie. La première impression de Marguerite fut triste. A vrai dire, Fives, hérissé de cheminées qui, semblables à des tours, dominent de longs bâtiments noircis par la fumée et la poussière, ne semble pas un séjour de plaisance. La journée venant de finir, les rues, vaguement éclairées par le **gaz**, étaient encombrées d'ouvriers en bourgerons et d'ouvrières vêtues de leurs pauvres

---

Leçon de choses : **Gaz.** — Des diverses substances pouvant fournir un **gaz** propre à l'éclairage, la plus employée est la *houille*.

On jette la houille dans des *cornues* en terre réfractaire A, vases clos et disposés dans des fours (fig. 71), et, de cette houille, *la matière gazeuse s'échappe sous l'action de la chaleur*, en laissant un résidu combustible appelé *coke*. Le gaz est ensuite conduit par un tuyau B dans une série de tubes ayant la forme d'U renversés C; là il commence à *s'épurer* en laissant certains corps

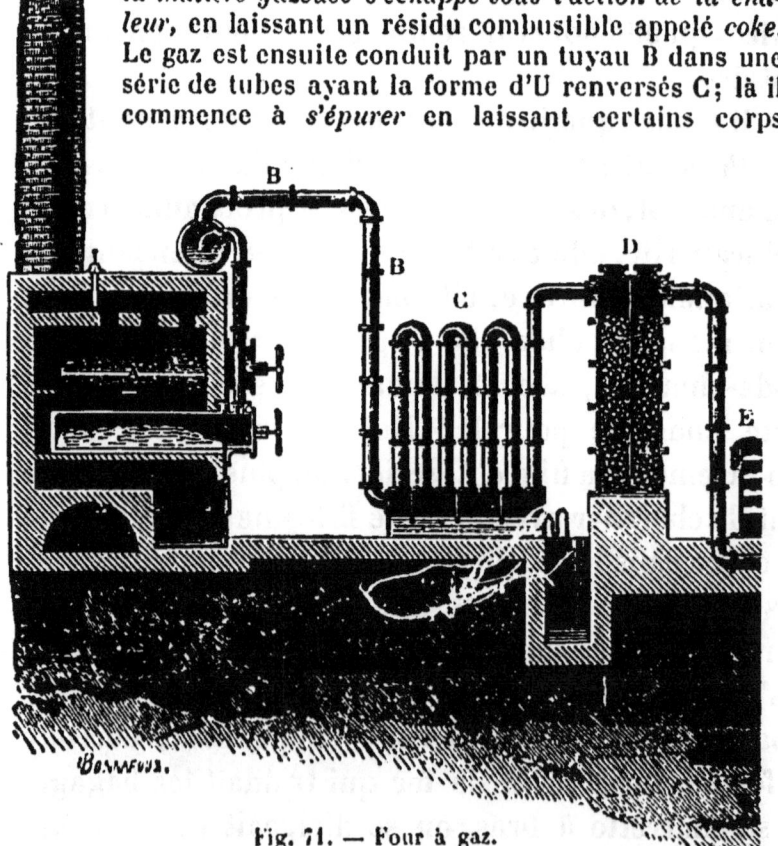

Fig. 71. — Four à gaz.

dont il est mélangé; l'épuration se complète dans l'appareil D rempli de coke sur lequel coule un filet d'eau ammoniacale, et dans la caisse E, où l'on met ordinairement de la chaux. Enfin le gaz se rend dans un grand réservoir F appelé *gazo-*

robes usées (fig. 72). Cette foule allait d'un pas pressé, le dos comme courbé sous la fatigue, regagnant le logis souvent bien éloigné où attendait la famille; elle n'était pas bruyante, sauf quelques apprentis qui s'appelaient çà et là.

— Comme tous ces pauvres gens ont l'air d'être las! murmura Marguerite.

Fig. 72. — Les rues étaient encombrées d'ouvriers en bourgerons.

mètre (fig. 71 *bis*) communiquant avec les *conduites* qui le distribuent aux consommateurs.

C'est à la fin du siècle dernier que le Français Lebon fit les pre-

Fig. 71 *bis*. — Gazomètre.

miers essais de l'éclairage au gaz; ils furent repris par l'Anglais Murdoch. En 1820, la nouvelle invention commença à fonctionner régulièrement à Paris; depuis, elle n'a fait que se développer.

— Leur vie est rude, répondit son frère, et ils se hâtent d'aller trouver quelque repos chez eux. Ils font mieux que ceux-là qui, trop nombreux, s'attardent dans les estaminets *, prétendant reprendre des forces dans le mauvais alcool qu'on y débite...

Et comme si cette réflexion lui eût rappelé un souvenir, il demanda à Mme Degand :

— Et cette pauvre Bertin? Rien de nouveau chez elle?

— Non... A ce propos, que je vous dise, monsieur Moreau... Ce matin, quand elle est venue à la maison faire mon gros ouvrage, elle me demandait si Mlle Moreau ne pourrait pas la prendre. Oh! nous nous arrangerions pour les heures. Elle a bien besoin qu'on s'intéresse à elle, la malheureuse! Son mari travaille de moins en moins et, s'il est possible, boit de plus en plus.

— Nous pourrons l'employer, j'espère. Il y a bien des choses que ma sœur ne pourra pas faire.

Intérieur flamand. — On était arrivé à une rue assez large, mais peu longue, où s'alignaient de petites maisons à un ou deux étages; l'une d'elles appartenait à Mme Degand. Marguerite, à qui le trajet dans le faubourg avait un peu serré le cœur, fut toute réjouie quand la brave dame eut allumé la lampe de la petite salle à manger où elle les introduisit.

Un feu de houille brûlant dans une cheminée à la prussienne égayait la pièce. Aucun luxe d'ailleurs, mais, partout, le soin méticuleux d'une ménagère flamande; le buffet d'acajou étincelait à la lumière. Sur une table ronde étaient disposés trois couverts (fig. 73), et, une demi-heure après, on goûtait à la cuisine de Mme Degand. Cette cuisine n'était pas bien savante, et une petite **bière** aigrelette remplaçait le vin, mais la table était si proprement servie et la

Fig. 73. — Sur une table ronde étaient disposés trois couverts.

propriétaire était de si bonne grâce que tout sembla délicieux.

Installation. — Le lendemain matin, avant le premier coup de cloche, Charles était à l'usine Verlinde, et, après une courte visite au bureau de son patron, il se rendait à l'atelier d'ajustage, dont il avait la surveillance, pour attendre, suivant son habi-

---

Leçon de choses : **Bière**. — La bière est une boisson légèrement alcoolique résultat de la *transformation en sucre de l'amidon* que renferment les graines de l'*orge*, et de la transformation du sucre en ALCOOL, après une addition des principes

tude, l'entrée des ouvriers. Dans l'après-midi du même jour, Marguerite, conduite par Mme Degand, se mit en quête d'une maison.

Les recherches ne furent pas longues. A cinq minutes de l'usine, une maisonnette assez propre était vacante : un étage unique sur un rez-de-chaussée à trois fenêtres (fig. 74); en bas, deux pièces et la cuisine, en haut deux chambres et un grand cabinet. Les papiers étaient neufs et les pein-

Fig. 74. — Un étage unique sur un rez-de-chaussée à trois fenêtres.

aromatiques et amers du *houblon* (fig. 75). Elle est plus ou moins chargée d'*acide carbonique* libre, ce qui la fait *mousser*.

Houblon femelle.   Pied de houblon.   Houblon mâle.
Fig. 75.

La production de la bière est considérable dans les départements français du *nord*, du *nord-est* et de l'*est*, où elle rem-

tures toutes fraîches, ce qui n'est pas seulement agréable à l'œil, mais a son prix pour l'hygiène. L'orientation était celle qui convient le mieux aux climats tempérés; sur la rue, les fenêtres s'ouvraient au levant et, derrière, sur quelques mètres carrés de jardin exposés au couchant. Le prix était de six cent cinquante francs avec bail d'un an, de six cents avec bail de trois, six, neuf.

L'affaire était conclue avec le propriétaire et le bail, que Charles n'avait voulu passer que pour un an, était signé et enregistré quand les meubles de Longueval arrivèrent. Pour les arrangements intérieurs, d'abord Marguerite hésita; à tout propos, elle consultait son frère.

— Mais la maison, cela te regarde, répondait Charles. Qui doit organiser le ménage sinon la ménagère ?

Le budget de Charles et de Marguerite. — La ménagère, ainsi laissée à ses propres inspirations, s'acquitta de sa tâche à son honneur. Quand, tout étant prêt, on eut quitté la maison de Mme Degand, on établit le budget. Chaque mois, sur les trois cents francs que Charles gagnait, il en remettrait deux cent soixante-dix à sa sœur. Sur cette somme, celle-

---

place le vin. Les pays étrangers où la vigne n'est pas généralement cultivée, l'*Allemagne*, l'*Autriche*, l'*Angleterre*, la *Belgique*, la *Hollande*, les *États-Unis*, fabriquent également de la bière en quantité considérable. Celle de *Strasbourg**, en Alsace, ville qui n'est plus française depuis 1870, a toujours été justement renommée.

Les différences que présentent les différentes bières ne proviennent que de quelques modifications dans les procédés de préparation ou dans les proportions relatives d'eau, d'orge et de houblon.

La bière est une boisson nourrissante et saine. Mais prise avec excès, elle charge l'estomac et occasionne une ivresse lourde et prolongée.

ci prélèverait mensuellement le douzième du loyer, soit environ cinquante-cinq francs. Le reste payerait la nourriture, **l'éclairage**, le **chauffage** et Mme Ber-

---

Économie domestique : **Éclairage**. — Les substances servant ordinairement à l'éclairage sont *solides* ou *liquides*.

La substance solide actuellement la plus employée est le **suif**, qui, simplement fondu, donne la *chandelle*, et, traité par l'acide sulfurique, donne la *bougie stéarique*. La chandelle est à bas prix, mais elle éclaire peu, brûle incomplètement la mèche, sent mauvais et coule sous l'action de la chaleur. Aussi a-t-elle été presque exclusivement remplacée par la bougie stéarique inventée en 1825 par Gay-Lussac (1778-1850) et Chevreul (1786-1888). Les bonnes bougies stéariques ne sont pas d'un prix fort élevé, et leur lumière est beaucoup plus belle que celle des chandelles ; elles se consument sans que la mèche charbonne et ne répandent pas d'odeur.

Parmi les liquides propres à l'éclairage, on utilise surtout les **huiles végétales**, comme l'*huile de colza*, et les **huiles minérales**, comme le *pétrole* (V. Huile). L'huile minérale est plus économique que l'huile végétale, mais elle est dangereuse à cause de son extrême inflammabilité. Les lampes qui servent à brûler les huiles de toute espèce doivent être nettoyées quotidiennement.

L'éclairage au gaz et à la *lumière électrique* n'est pas encore communément employé dans les maisons particulières.

Il y a de graves inconvénients pour la vue quand l'éclairage est trop éclatant ou insuffisant.

Économie domestique : **Chauffage**. — Le chauffage au *bois* n'est plus guère qu'un luxe, dans les villes du moins ; presque partout on use soit de la *houille* ou charbon de terre, soit du *coke* (V. Gaz).

Le mode de chauffage le plus hygiénique est la *cheminée* qui, à condition de bien tirer, entraîne les produits nuisibles de la combustion, ainsi que les miasmes de la pièce, et ne dessèche pas l'air ; mais c'est le plus dispendieux.

Les poêles sont beaucoup plus économiques ; seulement, comme ils dessèchent l'atmosphère, il faut placer dessus un vase rempli de liquide qu'on laisse s'évaporer. Le tirage des poêles est réglé par une clef qu'il est extrêmement nuisible de fermer hermétiquement. Les poêles ouverts connus sous le nom de *prussiennes* sont sains, mais, comme les cheminées, ils donnent peu de chaleur. Les *poêles mobiles*, dont l'emploi se répand de plus en plus, sont très dangereux, parce que, brûlant imparfaitement le combustible, ils peuvent laisser refluer de l'oxyde de carbone dans la chambre.

Les *calorifères* ne conviennent qu'aux établissements publics

tin, la femme de ménage, dont l'emploi réduirait à presque rien les frais de **blanchissage**.

— Nous pourrons, je crois, suffire à la dépense en nous mettant de la Société coopérative de consommation, ajouta Charles.

Les associations coopératives de consommation. — Marguerite interrogea son frère sur ce genre d'association. Mme Degand lui en avait bien déjà dit un mot, mais les renseignements donnés par la bonne dame avaient été un peu sommaires.

— C'est fort commode, disait-elle, et ce qu'on paye ailleurs six francs, on l'a pour cinq.

---

ou aux très grandes maisons. Ordinairement construits en maçonnerie et placés dans les caves, ils envoient de l'*air chaud* à l'aide de tuyaux et de bouches de chaleur. Leur inconvénient, c'est de former, dans les pièces où la ventilation n'est pas considérable, des couches d'air superposées dont les plus élevées sont les plus chaudes. Les calorifères à *eau chaude* ou à *vapeur d'eau*, dont les tuyaux serpentent encastrés dans les murailles, sont excellents; mais ce mode de chauffage est fort cher.

Économie domestique : **Blanchissage.** — Les petits ménages qui font leur **blanchissage** à domicile ont intérêt à se procurer une *lessiveuse américaine*.

Cet appareil, qui décrasse fort bien le linge et l'use peu, est entièrement en tôle. Il se compose : 1° d'une marmite évasée; 2° d'une rondelle mobile percée de trous, supportée par un cône, également percé de trous, et surmontée d'un tuyau que termine un champignon d'arrosage. On range sur la rondelle, autour du tuyau, le linge qu'on a fait tremper quelques heures dans l'eau froide; ensuite on remplit la marmite avec de l'eau additionnée d'une solution de savon noir et de carbonate de soude (50 grammes par litre d'eau), et on la place sur le feu. L'eau bouillante se met en mouvement dans le tuyau et se répand sur le linge. Douze heures après, la lessive est terminée sans qu'on ait eu besoin de s'en occuper; il ne reste plus qu'à retirer le linge et à le rincer.

Les plus petites lessiveuses peuvent contenir le linge sali en une semaine par quatre ou cinq personnes et coûtent de 10 à 15 francs; chaque lessivage revient à 35 centimes environ, tout compris.

Mais comment une telle réduction était-elle possible? elle ne l'expliquait pas.

Charles le fit tout de suite comprendre à sa sœur :

— Mlle Moreau ne peut pas faire ses achats en gros. En aurait-elle le temps et le moyen, elle n'est pas logée de façon à conserver chez elle de l'épicerie par centaines de kilogrammes et des tonneaux de vin par douzaines. D'ailleurs, il y a des marchandises, comme le pain ou la viande fraîche, qui ne peuvent se garder longtemps. Par conséquent, Mlle Moreau est obligée de limiter ses achats quotidiens à sa consommation personnelle et à celle de son frère... Est-ce vrai?

— Très vrai.

— Supposons qu'il n'y ait pas de société coopérative, Mlle Moreau s'adressera à des détaillants, bouchers, boulangers, marchands de vin, épiciers, et, fort justement, elle devra payer à tous ces commerçants, outre le prix de la denrée, le prix de leur travail, c'est-à-dire un bénéfice...

— Un enfant comprendrait cela, déclara Marguerite.

— Bon. Imagine maintenant que des particuliers comme nous s'associent pour acheter, en commun et par grande quantité, la viande, le pain, le vin, l'épicerie, et qu'ils se les partagent au prix coûtant, n'est-il pas évident que les membres de l'association économiseront, sur le prix de revient des objets de consommation, une forte part du supplément qu'ils auraient payé à des détaillants?... Ce n'est pas plus difficile que cela, et voilà tout le secret des associations coopératives de consommation.

Marguerite trouva en effet la chose fort simple; elle s'étonna qu'on n'y eût pas songé plus tôt et partout.

— C'est fort simple sans doute, reprit le frère, mais encore faut-il trouver de bons comptables et des préposés honnêtes. Ici, la société marche, mais on exige que les livres soient tenus avec une exactitude rigoureuse, on les vérifie fréquemment, on fait dresser le bilan * chaque semaine... Enfin, espérons que, grâce à l'association coopérative, nous pourrons vivre sans toucher à l'héritage du père.

— Nous pourrons certainement, dit Marguerite.

Et tirant de sa poche un carnet de recettes et dépenses, elle ajouta (fig. 76) :

— Tu verras ma comptabilité à la fin du mois.

Fig. 76. — Et tirant de sa poche un carnet de recettes et dépenses, elle ajouta...

— Entendons-nous bien, reprit le frère. Maintenant que le budget est établi, les détails de l'administration te regardent. Je n'ai plus à m'occuper de rien, sinon de verser à la caisse.

A ces derniers mots, un scrupule s'éleva chez Marguerite :

— Mais, Charles, cela te gênera sans doute de ne garder pour toi que trente francs?

Le frère répondit en souriant :

— C'est suffisant à la satisfaction de mes vices... car j'ai des vices, Marguerite... Non seulement j'ai la détestable habitude, comme tu le sais, de fumer deux ou trois cigarettes dans ma journée, mais encore, il est rare que, sur le coup de quatre heures, je ne quitte pas l'atelier pour aller à la cantine de l'usine, me balayer la gorge avec une chope de bière (fig. 77) que me sert Mme Arsène, la femme du concierge... Que veux-tu?l'homme n'est pas parfait. Mais, en somme, malgré mes orgies, je ferai encore des économies sur mes vingt sous quotidiens. Ne t'occupe pas de moi, Marguerite, et si, à la fin du mois, il te reste quelques pièces blanches, eh bien! il y a des malheureux dans le faubourg.

Fig. 77 — Il est rare que, sur le coup de quatre heures...

CHAPITRE IX

LE MÉNAGE BERTIN

Une pauvre femme. — Marguerite s'était de suite intéressée à cette Mme Bertin qui venait l'aider dans son ouvrage. Dès l'abord, elle avait su de Charles que c'était une femme courageuse, mariée à un ouvrier qui, perdu par de mauvaises fréquentations, était devenu ivrogne, fainéant et, de plus, brutal, quand la folie furieuse de l'alcool lui montait au cerveau; Mme Degand, que souvent Mme Bertin avait prise

---

Leçon de choses : **Alcool.** — L'alcool est un *liquide incolore*, très *inflammable*, composé chimiquement de *carbone*, d'*hydrogène* et d'*oxygène*.

L'alcool s'extrait, soit de substances où le sucre existe naturellement, comme le *vin*, la *pomme*, la *betterave*, soit de substances comme les *graines de céréales*, dans lesquelles le sucre est produit artificiellement par la *fermentation*, qui est une décomposition de ces substances amenée par leur mise en contact avec une autre substance.

L'alcool s'obtient par la *distillation* (fig. 78), opération qui consiste à réduire les substances en vapeur, à l'aide de la chaleur, pour les faire ensuite retomber à l'état liquide, par le refroidissement.

Fig. 78. — Alambic pour la distillation de l'alcool.

L'alcool *absolu* est celui qui ne contient pas d'eau. Il ne gèle pas même à 90 degrés au-dessous du zéro; aussi est-il employé, préférablement au mercure, pour les *thermomètres* destinés à apprécier les températures très basses.

On se sert de l'alcool comme de *combustible* dans les petites *lampes* de laboratoire ou de ménage.

L'alcool *dissout* un grand nombre de *matières* insolubles dans l'eau, les essences, les térébenthines, les résines, etc.

Il entre dans la composition de certaines préparations de pharmacie; tout le monde connaît l'*alcool camphré*, dont on use en lotions et en compresses pour les contusions, les meurtrissures, les foulures, les plaies de mauvaise nature, etc.

La parfumerie fait un fréquent usage de l'alcool; l'*eau de Cologne* n'est autre chose que la solution dans l'alcool d'un grand nombre d'essences parfumées.

L'alcool est le principe actif de toutes les boissons qui *enivrent*. Mêlé à l'eau par parties égales, il constitue l'*eau-de-vie*. Le *genièvre*, si fort en usage dans le nord de la France, est

pour confidente, avait ajouté quelques détails. D'ailleurs, Marguerite, dont la bonté avait vite gagné le cœur de la pauvre femme de ménage, apprit bientôt d'elle-même toute sa cruelle histoire.

La voici.

Ce qu'était Claude Bertin. — Le mari, Claude Bertin, avait environ quarante ans. Originaire de la Creuse, il avait suivi à Lille* son père venu comme maçon lors des grands travaux d'agrandissement qui y furent entrepris vers 1860. Celui-ci était veuf. Moitié paysan, moitié ouvrier, sobre et dur à la fatigue, il envoyait au notaire du pays ses économies, rêvant d'acheter un lopin de terre qu'il pourrait cultiver un jour. L'apprentissage de Claude dans le bâtiment fut rude, étroitement surveillé. Après une longue journée sur le chantier, il fallait encore aller aux écoles du soir, où, luttant contre le sommeil qui l'engourdissait, l'enfant s'instruisait dans les notions de dessin et de géométrie utiles à sa profession.

La discipline du père Bertin porta ses fruits. Claude avait dix-huit ans et, déjà, c'était un compagnon intelligent et adroit. Dans la partie on le citait comme ravaleur* (fig. 79), l'on parlait de son habileté à tailler une moulure*, à parfaire un raccord* difficile, à donner le dernier coup à une façade ; avec cela, robuste et agile comme pas un. Malheureusement, le père

---

une eau-de-vie de grains avec addition de baies de genièvre pendant la fermentation; le *rhum* est un produit de la distillation de la canne à sucre; le *kirsch*, de la distillation du jus et des noyaux de cerises noires; l'*absinthe*, de la distillation de l'eau-de-vie avec la partie supérieure de plantes d'absinthe.

L'abus des boissons alcooliques, et particulièrement de l'absinthe, produit une maladie terrible, l'*alcoolisme*, qui peut conduire, par une série de degrés rapidement franchis, à *toutes les folies*, à *tous les vices*, à *tous les crimes*.

manqua trop tôt ; un jour, il se brisa la tête en tombant d'un échafaudage. Personne à Lille* ne pouvait veiller sur Claude avec assez d'autorité ; d'ailleurs, au pays, un **conseil de famille**, composé de parents et d'alliés presque indifférents, avait obtenu son **émancipation** ; à vrai dire, ne l'eussent-ils pas fait, quelle action auraient-ils pu avoir sur un garçon vivant loin d'eux, à des centaines de kilomètres ?

Fig. 79. — Dans la partie, on le citait comme ravaleur.

Le défaut qui devait perdre Claude ne tarda pas à se montrer : bon, il était faible et facile aux entraînements. Aux côtés de vrais travailleurs, il abattait

---

Droit usuel : **Conseil de famille et émancipation.** — I. *Conseil de famille*. On appelle conseil de famille une assemblée appelée à délibérer sur les intérêts d'un *orphelin mineur*, c'est-à-dire âgé de moins de vingt et un ans, ou d'un *interdit*, c'est-dire d'une personne reconnue incapable de gérer ses biens.

Le conseil de famille doit être composé de *six parents* ou *alliés*, dont *trois du côté paternel* et *trois du côté maternel* ; à défaut de parents ou d'alliés, peuvent être appelées des personnes ayant eu des relations d'amitié avec la famille.

Le conseil de famille est *convoqué* et *présidé* par le JUGE DE PAIX du domicile du mineur ou de l'interdit. Il est réuni toutes les fois que les intérêts du mineur ou de l'interdit l'exigent ; tout membre doit obéir à la convocation ou se faire représenter par un fondé de pouvoir.

Il nomme au mineur ou à l'interdit un *tuteur* et un *subrogé tuteur*. (V. TUTELLE.)

II. *Emancipation*. Le mineur est placé sous l'autorité de son père, de sa mère ou de son tuteur, mais il peut en être

la besogne de tout cœur; mais, s'il rencontrait de ces prétendus ouvriers qui ont plus de goût pour le comptoir que pour le chantier, Claude se laissait trop souvent

Fig. 80. — Sapeur du génie crénelant une muraille.

aller à les écouter et à fêter avec eux saint Lundi, leur patron. Il est vrai que le lendemain, il était vexé; la bouche pâteuse, la tête embarrassée, d'avoir trop bu la veille, il disait aux camarades :

— Avoir perdu une journée et dépensé la valeur de deux à se rendre malade, vrai, c'est trop bête!

— Méfie-toi, Bertin, lui disaient les plus sages. Les méchantes compagnies te feront tort.

Durant la guerre contre les Allemands, Bertin, soldat de la classe 1869, fit bravement son devoir

---

affranchi avant vingt et un ans; il est alors *émancipé*. Le mineur qui se *marie* est émancipé de *plein droit*.

Le père, ou la mère à défaut du père, peut émanciper ses enfants à l'âge de *quinze ans* révolus. Un orphelin peut être émancipé à *dix-huit ans*, si son conseil de famille le juge digne de cette faveur. L'émancipation a lieu par une *déclaration faite devant le* JUGE DE PAIX. Elle peut être *révoquée* si le mineur émancipé se conduit mal.

Pour certains actes importants concernant ses biens, le mineur émancipé reste assisté d'un *curateur*.

comme sapeur du génie (fig. 80), dans l'armée commandée par le général Faidherbe *. A sa libération du service actif, il obtint de ses chefs un **certificat de bonne conduite**. Néanmoins, à la caserne, son manque de caractère l'avait trop souvent laissé sans défense contre l'influence des mauvais sujets; il avait fait connaissance avec la salle de police, et même, une fois qu'il était rentré au quartier en état d'ivresse et s'était violemment querellé avec un voisin de chambrée, il avait été puni de la prison.

Années heureuses. — Revenu à Lille*, il s'était marié avec Thérèse Dujardin, une dentellière dont l'air honnête et modeste lui avait plu. Claude fit revenir de la Creuse l'argent que son père y avait envoyé autrefois, trois mille francs environ; jusqu'ici il en avait laissé l'administration au notaire qui le prêtait dans le pays sur des **hypothèques** sûres. Avec

---

INSTRUCTION CIVIQUE : **Certificat de bonne conduite.** — Un certificat de bonne conduite est délivré aux militaires qui se sont bien conduits pendant la durée de leur service dans *l'armée active*; mention de l'obtention ou du refus de ce certificat est faite sur les *livrets*.

Le certificat de bonne conduite est accordé ou refusé sur la proposition d'une *commission spéciale* présidée par le *chef de corps* et composée d'*officiers*; il est signé de l'officier président.

La délivrance du certificat de bonne conduite est *approuvée* ou *rejetée* par le *général de brigade*. Toutefois si la commission persiste dans une opinion contraire à celle du général de brigade, celui-ci en rend compte au *général de division* qui statue définitivement.

Le certificat de bonne conduite est délivré *de droit* aux *sous-officiers* et *caporaux*, sauf des cas très graves qui sont jugés par le *général commandant le corps d'armée*.

Le *devoir* de tout bon Français est de mériter un certificat de bonne conduite pendant son service militaire. C'est aussi son *intérêt*, car cette pièce est fort utile pour trouver un emploi.

ÉCONOMIE DOMESTIQUE : **Hypothèque.** — L'hypothèque est un droit délégué à un créancier sur les immeubles de son débi-

ces fonds qu'il fit rentrer et les quelques centaines de francs apportés par Thérèse, on meubla un petit logement propre et coquet, on se monta en linge, on acheta un titre de rente de vingt francs, et il resta encore quelque chose qu'on porta à la Caisse d'épargne. Pendant quelques années, ce fut le plus heureux ménage qu'on pût voir.

Claude, payé au mètre et non à l'heure, pouvait se faire huit ou dix francs par jour. Il y avait bien du chômage, l'hiver, quand la gelée menaçait de griller les plâtres; mais le ménage avait des avances et, d'ailleurs, Mme Bertin, avec son métier à dentelle (fig. 81), gagnait quelque chose, tout en tenant la maison et en surveillant son Henri,

Fig. 81. — Mme Bertin, avec son métier à dentelle, gagnait quelque chose.

le premier-né des enfants. Et si quelque habitué d'estaminet, quelque individu comme ces amis de rencontre qu'il suivait trop autrefois, disait à Bertin :

---

teur. Si plusieurs créanciers ont pris hypothèque sur le même immeuble, ils sont remboursés dans l'ordre de leur inscription. Le prêteur a donc intérêt à prêter sur *première hypothèque*. — Les inscriptions hypothécaires doivent être renouvelées tous les *dix ans*. — Lorsque l'époque fixée pour le remboursement de la somme prêtée sur hypothèque est arrivée et que le débiteur s'acquitte envers son créancier, il obtient *mainlevée* de l'hypothèque. — Lorsqu'on veut acheter un immeuble, il est *prudent* de s'informer s'il n'est pas hypothéqué. Il suffit, pour cela, de s'adresser au *conservateur des hypothèques*, qui est obligé de donner ce renseignement.

— Qu'est-ce que tu nous offres, camarade ?

— Un bon conseil, répondait Claude en riant. Marie-toi.

Les suites d'une grève. — Ce fut durant une grève que Bertin, restant oisif, commença à reprendre les habitudes de dissipation et d'intempérance qui devaient ruiner le bonheur des siens. Personnellement, il ne récriminait pas contre les salaires que lui payaient les entrepreneurs, mais un sentiment honorable le poussa à faire cause commune avec les camarades. Ah! ce sont de terribles guerres que ces grèves où les ouvriers combattent à leurs dépens et aux frais de leurs familles! Afin de s'entendre dans leur résistance contre les patrons, les ouvriers se réunissaient dans l'arrière-salle d'un estaminet (fig. 82), et, ces jours-là, le genièvre coulait.

Fig. 82. — Les ouvriers se réunissaient dans l'arrière-salle d'un estaminet.

La grève se prolongea. Les ouvriers s'obstinèrent; comme on était aux approches de l'hiver qui est la morte-saison pour le bâtiment, les entrepreneurs ne voulurent pas céder. Un jour, l'argent mis par les Bertin à la Caisse d'épargne se trouva fondu. Par surcroît d'embarras, les gains de Mme Bertin se faisaient presque nuls, l'industrie de la dentelle à la main tendant à disparaître du Nord. Le pire, c'est que maintenant Claude sortait chaque soir, sous prétexte de réunions, et rentrait la face congestionnée, les yeux injectés, la langue balbutiante. Une fois irrité des observations de sa femme, il leva la main sur elle. M⁽ᵐᵉ⁾ Bertin pleura; elle prévoyait l'avenir.

Quand l'entente se fut rétablie entre les ouvriers et les patrons, Claude, après de longues journées d'oisiveté, trouva le travail pénible. Trop souvent, il tâchait d'éviter l'œil du surveillant et, sur son échafaudage, s'allongeait, les jambes et les bras cassés, derrière des sacs de **plâtre** ou de ciment (fig. 83). Le soir, quelque compagnon d'estaminet * lui disait :
—Allons, Bertin, un verre te remettra d'aplomb.

Fig. 83. — Il s'allongeait derrière des sacs de plâtre ou de ciment.

Là-dessus, l'insensé allait s'empoisonner, prenant pour de la force l'espèce d'excitation momentanée que l'alcool frelaté ou l'absinthe produisait sur son système nerveux.

D'autre part, il était difficile que M⁽ᵐᵉ⁾ Bertin allât

LEÇON DE CHOSES : **Plâtre**. — On obtient le **plâtre** en cuisant dans des *fours* spéciaux le *sulfate de chaux* naturel ou *gypse*, vulgairement appelé *pierre à plâtre*; puis on le *pulvérise* et on *tamise* la poussière.

On emploie le plâtre pour *enduire* les murs, pour faire des *plafonds*, pour *mouler* des statues, des médailles, des ornements d'architecture, etc.

On s'en sert aussi pour *amender* les *terres argileuses*.

Les carrières des environs de *Paris* * donnent en abondance de la pierre à plâtre excellente.

travailler au dehors, car il venait de lui naître une petite fille, Léonie. On vendit le titre de rente de vingt francs ; avec ce qui ne fut pas employé, Mme Bertin reprit un livret de la Caisse d'épargne. Ses craintes pour l'avenir augmentaient de jour en jour et son chagrin silencieux et résigné était un motif d'irritation pour le mari. Agité par l'alcool dont ses organes s'imprégnaient peu à peu, il éclatait en colères folles, en injures grossières, en reproches touchant des torts imaginaires ; alors, ouvrant, fermant les portes avec violence, il courait chez le cabaretier voisin, son marchand de consolation, comme il l'appelait.

A la douleur de l'épouse s'ajoutaient chez Mme Bertin les dures préoccupations de la ménagère pauvre.

Fig. 84. — Un samedi, elle osa attendre son mari à la porte du chantier.

Les gains de Claude se ressentaient de sa paresse ; certaines semaines, il fallait qu'elle suppliât son mari pour obtenir l'argent nécessaire, l'argent de son pain à lui, à elle, du pain de ses enfants.

— De l'argent ! répondait Claude avec emportement. Nous en avons encore à la Caisse d'épargne, je suppose !

Héroïquement, Mme Bertin défendait cette réserve de l'avenir.

Un samedi, le terme approchant, elle osa aller attendre son mari à la porte du chantier pour empêcher la meilleure part de la paye de s'envoler au cabaret (fig. 84). Afin de se donner du courage, elle avait pris Léonie sur son bras. Elle rentra seule; Claude, furieux, l'air mauvais, l'avait bousculée si brutalement qu'il avait failli la jeter par terre avec son enfant.

— Il est méchant, papa, avait dit la petite.

Et la mère avait pleuré toutes les larmes de son corps.

Toutefois, il faut le dire, le vice qui envahissait Claude n'avait pas encore anéanti en lui le père et le mari. Il avait des remords, des retours de tendresse, et l'espérance renaissait quelquefois au cœur de sa femme.

Claude à l'hôpital. — A une époque, elle avait même pu le croire guéri. Après une orgie de plusieurs jours, Claude avait été pris d'une sorte de

Fig. 85. — Le *delirium tremens*.

folie et le médecin avait exigé son transport à l'hôpital. Le malheureux était secoué comme par des décharges électriques et claquait des mâchoires, les yeux épouvantés par on ne sait quelles visions; c'était la première attaque du *delirium* * *tremens* (fig. 85). Lors d'une visite de Mme Bertin, le médecin de l'hôpital lui avait demandé :

— Votre mari boit de l'absinthe, madame?

Elle n'avait répondu qu'en étouffant un sanglot dans son tablier.

Grâce à sa constitution vigoureuse, Claude s'était remis assez vite; mais, après lui avoir signé son billet de sortie, le médecin lui avait tenu ce langage :

— Mon ami, un effet de l'ivrognerie, c'est de dépraver l'homme et de détruire en lui tous les bons sentiments. Mais ces maladies-là ne sont pas de mon ressort; je ne m'occupe que du corps, et c'est du corps que je veux vous parler. Les alcools, et particulièrement l'absinthe, desséchant de plus en plus votre gosier et votre estomac, vous serez obligé d'augmenter la dose pour obtenir la sensation qui vous plaît. Alors, qu'arrivera-t-il? L'accident qui vous a amené ici se renouvellera, chaque fois plus grave. En effet, avec le temps, votre **chair**, vos **nerfs**, vos **muscles**, finiront par ne plus être que de l'alcool; c'est de l'alcool qui coulera dans vos **veines**, et votre **cervelle**

Leçon de choses : **Chair et muscles, nerfs, veines, cervelle.** — I. Chez l'homme, comme chez les animaux, on appelle en général **chair** toutes les parties molles qui entourent les os et que recouvre la peau. Plus exactement, on désigne sous ce nom la *partie rouge* des **muscles**. Les muscles sont des organes formés de la réunion de *fibres* qui, se raccourcissant sous l'influence de la *volonté* ou de certaines *irritations* étrangères, produisent les divers *mouvements* des êtres animés. Leur aspect diffère suivant l'âge, la profession, le tempérament. On ne compte pas moins de 400 muscles dans le corps humain : muscles *intérieurs*, cœur, estomac, vessie, etc., et muscles *extérieurs*, ceux qui, s'implantant sur les os par des points d'attache appelés *tendons* et *aponévroses*, font mouvoir les bras, les jambes, l'œil, la bouche.

II. Les **nerfs** sont des organes ayant la forme de *filaments blanchâtres* qui agissent sur les muscles. Les uns mettent le cerveau et la moelle épinière en communication avec les diverses parties du corps; parmi les nerfs qui naissent du cerveau on remarque surtout ceux qui se rendent aux organes des sens

se transformera en une éponge à alcool. Remarquez-le, à ce moment il sera trop tard pour ne plus boire. Si vous refusez à votre corps le poison auquel vous l'avez habitué, ce sera la mort; ce sera la mort également si vous le lui donnez... Vous êtes prévenu, n'est-ce pas?

Retour à la raison. — Claude avait remercié le docteur et, intimidé, avait juré de ne plus boire. Il semblait devoir tenir parole. Seulement la vie devenait difficile. Pendant que le mari était à l'hôpital, il avait bien fallu prendre sur le dépôt fait à la Caisse d'épargne, et Claude, même depuis son retour à une vie régulière, n'était plus recherché des patrons comme autrefois. C'est que, de ses habitudes passées, il lui était resté dans la main et dans l'œil une indé-

---

(nerf de la *vue* ou *optique*, de *l'ouïe* ou *acoustique*, de *l'odorat* ou *olfactif*, du *goût*). D'autres nerfs partent du *grand sympathique*, double cordon nerveux placé en avant de la colonne vertébrale; c'est au moyen de ceux-là que nous ressentons le besoin d'aliments, les impressions de la faim et de la soif, les douleurs internes. Dans le langage vulgaire, on donne le nom de nerfs aux tendons des muscles; c'est en ce sens qu'on dit : *un nerf foulé*.

III. Les **veines** sont de petits canaux destinés à ramener au cœur le *sang* distribué dans toutes les parties du corps par d'autres vaisseaux plus épais appelés *artères*; le sang des veines est beaucoup plus foncé que celui des artères. La *circulation du sang* est le mouvement de ce liquide à travers tout le corps.

IV. La **cervelle** est le nom qu'on donne vulgairement au **cerveau** ou **encéphale**, masse de *substance nerveuse* enfermée dans *l'intérieur du crâne* et contenue dans trois enveloppes qui sont les *méninges*. On distingue dans le cerveau deux substances : une *grise*, d'où naissent les filaments nerveux, et une *blanche*, qui constitue ces mêmes filaments. La masse qui occupe la partie *antérieure* et *supérieure* de la cavité du crâne, divisée en deux moitiés appelées *hémisphères cérébraux*, est le *cerveau proprement dit*; celle qui occupe la partie *postérieure* et *inférieure* est le *cervelet*. Le cerveau est le siège de *l'intelligence*; le cervelet sert particulièrement à la *coordination des mouvements*.

cision qui nuisait à la perfection de son travail de ravaleur*. Pour éviter des chômages, il dut plus d'une fois se résigner à aligner des briques ou à poser des moellons; ce n'était pas seulement une déchéance professionnelle durement ressentie de Claude, c'était aussi une diminution de salaire.

Cependant Henri, qui avait obtenu à onze ans son

Fig. 86. — Presse d'imprimerie.

certificat d'études primaires et se trouvait, dès lors, dispensé de fréquenter l'école, était entré comme apprenti dans une **imprimerie** (fig. 86); grand liseur,

---

LEÇON DE CHOSES : **Imprimerie**. — L'imprimerie ou **typographie** est l'art de reproduire les écrits à l'aide de lettres mobiles en relief que l'on assemble pour former des mots et des phrases; les lettres mobiles ou *caractères* (fig. 87) sont faites d'un alliage de plomb et d'antimoine*.

L'assemblage des caractères s'appelle la *composition*. Le *compositeur*, placé devant une *casse*, grande boîte divisée en compartiments renfermant chacun une seule espèce de lettres, prend successivement les caractères qui conviennent, les place et les fixe sur un

Fig. 87. — Caractère d'imprimerie. (Lettre gothique.)

il s'était senti du goût pour l'atelier où l'on fabrique des livres. Léonie demeura, dans l'intervalle des

instrument appelé *composteur* (fig. 88), qu'il tient de l'autre main. Quand le composteur contient le nombre de lignes qu'il peut recevoir, l'ouvrier les enlève et les re-

Fig. 88. — Composteur.

Fig. 89. — Galée.

porte sur la *galée* (fig. 89), planchette munie d'un bord en équerre. Une fois la galée à peu près pleine, on lie toutes

Fig. 90. — Forme.

les lignes ensemble de manière à former un *paquet*. Ensuite, le *metteur en pages* prend dans les paquets le nombre de lignes qui entrent dans une page et dispose, dans l'intérieur d'un cadre appelé *forme* (fig. 90), toutes les pages qui doivent être imprimées d'un même côté de la feuille de papier.

Le *tirage* s'exécute au moyen de *presses*. Autrefois on employait la *presse à bras* (fig. 91), qui exigeait une assez longue série d'opérations; elles ont été simplifiées par la *presse mécanique* (fig. 86). L'ouvrier n'a qu'à placer les formes sur la table de la presse (*marbre*), laquelle est animée d'un mouvement de va-et-vient horizontal; elles passent d'abord sous des rouleaux dont elles reçoivent

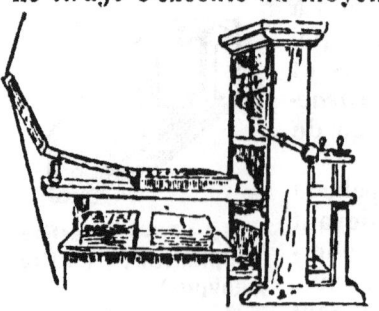

Fig. 91. — Ancienne presse.

classes, sous la surveillance de son institutrice et, bravement, Mme Bertin, ne pouvant plus compter sur la dentelle pour aider à la dépense, chercha des ménages à faire dans le quartier. C'est alors qu'elle était entrée chez Mme Degand.

Claude et son fils à Paris. — Vers la fin de 1886, Claude résolut d'aller à Paris* s'embaucher dans un des chantiers qui s'ouvraient alors sur le Champ de Mars pour les travaux de l'**Exposition Universelle**. Un jour, en soupant, il dit à sa femme :

---

une encre spéciale, puis sous un cylindre qui appuie sur elles la feuille à imprimer.

La direction générale des travaux typographiques est exercée par le *prote*, qui distribue l'ouvrage et surveille les ouvriers. Un autre employé important est le *correcteur*, qui signale les fautes qui se trouvent dans les épreuves.

Une *imprimerie nationale*, établie à Paris et régie par l'État, est chargée de l'impression, de la distribution et du débit des lois, ordonnances, règlements, actes, etc., de l'autorité publique.

Suivant l'opinion commune, l'imprimerie fut inventée vers 1440 par Jean Gutenberg, de Mayence. La Hollande revendique cette gloire pour Laurens Coster, de Harlem.

L'*École Estienne**, à Paris*, est chargée de former des ouvriers habiles pour tout ce qui concerne l'industrie du livre.

Économie politique : **Expositions.** — On appelle **Expositions de l'Industrie** ou simplement **Expositions** la réunion des produits en tous genres envoyés dans une seule ville pour y être *exposés* publiquement, *examinés* et *jugés* par des commissions spéciales que nomme le Gouvernement.

La *première Exposition* eut lieu à *Paris** en l'an VI (1798); de cette date à l'année 1849, il y en eut *dix* autres. Ces Expositions étaient *nationales*, c'est-à-dire qu'il fallait être Français pour y participer.

En 1851, les Anglais ouvrirent à *Londres** la première Exposition *internationale*, à laquelle tous les peuples étaient admis. Depuis, toutes celles qui ont eu lieu à Paris* (1855, 1867, 1878, 1889) ont présenté ce caractère.

L'institution des Expositions, française d'origine, est devenue commune à tout le monde civilisé.

Outre ces grandes Expositions *universelles* qui n'ont lieu qu'à des intervalles assez éloignés, il y a, en France comme à l'étranger, des Expositions *particulières* pour les *diverses branches de l'industrie*, les *beaux-arts*, les *découvertes* de toute espèce, etc.

— Les adjudications* pour l'Exposition sont faites; on se met aux fondations des palais et des galeries. Au début, les gens du bâtiment ne trouveront guère à exécuter que de gros maçonnages, mais les journées seront bonnes. Une fois les constructions sorties de terre, il y aura place pour un homme qui a quelque intelligence dans les doigts, et je ne suis pas encore un simple gâcheur de plâtre, que diable! C'est décidé, ma femme, je pars pour Paris* et j'emmène Henri. Nulle part il n'apprendra mieux son métier d'imprimeur qu'à Paris *.

Ce fut un déchirement pour Mme Bertin que la séparation épouvantait. Loin d'elle, qui défendrait Claude contre les tentations? Assurément, il faisait les plus belles promesses du monde, voyait l'avenir en beau; à l'écouter, si seulement la mère pouvait suffire à son entretien et à celui de Léonie, on réparerait en partie, avec ce qu'il enverrait de Paris*, les brèches faites au petit trésor déposé à la Caisse d'épargne.

Henri, qui rêvait de voir la grande ville, ajoutait d'un air capable :

— Et tu sais, maman, je gagnerai de l'argent, moi aussi. L'apprentissage n'est pas chez nous comme chez les cordonniers qui font payer les parents pour instruire les enfants dans leur métier. Ici, le patron me donne deux francs par quinzaine; eh bien, un correcteur, à qui je tiens souvent la copie¹, m'a dit que dans une maison de Paris*, les apprentis pouvaient se faire jusqu'à dix francs... Oui, maman, dix francs par quinzaine! Juge si je vais être riche.

---

1. Dans une imprimerie, le *teneur de copie*, qui est le plus souvent un apprenti, suit sur le manuscrit, tandis que le correcteur lit à haute voix tout en corrigeant l'épreuve.

Hélas! ces paroles augmentaient encore les craintes de Mme Bertin. Elle savait qu'un apprenti imprimeur ne reste pas sous l'œil d'un patron responsable de sa conduite et de ses mœurs; que, d'ordinaire, celui-ci s'inquiète peu si l'enfant, abandonné à lui-même, fume, commence à boire, joue ses quelques sous à pile ou face sur le trottoir (fig. 92). En admettant que Claude Bertin restât dans le droit chemin, lui serait-il possible, dans cet immense Paris[*], de surveiller assez Henri pour le garder du mauvais exemple? Toutefois, devant les enfants, Mme Bertin garda le silence; jamais, eût-elle cent fois raison, elle ne contredisait son mari en leur présence. Mais, aussitôt qu'ils furent couchés, elle ne dissimula plus le trouble et les appréhensions que lui causaient les projets de Claude. Celui-ci s'obstina; son caractère était ordinairement indécis, mais il était mécontent de se voir déprécié sur les chantiers de Lille[*], injustement suivant lui. Mme Bertin dut baisser la tête et souffrir ce qu'elle ne pouvait empêcher.

Fig. 92. — L'enfant abandonné à lui-même fume, etc.

Deux complices. — D'abord, chaque quinzaine, elle reçut une lettre écrite par Claude et Henri, contenant, avec des nouvelles rassurantes, un **mandat de poste** représentant les économies faites par le père.

Leçon de choses : **Mandat de poste.** — Si l'on veut faire parvenir de l'argent à une personne demeurant dans une localité autre que celle que l'on habite, on se rend à la poste et l'on

Elle allait reprendre confiance, mais bientôt Claude n'écrivit plus que rarement et cessa tout envoi de fonds. Les lettres de Henri étaient encore assez régulières ; malheureusement, elles devinrent bientôt pour Mme Bertin un cruel souci. On avait, paraît-il, découvert que le gamin avait l'oreille juste, et, comme on faisait la sottise de l'applaudir quand, de son fausset aigu, il répétait d'absurdes refrains en vogue (fig. 93) il s'était cru un artiste lyrique en herbe ; dès lors, pas de réponse aux questions que sa mère lui faisait au sujet de son travail et de sa conduite, mais force détails concernant ses prouesses musicales. Et cela sur un ton hardi et gouailleur, avec des termes sin-

Fig. 93. — Il répétait d'absurdes refrains en vogue.

---

remet à l'employé la somme à envoyer, plus un droit de 1 centime par franc. En échange, l'employé vous remet un **mandat de poste** et un *talon* destinés à vous servir de reçu ; tous deux mentionnent le nom de l'expéditeur, celui du destinataire, la somme versée par le premier. Au reçu du mandat, le destinataire n'a qu'à le présenter au bureau de poste de la localité pour en toucher le montant.

Les *mandats-cartes* diffèrent des mandats de poste en ce qu'au lieu d'être transmis par l'envoyeur, ils sont transmis directement par la poste elle-même.

Si l'on ne tient pas à avoir un reçu de la somme expédiée, on peut encore envoyer de l'argent au moyen de *bons de poste*.

Il existe aussi des *mandats télégraphiques* dont on peut user pour un envoi pressé ; la taxe de ces mandats est plus élevée que celle des mandats de poste.

guliers, sans doute de ces mots d'argot* qu'emploient trop volontiers les enfants mal élevés. Puis vinrent les demandes d'argent. Une complicité de mensonge s'était établie entre le père et le fils pour arracher à la pauvre Mme Bertin quelques-unes des pièces blanches qu'elle gagnait à force de travail; l'un inventait des maladies, des chômages; l'autre imaginait des accidents d'atelier dont il aurait été responsable.

— Peut-être est-ce vrai, se disait l'honnête créature, et, pour suffire à ces exigences sans s'adresser à la Caisse d'épargne, pendant des semaines entières, le soir, où elle rentrait assommée de fatigue, elle se contentait d'un morceau de pain.

Où passait cet argent? Dans d'abominables parties de cabaret où souvent, le père, décidément gâté par les sociétés mauvaises, buvait sous les yeux du fils, où le fils, gâté par le père, s'instruisait au mal sous les yeux de celui-ci.

Nouvelles cruelles. — Pendant tout le mois de juillet 1887, plus de nouvelles, ni du mari ni de l'enfant. Mme Bertin écrivit au dernier domicile connu de Claude et à l'atelier où Henri devait être en apprentissage. Le père et le fils avaient disparu du garni qu'ils occupaient ensemble. De son côté, le maître imprimeur annonça que, depuis un temps assez long déjà, le jeune Bertin avait cessé de se présenter chez lui; il déclarait en outre n'avoir pas lieu de regretter cet apprenti, qui cherchait moins à s'instruire dans la typographie qu'à distraire les ouvriers par des chansons et à introduire clandestinement des litres et des chopines pour les mauvais sujets de l'atelier.

Mme Bertin fut atterrée de ces deux lettres. Elle voulait aller sur-le-champ à Paris, afin d'arracher au moins son fils à l'inconduite. Charles Moreau, à qui elle confia son dessein, lui dit :

— Ma bonne madame Bertin, partir ainsi au hasard, ce serait folie. Je vais vous rédiger une lettre que vous enverrez d'abord à la **Préfecture de police** de Paris*. Là un bureau se chargera de recherches que vous ne pourriez faire vous-même... Attendez la réponse.

Huit jours après, Mme Bertin apprenait que son mari, pris sur la voie publique de *delirium* * *tremens*, avait été enfermé à l'asile Sainte-Anne *. Quant à Henri, il avait été retrouvé vagabondant avec une bande de musiciens ambulants (fig. 94), moins musiciens que rôdeurs et voleurs ; on l'avait écroué * au Dépôt *, où il était tenu à la disposition de sa famille.

Fig. 91. — Il avait été retrouvé vagabondant.

INSTRUCTION CIVIQUE : **Préfecture de police**. — On désigne sous le nom de **préfecture de police**, soit l'emploi du préfet de police, soit l'hôtel où sont ses bureaux.

Le *préfet de police* est un magistrat chargé d'assurer le maintien de l'*ordre public*, à tous les points de vue, à Paris *, dans tout le département de la Seine et dans quelques communes de Seine-et-Oise.

Le préfet de police est placé sous l'autorité du Ministre de l'intérieur.

Il a sous ses ordres les *commissaires de police*, les *officiers de paix* et les *gardiens de la paix* ou *sergents de ville*.

C'est le préfet de police qui a la haute surveillance des prisons du département de la Seine et qui nomme les employés de ces établissements.

Au Dépôt et à Sainte-Anne. — Mme Bertin n'hésita plus. Elle retira quelque chose du pauvre argent qui était encore à la Caisse d'épargne et, laissant sa Léonie à Mme Degand qui voulut bien s'en charger durant son absence, elle prit le train de Paris*. Ce fut en effet au Dépôt* édifié dans l'enceinte du Palais de justice qu'elle retrouva son Henri. Quoi! c'était son fils, cet enfant au teint plombé, au regard effronté, qui riait de se voir dans une de ces cellules réservées aux polissons arrêtés pour vagabondage, vol ou mendicité! Et comme il parlait de son père :

— Papa?... disait-il, bien oui, il est à l'hôpital... Oh! quelques verres maintenant le mettent à bas... Mais, c'est égal, nous nous sommes fièrement amusés ensemble! Il a des amis qui sont si drôles!

— Mon Dieu, lui aurait-il déjà donné l'habitude de boire? se demandait la mère avec angoisse.

Oui, hélas! à l'âge des distractions innocentes, des joies domestiques, à cet âge où la santé est encore fragile, Henri s'était s'arrêté, avec son père, devant le comptoir des marchands de vin; avec lui, il avait assisté, les coudes sur la table, à ces séances d'ivrognerie où les ouvriers se corrompent; il avait dit son mot, bu son verre, amusé des sacs à vin ou à eau-de-vie par ses chansons de café-concert; il avait été glorieux de s'entendre dire :

— C'est un homme que ce petit-là!

A la sortie du Dépôt*, Henri conduisit sa mère à Châtillon*, où se trouve l'asile Sainte-Anne*. Mme Bertin frissonna en traversant des cours grises bordées de grandes bâtisses, en suivant d'interminables corridors où l'odeur spéciale aux hôpitaux la saisissait au nez et à la gorge. Bientôt, sur une autorisation délivrée par le directeur, un gardien introduisit la mère et l'enfant dans le cabanon* occupé par Claude. L'attaque subie par le malheureux avait été effrayante; une fois, il avait été tordu comme par des accès d'épilepsie* et on avait dû l'attacher sur son lit (fig. 95). A l'heure présente, il était presque sur pied, sauvé, pour une fois encore, par ce qui lui restait de force dans le tempérament ; seulement une sorte de stupeur paraissait avoir envahi son cerveau. Au bout de trois jours que Mme Bertin passa dans une maison meublée du pays, tremblant quand elle perdait de vue

Fig. 95. — On avait dû l'attacher sur son lit.

Henri, il lui fut possible de l'emmener à Lille*. Bien entendu, Henri revenait avec ses parents.

Triste avenir. — De retour à la maison, Claude se montra assez raisonnable pendant huit jours. Mais il était désormais incapable de vaincre son ignoble passion. Un premier petit verre le conduisait malgré lui à un deuxième, à un troisième, à un quatrième; il lui arrivait d'absorber son demi-litre dans une matinée. Et quand, au genièvre et à l'eau-de-vie, il pouvait joindre l'absinthe, l'ivrogne tournait à la brute. Le poison semblait lui mettre une frénésie* dans la tête; il frappait et, une fois en train de battre, il ne s'arrêtait plus (fig. 96).

Le chef de famille était bien mort chez Claude.

A sa ruine morale s'ajoutait la ruine de sa valeur

LE MÉNAGE BERTIN.

comme ouvrier. Lorsque l'envie de boire le poussait au travail, il ne trouvait plus guère à s'embaucher que comme terrassier. Défoncer le sol à coups de pioche et lancer des pelletées de terre dans un tombereau, voilà toute la besogne à laquelle maintenant était propre l'ancien élève du sévère père Bertin, Claude, l'ouvrier qu'autrefois se disputaient les chantiers de Lille *!

Fig. 96. — Une fois en train de battre, il ne s'arrêtait plus.

Le jour qu'elle fit son triste récit à Marguerite, Mme Bertin finit ainsi :

— Quel avenir! Quand notre dernier sou de la Caisse d'épargne sera dépensé, viendront les dettes et la misère. Mon travail seul ne suffira pas et je n'espère plus rien de Claude... Il y a pis encore; au contact de son père, Henri achève de se gâter. Il hausse les épaules à mes reproches, aux larmes de sa sœur... Ne l'accuse-t-on pas aujourd'hui d'avoir volé à son atelier de vieux caractères d'imprimerie qu'il aurait trouvé moyen de vendre! Mon fils dans une **maison de correction**, plus tard à la cour d'assises, voilà ce que je prévois!

INSTRUCTION CIVIQUE : **Maisons de correction.** — On appelle particulièrement **maisons de correction** les prisons destinées à recevoir les *détenus mineurs*.

Un quartier distinct est réservé aux mineurs dans les prisons où se trouvent d'autres catégories de détenus.

Les jeunes détenus reçoivent durant leur séjour dans les

L'alcool avait bien fait son œuvre. Pour l'instant, une famille brisée; dans l'avenir, le dénûment et peut-être la honte. Ah! la pauvre Mme Bertin, comme elle avait sujet de les maudire, ces innombrables cabarets qui, dans les villes, sont autant de pièges tendus au bonheur des ménages!

Ce que sont les enfants des ivrognes. — Les tristesses domestiques de Mme Bertin étaient un sujet d'entretien assez fréquent entre Marguerite et Mme Degand.

Celle-ci dit une fois :

— La mine de cette pauvre Bertin devient de plus en plus pâle et plus tirée. Dame! avec la vie qu'elle a! Dire que je l'ai connue si fraîche et si gentille!... Et voyez-vous, ma petite Marguerite, je crains pour elle encore un malheur. Henri est né avant que Bertin se fût empoisonné à boire; s'il semble montrer de la perversité, il faut donc en accuser le mauvais exemple plutôt que l'altération causée par l'alcool dans le tempérament de son père...

Marguerite regarda son interlocutrice d'un air étonné.

— Mais, madame Degand, est-ce que l'ivrognerie des parents peut avoir sur le moral des enfants un autre effet que celui du mauvais exemple?

— Certainement. D'abord, les enfants d'ivrognes sont très souvent ivrognes eux aussi, et cela sans qu'ils puissent résister ni se guérir. Ensuite, il y en a beaucoup chez qui l'idée du bien et du mal n'existe même pas. Je l'ai bien souvent entendu dire au docteur Michel, le médecin de l'usine, un camarade

---

maisons de correction une *éducation morale, religieuse* et *professionnelle*.

d'enfance de feu mon mari... Même une de ses phrases m'est restée dans la tête : « Les criminels détenus dans les prisons et les bagnes sont pour moitié des fils d'alcooliques... » Mais je reviens à Mme Bertin. Lors de la naissance de Léonie, son père se conduisait déjà mal. La pauvre petite n'a aucun penchant vicieux, j'en suis sûre; cependant il ne serait pas impossible qu'elle payât cruellement les fautes de Bertin, qu'elle les payât de la vie. Car une mort prématurée, cela rentre aussi dans les avantages que les ivrognes assurent à leurs enfants. J'entends quelquefois à cette petite une toux sèche, semblable à celle qui annonce communément la **phtisie**. Je ne sais trop ce que pense le docteur Michel qui l'a auscultée *, mais...

— Alors, interrogea Marguerite, la phtisie...

— Est très fréquemment causée par l'alcoolisme des parents. Ajoutez-y l'imbécillité, des convulsions souvent mortelles aux petits enfants, bien d'autres maladies encore... Ah! le docteur Michel en raconte là-dessus! Écoutez ce qu'il m'a dit, il n'y a pas longtemps. Les femmes nées d'alcooliques sont sujettes à boire...

— Quelle horreur!

Hygiène : **Phtisie.** — La phtisie, qui est la maladie des *poitrinaires*, est une *destruction* progressive des *poumons* par des *tubercules*, production morbide * d'un blanc jaunâtre, qui se développe dans les tissus. La phtisie, assez rare à la campagne, est malheureusement trop commune dans les grandes villes.

Elle est le plus souvent *héréditaire*; toutefois, elle peut également provenir d'*excès* de tout genre, d'un *séjour* prolongé dans des *habitations sans air* et *sans lumière*, d'une *pneumonie* ou d'une *pleurésie* * *mal soignées*, etc.

L'art ne possède *aucun moyen* certain d'arriver à la *guérison* de la phtisie. Seulement on peut, par des précautions hygiéniques, en *ralentir* les progrès; la plus importante, c'est de ne jamais s'exposer aux variations atmosphériques et, par conséquent, de s'établir, autant que possible, dans des localités où la *température* est, pour ainsi dire, d'une égalité constante.

— Aussi bien que les hommes (fig. 97)... plus, peut-être. Or, il y avait à Saint-Sauveur, le plus pauvre quartier de Lille*, la fille d'un homme adonné à l'ivrognerie qui s'était mariée avec un fort honnête ouvrier de filature. Jusqu'à vingt ans, cette personne s'était tenue fort bien; peu de temps après son entrée en ménage, brusquement, un goût invincible pour le genièvre se manifesta chez elle... Elle entrait en possession de l'héritage paternel... Au bout de six mois, la malheureuse était perdue sans rémission.

Fig. 97. — Les femmes nées d'alcooliques sont sujettes à boire aussi bien que les hommes.

L'aîné de ses enfants est vivant, mais il est sombre, triste, très impressionnable. Les deux suivants ont été enlevés par des **convulsions**. La mère

---

HYGIÈNE : **Convulsions**. — Les **convulsions**, c'est-à-dire des *contractions* brusques et involontaires des MUSCLES, ordinairement accompagnées de cris, sont assez fréquentes chez les tout jeunes enfants, surtout à l'époque de la *formation des premières dents.*

Il faut administrer à l'enfant de l'*eau fraîche sucrée*, mêlée avec partie égale d'*eau de fleurs d'oranger*; s'il est un peu avancé en âge, on peut lui appliquer aux mollets de légers *sinapismes* (V. MOUTARDE). Le médecin doit toujours être appelé, car les convulsions sont quelquefois le *début de maladies graves,* et, en outre, sont capables de rendre l'enfant *infirme* ou *difforme.*

est devenue folle furieuse pendant qu'elle en nourrissait un quatrième, et, depuis, le bébé est littéralement mort de faim. Il avait refusé obstinément de prendre tout autre lait que celui de sa mère. Savez-vous pourquoi, d'après le docteur Michel? Parce qu'il n'y retrouvait pas le goût de genièvre auquel il était accoutumé... C'est abominable, n'est-ce pas? Il y a pis encore... Lisez ce que je viens de voir dans le journal de ce matin.

C'était un fait divers enregistré par un journal de Lille * sous ce titre : *Un drame de l'alcool.*

« Une scène horrible vient d'épouvanter la ville de « Roubaix *. Depuis son veuvage qui remonte à quelques « années, le sieur X..., « ouvrier charpen- « tier, avait pris des « habitudes d'ivro- « gnerie. Son carac- « tère était devenu in- « quiet, et il vivait à « l'écart. Durant la « nuit, il croyait en- « tendre des voix qui « lui criaient de tuer « son enfant, une jo- « lie petite fille âgée « de six ans. Il réus- « sit d'abord à vain- « cre cette funeste « pensée. Mais les voix

Fig. 98. — Le sieur X... se leva, saisit une hache.

« commandaient toujours, et la volonté affaiblie du malheu- « reux était de moins en moins capable de lutter contre « une hallucination persistante. Hier donc, dans la nuit, le « sieur X... se leva, saisit une hache et alla frapper l'en- « fant qui dormait (fig. 98); le coup fut porté avec une « telle violence que la tête de la victime a été presque « entièrement fendue.

« C'est en pleurant que X... a fait le récit de ce drame « aux magistrats. »

CHAPITRE X

CÉLESTIN VINCENT

L'oncle perdu. — Cependant Charles et Marguerite se désolaient du silence de leur oncle Célestin. Comment, pas une ligne, pas un mot après la mort de leur père, de son beau-frère!

Y serait-il resté indifférent? Non, car la lettre qu'avait écrite Pierre Désormes après la rencontre dans un restaurant de Tunis*, prouvait que si peut-être l'oncle avait toujours une tête assez mal faite, son cœur était resté excellent.

Ignorerait-il le malheur qui a frappé la famille? On savait, il est vrai, que le bâtiment de Pierre avait brusquement quitté les eaux de Tunis* pour celles d'Alger*, avant que le mécanicien pût revoir Célestin; mais si Pierre avait négligé de donner l'adresse de Célestin à Tunis*, il devait la connaître néanmoins; dès lors, Célestin avait certainement été prévenu. De plus, Charles, en écrivant une seconde fois à Désormes pour lui annoncer son départ de Longueval avec Marguerite, avait joint à sa lettre une lettre de la nièce pour l'oncle, et, sûrement l'ami Pierre avait fait son possible pour qu'elle parvînt à destination.

Elle était affectueuse au possible, cette lettre de Marguerite. Après quelques mots au sujet de la mort de son père, elle rappelait l'attachement qui avait si longtemps uni les deux beaux-frères, elle disait le chagrin de Moreau à la disparition de Célestin, le chagrin de Charles, le sien. Et c'étaient alors des gronderies gentilles.

— Ce méchant oncle, se cacher si bien qu'il avait

fallu un hasard pour permettre à sa petite Marguerite de pleurer avec lui! Oui, méchant oncle, car pourquoi avoir quitté ceux qui l'aimaient? S'il était à Longueval, sa présence consolerait un peu son neveu et sa nièce; à côté de leur oncle, ils se seraient crus moins orphelins... Maintenant, ils vont vivre à Lille *, bien seuls. Si, enfin, le frère de leur mère en a assez de rester au milieu des sauvages, qu'il vienne les y rejoindre; Charles assure qu'il lui serait facile de trouver un emploi.

Rien, pas de réponse. Charles, craignant une nouvelle frasque *, disait:

— De Longueval à Marseille,*, de Marseille * en Algérie *, en Tunisie *... De Tunisie *, où? A Tombouctou *, peut-être!

— Tais-toi, mauvais, répondait sa sœur.

Nouvelles de Tunisie. — Presque deux mois après la mort du père Moreau, un soir, Arsène, le concierge de l'usine Verlinde, remit à Charles une lettre timbrée de Sousse * en Tunisie * (fig. 99).

Fig. 99. — Un soir, Arsène remit à Charles une lettre timbrée de Sousse.

— De mon oncle... Enfin! s'écria le jeune homme en jetant un regard sur l'adresse.

Cette suscription, véritable modèle de calligraphie * correcte, était un complet démenti aux gens qui prétendent connaître le caractère des individus d'après leur écriture; même quand il avait ses lunes *, Célestin traçait ses caractères d'une main aussi posée, aussi régulière que son imagination était alors capricieuse et fantasque.

D'ailleurs, sa lettre était presque d'un sage. Il y avait bien le début, où l'oncle s'échappait en exclamations trop dramatiques. Que voulez-vous? il avait longtemps rêvé d'être acteur, et, dans leur première expression, ses émotions, très sincères au fond, sentaient toujours quelque peu le théâtre.

« Mon neveu! Ma nièce!

« N'avez-vous pas mille fois maudit votre oncle?
« Y a-t-il encore pour lui une place dans votre cœur?
« Ne repousserez-vous pas un homme que la nature
« doit vous rendre cher, mais que son égarement a
« jeté loin de vous?.... Tu n'es plus, Moreau! Toi,
« le meilleur des hommes, le plus dévoué des pa-
« rents! Non, je ne me consolerai jamais de ne pas
« t'avoir revu à temps pour te dire : « Moreau, il
« s'est élevé entre nous un nuage, et, je le confesse,
« j'ai eu injustement de l'aigreur contre toi; mais
« toi qui vaux mieux que moi, toi, j'en suis sûr, tu
« n'as jamais connu à mon égard que l'ennui de
« n'avoir pu me dissuader d'une folie! Je me repens,
« pardonne-moi... »

Cela allait encore quelque temps sur ce ton; puis, Célestin redevenait le simple et brave homme qu'il était. Il s'écriait, jugeant sa conduite avec plus de sévérité que ne l'eût fait autrui :

« Ah! mes chers enfants, pourquoi ai-je quitté la
« fonderie de Longueval? A cette heure, je n'en sais
« rien. Quelque absurde lubie. Vieil écervelé d'oncle
« que vous avez! Votre père a voulu me raisonner

« parce qu'il m'aimait, et me voilà fâché, me voilà
« parti! Pour prouver à Moreau que j'avais raison,
« je voulais faire fortune. Je roule, et par honte d'être
« la pierre qui en roulant n'amasse pas de mousse,
« je ne donne plus signe de vie, je reste comme
« mort pour celui avec qui j'avais vécu en frère, pour
« celui à qui feu ma sœur Marthe, votre mère, avait
« dû tout son bonheur. Sans cœur, va! Et encore je
« ne parle pas de vous, mes pauvres orphelins, de
« toi surtout, ma petite Marguerite, qui aurais été en
« droit de compter sur ton oncle pour aider ce bon
« Charles à remplacer ton père! Voyez-vous, tous
« les vieux garçons deviennent forcément égoïstes...

Oncle Célestin, aurait-on pu lui répondre, il y a
beaucoup de vrai dans votre dernière parole; seulement, personnellement, vous vous calomniez. Égoïste,
vous! Votre neveu et votre nièce ne le croiront jamais.
Sans doute, c'est mal d'avoir quitté Longueval par
simple dépit contre votre beau-frère, c'est encore plus
mal d'avoir laissé si longtemps les vôtres dans l'inquiétude, et cela par crainte d'avouer que la fortune
ne se pressait pas de frapper à votre porte; mais si,
un jour, elle était survenue, qui aurait profité de
l'aubaine? Vous? mais un morceau de pain vous nourrit, assaisonné de chimères. L'aubaine aurait été pour
Charles, à qui, dans votre cervelle, vous bâtissiez une
usine sans pareille, pour Marguerite, que vous habil-
liez de robes étonnantes et que vous promeniez dans
un carrosse plus doré que celui de Cendrillon[*].

Oncle Célestin, vous êtes le moins égoïste de tous
les hommes.

Malgré tout, vous avez eu tort de ne pas vous
marier. Le mariage aurait mis un peu de plomb dans
votre tête. Elle aurait été moins hantée de rêves

magnifiques, mais elle aurait mieux connu la réalité. Pour l'instant, achevons votre lettre et apprenons pourquoi vous êtes, non plus à Tunis*, mais à Sousse*, à trois cent cinquante kilomètres de vos plantes textiles et tinctoriales, apprenons le motif de votre trop long silence :

« Donc, mes chers enfants, je suis à Sousse*;
« Charles trouvera cela sur la carte. Figurez-vous
« une petite ville toute blanche, sous un ciel trop
« bleu; je suis obligé, pour sortir, de chausser mon
« grand nez de lunettes noires qui ne me rendent
« pas plus joli. Une vieille négresse me fait la cui-
« sine : de la galette en guise de pain, et du cabri*.
« Heureusement que je ne suis pas gourmand. Vous
« vous demandez ce que je fais dans ce pays? Je fais
« les **huiles**, comme on dit à Marseille*, où je les

Leçon de choses : **Huile.** — L'huile est un corps *gras, liquide et inflammable*, que l'on tire de diverses substances en les pressant. Ses usages sont multiples.

La meilleure des *huiles à manger* est l'huile *d'olive* et, en

Fig. 100. — Cueillette des olives.

particulier, l'huile d'*Aix**. Il y en a plusieurs qualités, dont la plus recherchée est l'*huile vierge,* qu'on obtient des olives

« ai faites déjà. Aussitôt après avoir revu Pierre
« Désormes à Tunis *, mon idée avait été de revenir
« à Longueval, le plus tôt possible. Mais, voilà : le

---

portées au pressoir immédiatement après leur récolte (fig. 100
et 101); les qualités inférieures s'obtiennent en délayant dans
l'eau bouillante la pulpe * des olives qui ont fourni l'huile
vierge, et en la soumettant à la pression. On tire aussi des
huiles comestibles de l'œillette ou *pavot cultivé*, de la *noix*, etc.

On extrait les *huiles à brûler* principalement de la graine de
deux plantes du genre chou, le *colza* (fig. 102) et la *navette*.

Fig. 101. — Rameau d'olivier.   Fig. 102. — Colza.

Dans le nord de la France, où le colza et la navette sont très
cultivés, on a des procédés pour rendre ces huiles comestibles.

Les huiles que nous venons d'énumérer servent à la fabrication du *savon*; on les combine avec de la *soude* pour faire le
savon dur, avec de la *potasse* pour faire le *savon mou*. Les
huiles de noix et d'œillette peuvent également s'employer à la
préparation des *vernis* et des *couleurs*, qu'elles ont la propriété
de faire sécher en peu de temps (*huiles siccatives*); mais, pour
cet usage, elles ne valent pas l'*huile de lin*.

On tire encore de l'huile de certaines parties d'animaux,
comme du foie des *morues* ou du pied des *bœufs* ou des *moutons*. L'*huile de foie de morue* est recommandée par les médecins aux personnes qui ont besoin d'être fortifiées. L'*huile de
pied de bœuf* ou *de mouton* s'emploie pour le graissage des
machines.

Ordinairement, pour *épurer* l'huile, c'est-à-dire pour la débar-
rasser des substances étrangères qu'elle peut contenir, on la
bat avec de l'*acide sulfurique*.

C'est improprement qu'on applique au *pétrole* le nom d'*huile
minérale*; cette substance n'est pas une *huile*, mais un *bitume*.

« lendemain même de la rencontre, mon patron,
« M. Marius Roux, de la maison Fabre, Roux
« et Cⁱᵉ, me saisit au collet (fig. 103); c'est sa cou-
« tume chaque fois
« qu'il vous parle.
« En me secouant
« ferme, il me dit
« à peu près ceci :
« — Célestin,
« mon brave, je
« vous estime...
« D'abord, je vous
« ai cru un peu im-
« bécile. Au fond,
« tout braque que
« vous êtes, vous ne
« vous entendez pas
« trop mal au com-
« merce. Eh bien!
« Célestin, les

Fig. 103. — M. Marius Roux, de la maison Fabre, Roux et Cⁱᵉ, me saisit au collet.

« plantes ne marchent plus. Vous avez constaté
« vous-même que si les textiles se soutiennent
« encore, ces gueux de chimistes, avec leurs inven-
« tions du diable, nous ont ruiné les tinctoriales. Il
« nous faut ajouter une corde à notre arc, mon bon.
« En conséquence nous créons à Sousse* un comp-
« toir pour l'exportation de l'huile d'olive. Par
« là, ils en ont tant qu'ils la gardent dans leurs
« citernes. Elle est abominable à l'œil, cette huile;
« mais nous ferons épurer cela à Marseille*, et les
« Parisiens, qui ne se connaissent qu'au beurre, les
« Parisiens s'en lécheront les doigts... Une maison
« est louée à Sousse*, les fonds sont prêts, et, tout ce
« que vous trouvez dans le pays, vous le ramassez,
« camarade!... Les huiles, vous les avez apprises à

« Marseille *, hé? De plus, vous êtes honnête, et,
« dans ces parages, c'est à regarder. Bouclez votre
« valise en trois temps, trois mouvements, mon cher.
« Vous partez demain.

« Je suis resté muet. Il me paralyse, ce M. Marius,
« quoiqu'au fond il ne soit pas méchant. Mais
« quelle voix de tonnerre et quel accent!

« Et le surlen-
« demain j'étais à
« Sousse*. Des Ita-
« liens arrivaient
« en même temps
« que moi, aussi
« pour les huiles.
« Je me lance aus-
« sitôt dans le pays
« avec un Juif (fig.
« 104) que m'avait
« recommandé la
« maison; j'achète,
« j'achète, et après
« cinquante jours

Fig. 104. — Je me lance aussitôt dans le pays avec un Juif.

« de courses, je reviens à Sousse * bien content. Là,
« je trouve deux plis de Désormes que m'avait fait
« passer mon patron : l'un me racontait comment le
« courage de votre père avait causé sa mort; l'autre
« contenait ta lettre, ma chère Marguerite... »

Là-dessus, l'oncle s'exaltait de nouveau, se traitait
de misérable et finissait par embrasser dix fois en
pleurant son neveu et sa nièce.

Celle-ci lui répondit le lendemain matin. Ses six
pages pouvaient se résumer ainsi :

Mon oncle, nous vous aimons autant que jamais; quand
vous n'aurez plus le cœur aux huiles, venez avec nous.

Et c'était écrit dans un style persuasif, je vous jure.

CHAPITRE XI

MARIAGE

Coup d'œil à Longueval et à Origny. — Pendant que les jours s'écoulent laborieux et tranquilles pour les deux orphelins, voulez-vous que nous fassions une promenade jusqu'à Longueval?

Ce ne sera pas abandonner les enfants de Moreau; nous ne ferons qu'y suivre leurs pensées; car, à la sœur surtout, le pays natal est toujours près du cœur. Ses conversations avec Charles finissent invariablement par revenir à la maison paternelle, à la famille, aux amitiés laissées là-bas.

Aussi la poste apporte-t-elle souvent de ses lettres à ses compagnes d'enfance et au percepteur d'Origny, le brave M. Weber. Les compagnes répondent par de longs épanchements, où il y a un peu de babillage et beaucoup d'affection. Weber est moins prodigue de son écriture; il envoie chaque dimanche les numéros parus de l'*Écho de Longueval*, et quelquefois ajoute un mot pour déclarer que maintenant il s'ennuie comme jamais il ne s'est ennuyé dans aucune garnison, même à Auxonne *... Contre l'honnête petite ville d'Auxonne * en Bourgogne, l'ancien artilleur avait gardé une rancune dont il n'avait jamais nettement expliqué le pourquoi.

Réellement, à Origny comme à Longueval, le pauvre homme est une véritable âme en peine. A Origny, son bureau fermé, il reste à réfléchir et à bâiller entre l'ex-canonnier Thomas et le chien Mitraille (fig. 105). Jadis, à la première pointe de mélancolie, vite il bouclait ses grandes guêtres et, son

MARIAGE. 159

bâton de **houx** à la main, arpentait gaillardement les sept kilomètres qui le séparaient de Longueval.

— Bonjour, Moreau !

— Salut, mon capitaine... Tu viens manger la soupe ?

— Ah çà, voyons, ton horlogerie est donc une cantine à présent !

Et, de sa forte voix, il criait dans la direction de la cuisine :

Fig. 105. — Il reste à réfléchir et à bâiller.

— La ménagère m'invite-t-elle au moins ?

Puis, le soir tombé, par le chemin de fer pendant l'hiver, de son pied pendant la belle saison, le per-

---

LEÇON DE CHOSES : **Houx.** — Le houx (fig. 106) est un arbre toujours vert qui croît dans les bois montagneux de l'Europe, où il forme des buissons ; il atteint une hauteur de 8 à 10 mètres.

Le *bois*, dur et pesant, peut recevoir un beau poli et prendre le noir ou toute autre couleur ; on l'emploie aux ouvrages de tour et de marqueterie. Avec les jeunes rameaux, qui sont souples et élastiques, on fait des manches de fouets, des verges

Fig. 106. — Le houx.

de fléaux pour le battage en grange, etc. Les branches plus fortes fournissent de très bonnes cannes.

L'*écorce*, la deuxième principalement, est excellente pour fabriquer de la glu.

Les haies faites avec le houx deviennent impénétrables et durent plus d'un siècle.

Parmi les espèces exotiques, il faut signaler le *houx du*

cepteur retournait à Origny, tout joyeux d'avoir causé du temps lointain où Moreau et lui pointaient le canon à la première batterie du deuxième régiment à cheval. Mais, présentement, qu'aller faire à Longueval, si ce n'est, aux fins de mois, verser l'argent des contribuables à la caisse du **receveur particulier**?

Ce jour-là, machinalement, il passait rue des *Pierres*, et, après s'être entretenu un instant avec Justin Hubert (fig. 107) qui, pour lui, devenait presque causeur, il lui serrait la main, tirait comme adieu amical l'oreille à Jacques l'apprenti, et s'en allait moins gai que jamais.

Fig. 107. — Après s'être entretenu un instant avec Justin Hubert.

Conversation de Justin Hubert et de M. Weber. — A sa dernière visite, Hubert lui dit :

Paraguay, avec les feuilles duquel on prépare le *maté*, boisson analogue au thé, fort en usage dans l'Amérique méridionale.

Le *petit houx*, dit aussi *houx-frelon* ou *fragon épineux*, malgré des analogies extérieures, est un arbrisseau de famille différente.

INSTRUCTION CIVIQUE : **Receveur particulier.** — Dans la plupart des chefs-lieux d'arrondissement, il y a un **receveur particulier**, agent des finances au bureau duquel les *percepteurs* des communes versent leurs recettes.

Les receveurs particuliers versent à leur tour les sommes qu'ils ont reçues entre les mains du *trésorier-payeur* général du département, qui les transmet au Ministère des finances.

— Monsieur Weber, je vais me marier.

— Justin, en pareille matière, le plus tôt est le mieux. Quand on attend pour se décider, on ne se décide presque jamais. Et alors, quoi? Un foyer désert, un intérieur vide, et, les vieux amis une fois partis, plus personne à qui compter ses joies et ses peines. Bel avenir, ma foi! Tenez, moi, depuis que je n'ai plus les Moreau, j'en suis réduit comme confidents à mon canonnier et à mon chien, et, le canonnier étant sourd, c'est le chien qui m'entend le mieux. Mariez-vous, Justin, et donnez beaucoup de petits soldats au pays... Où prenez-vous femme?

— A Besançon [*], monsieur.

— Au pays des horlogers, parbleu! Bonne garnison, du reste... Vous prévenez Charles Moreau et sa sœur?

— Voici la lettre que je leur écris. Veuillez en prendre connaissance, je vous prie.

— Avec votre permission, volontiers.

Ce qu'écrivait Justin Hubert. — M. Weber lut ce qui suit :

« Mon cher monsieur Charles,

« Je vous demanderais de vouloir bien communi-
« quer la présente lettre à Mlle Moreau. Je désire-
« rais qu'elle la considérât comme adressée à elle
« aussi bien qu'à vous. Vous avez été tous deux éga-
« lement bons pour moi; mon devoir est donc de
« vous instruire en même temps de ce qui me con-
« cerne.

« Monsieur Charles, la première publication de
« mon mariage a lieu demain dimanche. Ma future
« s'appelle Mlle Marie Guénard. De demain en huit,
« date de la seconde publication, je pars pour Besan-

« çon*, où elle habite, et, les trois jours nécessaires
« écoulés, je ne serai plus célibataire.

« Je ne fais pas un mariage d'argent. Certains
« pourront me critiquer sous prétexte qu'une dot
« m'aurait permis de m'acquitter plus vite envers
« vous. Monsieur Charles, j'ose penser que ni vous
« ni mademoiselle votre sœur, que la chose regarde
« pourtant tous les premiers, ne me blâmerez d'avoir
« écouté un sentiment honorable plutôt que l'intérêt.

« Je tiens à l'approbation des enfants de mon
« ancien patron ; je les prie donc d'excuser les détails
« où je vais entrer et de lire ma lettre jusqu'au bout.
« Ils jugeront si j'ai tort dans ma manière d'agir.

« Je suis né au faubourg de Battant, près de Be-
« sançon*, sur la rive droite du Doubs*. Mon père
« était ouvrier graveur en **horlogerie**. Un de ses
« amis, Cyprien Guénard, exerçant la même profes-
« sion, demeurait dans la même maison que nous.

Leçon de choses : **Horlogerie**. — L'horlogerie comprend la fabrication de tous les instruments mécaniques propres à mesurer la marche du temps, *horloges* proprement dites, *pendules* et *montres*.

Les horloges mécaniques furent, dit-on, inventées au xe siècle par Gerbert d'Aurillac, pape sous le nom de Sylvestre II de 999 à 1003. Les Italiens et les Allemands se distinguèrent les premiers dans l'art de l'horlogerie.

Les premières montres parurent vers le milieu du xvie siècle.

Au siècle suivant, le Hollandais Huyghens (1629-1695) donna un grand essor à l'horlogerie ; il régularisa la marche des horloges en leur appliquant le mouvement du *pendule*, corps suspendu de manière à faire, en allant et venant, des oscillations régulières. (De là vient le nom de la *pendule*, petite horloge de cheminée.) Huyghens introduisit encore dans les montres le *ressort spiral*, dont les débandements successifs animent les diverses pièces.

Paris*, *Besançon**, la *Suisse* et *Londres** sont aujourd'hui les centres de fabrication les plus renommés pour l'horlogerie.

Il y a en France des *écoles d'horlogerie* à *Paris**, à *Besançon** et à *Cluses**.

« Sa fille unique, aujourd'hui ma future, était moins
« âgée que moi de trois ans. Nous aimions tous beau-
« coup notre petite voisine. Moi, je lui fabriquais de
« petits jouets, et, quand elle fut en âge d'aller à
« l'école, souvent je la conduisais ou je la ramenais.

Fig. 108. — Je corrigeai un polisson qui
était grossier envers elle.

« Même un jour, je
« corrigeai un po-
« lisson qui était
« grossier envers
« elle (fig. 108.)
« Nos parents ne
« voyaient pas de
« mauvais œil no-
« tre affection et je
« crois bien que,
« dès lors, ils pen-
« sèrent que nous
« pourrions bien,
« un jour, nous ma-
« rier ensemble.

« A un moment, le malheur tomba sur nous. La
« fièvre typhoïde * dévasta le faubourg et particuliè-
« rement notre habitation qui n'était pas saine; en
« très peu de temps, mon père, ma mère et Mme Gué-
« nard furent emportés. Si je ne ris pas souvent,
« monsieur Moreau, c'est peut-être bien cette catas-
« trophe-là qui en est la cause. J'avais alors quatorze
« ans, et, par conséquent, Marie en avait onze. Je
« fus mis aux orphelins. M. Guénard m'aurait bien
« gardé; mais, à graver des lettres ou des enjolivures
« sur une cuvette de montre, on gagne sa vie, et tout
« juste. A l'hospice, on ne fut pas mauvais pour
« moi; on me fit suivre les cours de l'école d'horlo-
« gerie et, à vingt ans, j'étais un bon ouvrier. Le
« temps du service militaire approchant, comme je

« m'étais promis d'épouser Mlle Guénard et qu'elle
« était consentante, je la demandai à son père. C'était
« absurde, n'est-ce pas? Un beau lendemain de noces
« que d'aller faire tête droite et tête gauche dans la
« cour d'une caserne! M. Guénard me fit entendre
« raison et le mariage fut ajourné jusqu'à l'époque
« où j'aurais payé ma dette à la patrie.

« J'eus la chance de tirer un numéro élevé. Je fus
« donc versé dans la deuxième portion du contin-
« gent[1] et je ne restai guère que six mois sous les
« drapeaux. Dès mon retour à Besançon*, ce furent
« de nouvelles désolations. M. Guénard mourut
« brusquement d'un coup de sang, au moment même
« où il venait de recueillir près de lui sa belle-mère
« devenue infirme et n'ayant pas de ressources.
« Marie, qui avait à peine dix-huit ans, fut admi-
« rable de courage. Une femme peut faire la gra-
« vure pour horlogerie; il ne lui faut qu'un peu de
« dessin et de la pratique. Or, Mlle Guénard avait
« appris le dessin aux écoles municipales et, à côté
« de son père, s'était instruite, comme en jouant,
« dans le métier de graveur; même dans les derniers
« temps, comme le père Guénard, ressentant les pre-
« miers symptômes de **l'apoplexie** dont il est mort,

HYGIÈNE : **Apoplexie**. — L'apoplexie, souvent appelée *congestion cérébrale*, est une maladie caractérisée par une *perte subite de la connaissance*, de la *sensibilité* et du *mouvement*; elle est produite le plus fréquemment par un *épanchement du sang dans le cerveau*. Ce qu'on nomme vulgairement *coup de sang* est une attaque d'apoplexie peu intense.

L'apoplexie est ordinairement annoncée par des *maux de tête*, des *éblouissements*, des *vertiges*, des *tintements d'oreille*,

---

1. Avant la loi de 1889, chaque contingent comprenait : 1° les hommes qui devaient servir *cinq ans* (première portion du contingent), pris parmi ceux qui avaient tiré les numéros les plus faibles; 2° les hommes qui étaient renvoyés dans leurs foyers au bout d'*un an* ou même de *six mois* (deuxième portion du contingent).

« avait des éblouissements et des tintements d'oreille
« quand il restait trop longtemps penché sur son
« établi, elle achevait souvent l'ouvrage commencé
« par lui (fig. 109). Et l'exécution était bonne, je vous
« le certifie. Il fallait, du jour au lendemain, trouver
« du pain pour sa vieille grand'mère et pour elle. Le
« lendemain de l'enterrement, elle s'essuya les yeux,
« alla bravement
« trouver les fabri-
« cants qui occu-
« paient aupara-
« vant son père, et
« leur demanda de
« mettre son habi-
« leté à l'épreuve.
« On y consentit,
« et, grâce au travail
« que bientôt on
« lui confia volon-
« tiers, la vie de
« tous les jours fut
« assurée.

Fig. 109. — Elle achevait souvent l'ouvrage commencé par lui.

« Vous ne pensez pas, monsieur Charles, que j'aie
« songé à abandonner Mlle Guénard une fois qu'elle
« fut dans la peine. Je voulais même conclure le
« mariage au plus vite. Elle refusa, déclarant que

---

de la *somnolence*, et divers autres symptômes. Quelquefois l'attaque survient d'une manière brusque et inopinée (*apoplexie foudroyante*); alors la mort a lieu sur-le-champ.

L'âge de **55 à 70 ans** est celui pendant lequel se produisent les cas les plus nombreux d'apoplexie; les personnes *replètes* et *sanguines* y sont particulièrement exposées. L'*exercice modéré* et la *sobriété* sont les meilleurs préservatifs.

Quand une personne vient d'être frappée d'apoplexie, il faut, en attendant le médecin, coucher le malade en lui tenant la *tête élevée* et couverte de compresses d'eau froide, lui *chauffer les pieds* et lui mettre des *sinapismes* aux pieds. (V. MOUTARDE.)

« pour l'instant présent elle se devait tout entière à
« son aïeule. Ce n'est pas qu'elle se défiât de ma
« bonne volonté à l'égard de cette pauvre femme.
« Mais, me dit-elle, les dépenses qu'exige son état
« seraient une gêne et une charge dans un ménage
« déjà pauvre; si la famille venait à s'accroître, si
« elle-même, pour un motif ou pour un autre, était
« forcée de cesser son travail, que deviendrait-on?
« Ces paroles me paraissaient fort sensées; mais,
« malgré tout, j'étais bien triste. Je me consolai ce-
« pendant un peu quand elle ajouta : « Nous sommes
« jeunes tous deux, Justin; amassons, s'il se peut,
« quelques épargnes, et, si alors vous voulez encore
« de moi, vous me retrouverez, je vous le jure. »
« D'après le début de ma lettre, vous devinez qu'elle
« a tenu parole.

« Peu de temps après, il arriva que M. Moreau
« demanda à un de ses correspondants de Besançon
« un ouvrier de confiance; les conditions qu'il offrait
« étaient fort avantageuses. Je lui fus recommandé
« et, sur les conseils mêmes de Mlle Guénard, j'ac-
« ceptai de venir à Longueval. Le reste, vous le savez,
« monsieur Charles. Aussi, je n'ai plus qu'à vous
« envoyer, en mon nom et au nom de la brave fille
« que j'épouse, l'assurance de notre éternelle grati-
« tude envers la famille Moreau... »

Suivaient quelques détails d'affaires.

La lettre d'Hubert avait été remise par le facteur un soir que Charles et Marguerite sortaient pour se rendre chez Mme Degand. Arrivé dans la petite salle à manger de leur voisine, Charles l'ouvrit et en parcourut les pages; puis, il en fit lecture tout haut. Marguerite dit simplement :

— Notre père ne s'était pas trompé. Justin est un loyal garçon.

L'opinion de Mme Degand au sujet du mariage. — Mme Degand avait été heureuse en ménage et son gendre était sans reproches. Mais un veuvage prématuré et l'éloignement de sa fille fixée en Algérie* lui donnaient de fréquents accès de mauvaise humeur contre le mariage; trop volontiers, elle oubliait ses années de bonheur conjugal, de contentements maternels, et, maintenant qu'elle était seule, se prenait à envier les célibataires, qui, n'ayant pas connu ces joies, n'ont pas à les regretter. De plus, ses habitudes charitables l'avaient mise en rapport avec beaucoup de familles comme celle de Mme Bertin. Que d'infortunées elle visitait et secourait, pour qui le mariage n'avait été qu'un lourd collier de misère!

Fig. 110. — Elle passa dans un de ses bandeaux gris l'aiguille.

Elle posa son tricot, passa dans un de ses bandeaux gris l'aiguille à relever les mailles (fig. 110), et dit :

— Trop souvent qui se marie s'achemine à la pénitence. Mais, au moins, ce monsieur Hubert et cette demoiselle Guénard ne se marient pas en écervelés; s'ils se mettent la corde au cou, ce ne sera pas faute de réflexion. Des deux parts, l'un a pu apprendre ce que vaut l'autre... Espérons que pour le successeur de votre père et pour sa femme, tout tournera au mieux... Nous allons, monsieur Moreau, boire un doigt de mon **brou de noix** à leur prospérité.

Économie domestique : **Brou de noix.** — Le brou est l'enveloppe verte et demi-charnue qui recouvre la noix.

Et, tout en allant au buffet pour y atteindre la bouteille et les petits verres, la bonne dame ajouta :

— Voyez-vous, mes enfants, le mariage est une loterie et, dans cette loterie comme dans toutes les autres, il est rare qu'on ait un bon numéro. Moi, j'ai eu de la chance tout d'abord, mais elle n'a pas duré, et, à la mort de mon pauvre Degand, je l'ai payée par un chagrin que je ressens encore.

Marguerite lui dit doucement :

— Allons, il vous reste votre fille, madame Degand. Vous l'aimez...

— Si je l'aime! interrompit vivement la vieille dame... Je l'aime comme, paraît-il, vous aimait votre papa, ma petite Marguerite ! Seulement, il vous avait, lui, et, moi, il faut que j'aime ma fille par correspondance. Heureuse, si je l'embrasse tous les deux ans... Ah! les enfants, c'est une félicité d'abord; mais s'ils vous quittent, quelle désolation! on aimerait mieux alors n'en avoir jamais eu.

L'opinion de Charles. — Charles prit la parole :

— Assurément, de telles séparations sont douloureuses. Mais, que voulez-vous? la vie est pleine de brisements semblables... Voyons, ma bonne madame Degand, les satisfactions que vous avez eues comme épouse et comme mère ne compensent-elles pas les

---

En faisant infuser le brou de noix dans l'eau-de-vie et en y ajoutant du sucre, de la muscade et du girofle, on prépare une *liqueur de ménage* très bonne pour l'estomac.

Les *jardiniers* emploient le brou de noix, étendu d'abord d'eau bouillante, puis d'eau froide, pour détruire les pucerons sans faire de tort aux plantes.

Le brou de noix est aussi utilisé dans la *teinture*; une décoction concentrée faite avec addition de tannin donne des nuances fauves ou brunes assez solides. On peut user de cette décoction pour donner aux meubles la couleur du noyer.

tristesses qui ont pu suivre? Pensez-vous que le célibat n'ait pas ses peines? Un veuf pleure sa femme, une veuve pleure son mari : célibataire, on pleure le vide de son existence. Des parents s'ennuient de l'éloignement de leurs enfants : célibataire, on s'ennuie de soi-même (fig. 111).

Mme Degand réfléchit un instant et dit :

— Vous avez sans doute raison, monsieur Moreau. D'ailleurs, il ne faut pas être égoïste. Ma fille est heureuse, je dois être heureuse de son bonheur. Mais,

Fig. 111. — Célibataire, on s'ennuie de soi-même.

franchement, convenez que plus d'un mariage réussit mal. C'est fort beau un ménage bien uni ; seulement, la régularité de la conduite et l'égalité de caractère ne sont pas déjà si communes. Il y a des lâches qui battent leurs femmes ; il y a des ivrognes qui dépensent tout leur argent au cabaret. Il y a aussi de méchantes femmes, parbleu, il y a des dépensières, des vaniteuses, comme... Non, j'allais être mauvaise langue.

— Soit, mais il y a aussi des hommes pour qui le vrai bonheur est dans leur maison, auprès de leur femme qu'ils chérissent, de leurs enfants qu'ils élèvent. Il y a aussi d'excellentes femmes... comme vous, madame Degand. Dans un ménage, il est rare que les deux époux soient mauvais; il est rare également que, si l'un est bon, l'autre ne s'amende pas. Ne dit-on pas que les bons maris font les bonnes femmes et que les bonnes femmes font les bons maris?... Oui, il y a Bertin, je sais... Mais, enfin, restera-t-on toujours dans sa chambre parce que, dans la rue, une tuile peut vous tomber sur la tête?

— Je ne sais trop que vous répondre, monsieur Moreau... Cependant, le mariage est-il utile à de pauvres gens qui n'ont rien ni l'un ni l'autre? Au moins, comme dit le proverbe, avant de te marier, aie maison pour habiter... La future femme de M. Hubert semble avoir été de cet avis...

— Elle avait une charge qu'elle ne voulait pas apporter à son mari; délicatesse louable... Au reste, je n'approuve pas votre proverbe, madame Degand. A mon sens, les pauvres qui vivent honnêtement ne doivent pas craindre d'entrer dans les grands engagements du mariage, s'ils ont la ferme résolution de les remplir. Avec du travail et de l'économie, ils ne manqueront pas des moyens d'entretenir leur famille. Et puis, s'il fallait attendre pour se marier qu'on ait pignon sur rue, que deviendrait le pays?... Êtes-vous patriote, madame Degand?

— Vous demandez cela à une Lilloise, monsieur Moreau, à la petite-fille de Rose Maillot qui fut blessée au temps de la Révolution, lors du grand siège, tandis qu'elle versait la bière aux canonniers sur le rempart! En 1842, le jour où l'on inaugura la colonne commémorative sur la place d'Armes (fig. 112), je portais sa cocarde tricolore... Et si, en 1870, les Prussiens avaient voulu prendre Lille [*], j'aurais bien fait comme elle.

— Bravo, madame Degand! Eh bien, puisque vous

êtes patriote, songez qu'il faut à la France assez de soldats pour ne pas craindre ses ennemis; car, actuellement, le courage ne suffit plus, le nombre est nécessaire. Or, notre population n'augmente guère,

Fig. 112. — Place d'Armes, à Lille.

et c'est le contraire chez des voisins qui ne nous veulent aucun bien... Concluez, madame Degand.

— Qu'on doit se marier, puisque la France en a besoin... Mais, dites donc, dans la famille Moreau, vous ne donnez pas l'exemple !

— Cela viendra, dit Charles en riant... Vous viendrez à nos noces, madame Degand ?

— Certes !

Et l'on trinqua avec le brou de noix au mariage de Charles et de Marguerite qui semblait un peu embarrassée.

CHAPITRE XII

LES LETELLIER

Une saisie. — Il y a des femmes dépensières et vaniteuses comme...

Et Mme Degand, qui allait citer un exemple, s'était mordu la langue, car elle n'aimait pas à médire.

... Comme Mme Letellier, avaient ajouté intérieurement Charles et Marguerite.

C'était bien à elle que pensait la bonne dame.

Et, de fait, Mme Degand n'aimait pas cette Mme Letellier; elle n'aimait guère plus son mari, un comptable de l'usine Verlinde. Cependant, elle les recevait. Le ménage lui devait un peu d'argent autrefois prêté obligeamment; si elle avait montré trop ouvertement son déplaisir à les voir, elle aurait craint qu'on ne supposât que c'était pour ce motif.

Or, quelques jours après la conversation que nous avons rapportée plus haut, Marguerite entrait tout émue chez Mme Degand et lui disait :

— Savez-vous ce que j'ai appris en faisant mes courses pour le ménage? On a posé des affiches à la porte des Letellier. Leurs meubles vont être vendus par autorité de justice.

Mme Degand ne s'étonna pas que les créanciers des Letellier eussent opéré chez eux une **saisie** (fig. 113);

DROIT USUEL : **Saisie.** — La saisie est l'acte par lequel un créancier s'empare des biens de son débiteur pour les faire vendre à l'effet d'obtenir le payement de ce qui lui est dû.

Ainsi le créancier a le droit de faire saisir et vendre les *meubles* de son débiteur (*saisie-exécution*); le débiteur saisi peut toutefois conserver son coucher, celui de ses enfants, les habits qu'il porte, les outils de sa profession, une vache ou trois

au vu et au su de tout le quartier, ces gens-là se débattaient depuis longtemps contre les huissiers. Haussant les épaules, elle ajouta :

Fig. 113. — La saisie chez les Letellier.

— Tant pis... Ce sont des sots perdus par la gloriole. Avec les appointements du mari, les quelques sous

---

brebis ou deux chèvres à son choix. Cette saisie doit être précédée d'un commandement fait un jour au moins avant l'exécution du jugement.

La saisie peut également être faite sur les *fruits encore attachés à la terre*; on l'appelle alors *saisie-brandon*. La saisie-brandon ne peut être opérée que dans les six semaines qui précèdent l'époque ordinaire de la maturité; la vente doit être faite un jour de dimanche ou de marché.

La saisie-exécution et la saisie-brandon sont des saisies dites **mobilières**. Les immeubles peuvent être aussi saisis; mais la saisie **immobilière** entraîne des formalités très nombreuses et ne peut être exécutée que trente jours après le commandement, autrement dit après l'injonction de payer faite par l'huissier au débiteur.

La justice seule peut ordonner les saisies.

de la femme et un peu de bon sens, ils auraient pu vivre heureux... Mais, voilà, on voulait paraître!

Vanité et désordre. — La vanité, en effet, avait été la ruine des Letellier. Tous deux, pourtant, étaient nés dans des familles où l'économie était en honneur, où l'on s'ingéniait, non à dépenser, mais à épargner; chez tous deux, le naturel avait été plus fort que l'exemple. Le premier argent gagné par Letellier avait été donné au tailleur. Celle qui devait être sa femme rougissait, étant fillette, de porter les vêtements de sa mère recoupés pour elle; plus tard, après la mort de ses parents, devenue demoiselle de magasin chez une marchande de nouveautés, elle aurait pleuré en essayant aux clientes de beaux costumes qu'elle désespérait d'avoir jamais et ne songeait qu'à ces toilettes sans cesse jalousées et rêvées. Une fois, assez naïvement, elle avait confié ses ambitions à Letellier qui tenait en ce temps les livres de l'établissement, et Letellier l'avait épousée, ravi de trouver comme une copie de sa niaiserie vaniteuse.

Presque toute la petite dot de la mariée avait passé en robes élégantes pour madame, en habits élégants pour monsieur. Sans se soucier si les commandes reviendraient au double, on les avait faites à des maisons en renom de Lille. Pouvait-on acheter trop cher l'honneur de se dire fourni par tel ou tel? Seulement, l'armoire au linge était restée presque vide. On eut des cravates, des **gants**, des chaussures fines, mais

---

Leçon de choses : **Gants**. — Les gants se font soit en *fil*, en *coton*, en *laine*, en *soie*, en *filoselle**, soit en *peau*; les premiers sont des articles de BONNETERIE ; les seconds, des articles de *ganterie*.

Les peaux qui servent le plus à la ganterie sont celles d'*agneau*, de *chevreau* et de *mouton*. Elles passent d'abord chez

les draps, les serviettes, les torchons de cuisine furent toujours rares. Mme Letellier avait trouvé dans l'héritage de ses parents trois ou quatre pièces de vieille argenterie qui étaient presque un capital; elles avaient été changées pour du faux auquel l'œil pouvait se méprendre, et, avec la différence, on s'était procuré quelques bijoux.

Plus tard, toujours au comptant, on se fit envoyer des babioles par ces immenses bazars parisiens où le crédit n'est pas en usage; même, en ce temps, l'étude des catalogues adressés par le *Louvre* ou le *Bon Marché* était une affaire importante dans la vie des Letellier. Mais on avait bientôt vu la fin de la dot de Mme Letellier. Alors on s'était endetté sur place, usant largement de la facilité des fournisseurs.

---

le *mégissier* qui les dégrossit. Ensuite, dans l'atelier de ganterie, elles subissent une série d'opérations préalables dont voici les principales : l'*étirage*, le *mouillage* dans un bain d'eau additionnée de jaunes d'œufs battus, la *teinture* à la brosse, le *séchage*. Après un *deuxième mouillage* à l'eau et aux jaunes d'œufs, l'ouvrier, armé d'une lame rectangulaire, racle les peaux du côté de la chair en les humectant de temps en temps (*dollage*); c'est afin de les assouplir et de leur donner partout la même épaisseur. Alors elles sont *coupées* en morceaux ayant la forme d'un carré long; ces morceaux sont *pliés* en deux dans le sens de la longueur, et chacun doit servir à la confection d'un gant, moins le pouce, qui, généralement, est coupé dans les coins perdus. On les *fend*, de manière à obtenir le dessus et le dessous des doigts, et l'on pratique le trou qui recevra le pouce. Enfin les peaux, ainsi divisées, sont livrées à la *couture*, qui ajoute sur le côté de petites bandes latérales appelées *fourchettes*, destinées à permettre aux gants de mieux prendre la forme des doigts. La coupe, la fente et la couture se font d'ordinaire à la *mécanique*.

La fabrication des gants de peau est très importante en France; les principaux centres sont : *Paris*[*], *Grenoble*[*], *Saint-Junien*[*] et *Chaumont*[*].

Les gants de peau parurent comme objet de toilette vers 1650. Dès la fin du siècle précédent, les femmes portaient des gants de soie.

La vanité du ménage continuait à se satisfaire, sans qu'il déboursât rien. Au reste, les Letellier s'aveuglaient volontiers sur l'absurdité de leurs dépenses et trouvaient de bonnes raisons pour les justifier. Chaque fois, c'était une occasion exceptionnelle dont il avait bien fallu profiter, un article extraordinaire de bon marché. Un bon marché à ruiner les gens! Car qui prend à crédit, paye toujours un fort intérêt au vendeur, et, d'ailleurs, des objets, fussent-ils cédés à bas prix, coûtent toujours trop cher s'ils ne sont pas nécessaires... Sans doute, des jaquettes et des vestons à la mode étaient nécessaires à M. Letellier, et, à Mme Letellier,

Fig. 114. — Madame est servie.

des mises d'une recherche compliquée.

Pour jouer la richesse jusqu'au bout, on eut un salon où l'on donna des soirées. On y exécutait de mauvaise musique sur un piano loué au mois, et parfois, dans la pièce trop étroite, on s'écrasait les pieds sous prétexte de danser. Les Letellier donnaient même des dîners prétentieux dans une salle à manger dont les meubles étaient encore dus au tapissier. Ces jours-là, une bonne, à qui l'on ne payait pas ses gages, annonçait: Madame est servie (fig. 114). Le feu de la cuisine ne s'allumait guère qu'en ces circonstances; le reste du temps, on mangeait du pain et du fromage.

Mauvais parents. — Une petite fille qui leur était venue avait été accueillie sans joie. Dans les vrais ménages, les soins de la layette sont comme une fête : la maman ourle les langes, taille et coud les brassières, essaye sur le poing les petits bonnets de toile (fig. 115), et le père suit les préparatifs, intéressé et attendri. Chez les Letellier, rien de semblable ; madame, en sa qualité de personne distinguée, avait horreur de la couture. Une maison de confection avait habillé le poupon de la tête aux pieds. Et, pour une emplette utile, que de fanfreluches où la vanité seule trouvait son compte !

Fig. 115. — Dans les vrais ménages, les soins de la layette sont comme une fête.

Mais Mme Letellier avait pu promener chez ses connaissances un bébé vêtu de piqué blanc, endormi sur les bras d'une bonne qui traînait les rubans de sa coiffe jusqu'au bas de sa pèlerine.

Ce fut la grand'maman Letellier qui régla la note. Sans cette bonne femme qui vivait de toutes petites rentes, retirée à Seclin*, l'enfant aurait été à plaindre. Le père et la mère n'étaient pas sans avoir idée que des parents sont tenus à l'abnégation et à l'épargne ; mais l'accomplissement de ces devoirs avait été impossible à leur futilité. Dans leur fille qui grandissait, ils n'avaient vu qu'un embarras; aussi ne lui avaient-ils guère accordé ces caresses si nécessaires au cœur des enfants. Par contre, trop de gronderies et de bousculades sans motif. Un jour qu'au salon il y avait tapage sur le piano, la grand'mère avait trouvé à la cuisine la petite qui pleurait la tête basse (fig. 116). Elle l'avait emmenée à Seclin* et jamais on ne la lui avait redemandée. Les Letellier disaient volontiers :

— Notre enfant est chez sa grand'mère... L'air de Lille* ne lui vaut rien.

Fig. 116. — La grand'mère avait trouvé à la cuisine la petite qui pleurait.

C'était vrai, car elle n'y respirait pas la tendresse.

La débâcle. — Cependant la dette était allée grossissant. A un moment, Mme Letellier mère refusa nettement tout secours d'argent à son fils :

— Je ne suis pas riche, dit-elle, et je me prive pour suffire à une **assurance** payable à ta fille lors

---

ÉCONOMIE DOMESTIQUE : **Assurance.** — L'assurance est l'acte par lequel certaines compagnies s'engagent, moyennant le versement d'un prix appelé *prime*, à payer dans certaines conditions une somme entre les mains d'une personne déterminée. Le contrat passé entre l'*assureur* et l'*assuré* se nomme *police*. La prime se paye annuellement.

Il y a aujourd'hui des assurances de toutes sortes : contre l'*incendie*, contre la *grêle*, contre les *accidents*, sur la *vie*, etc.

L'assurance sur la vie offre plusieurs combinaisons. Exemple :
Un fils craint de laisser sa mère sans ressources s'il meurt

de sa majorité. J'espère, pour la pauvre enfant, vivre jusque-là; mais, si je meurs avant, mes précautions sont prises, et bien prises, pour qu'il n'y ait pas d'interruption dans le versement des primes... Je me méfie de toi et de ta femme, j'ai le regret de le dire.

Alors le ménage avait eu recours à l'un et à l'autre, Mme Letellier à Mme Degand, Letellier à ses collègues. Les sommes empruntées n'étaient pas considérables, mais comme elles n'avaient pas été rendues, cette ressource s'était vite épuisée. Ensuite, monsieur avait eu le crève-cœur de voir sa belle montre en or prendre le chemin du **mont-de-piété**; madame, de

---

avant elle; il contracte une assurance au profit de celle-ci et, au cas où il meurt le premier, il lui laisse soit un capital, soit une rente viagère.

Autre :
Des parents peu aisés veulent que leur fille ait une petite dot à sa majorité; ils versent une prime annuelle à une compagnie d'assurances, et, quand la fille est majeure, la compagnie lui paye la somme convenue.

Les assurances sur la vie sont très précieuses pour les familles; de plus, l'épargne qu'elles exigent fait naître l'esprit d'ordre et d'économie.

Leçon de choses : **Mont-de-piété.** — Les monts-de-piété (fig. 117) sont des établissements publics, placés sous la surveillance de l'État, qui prêtent sur gages aux personnes ayant un pressant besoin d'argent. C'est en 1777 que les monts-de-piété ont commencé à fonctionner régulièrement en France.

Les prêts ne peuvent être faits qu'à des personnes majeures et justifiant de leur identité. Ils sont faits pour un an,

Fig. 117. — Guichet du mont-de-piété.

voir ses bracelets suivre la montre. A un moment, rien n'avait pu arrêter la débâcle. Letellier avait eu beau s'abaisser vis-à-vis de ses créanciers à des excuses pitoyables, à de méprisables mensonges, il avait eu beau tripoter, revendre à perte des marchandises achetées à crédit, signer des billets (fig. 118) à

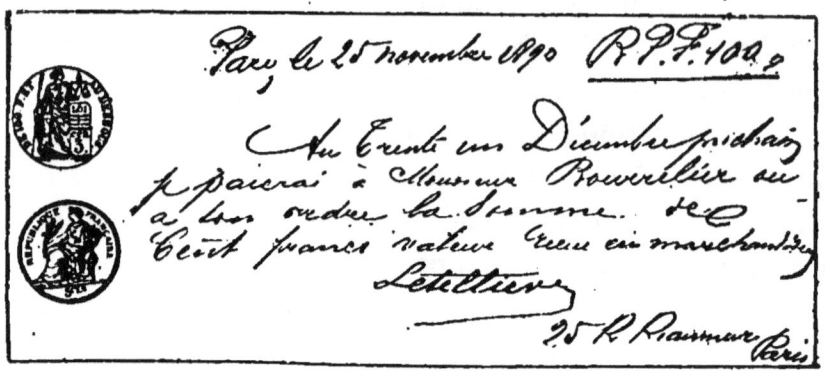

Fig. 118. — Fac-similé d'un billet à ordre.

des prêteurs louches, jouer dans l'arrière-salle des cafés, gagnant un jour, perdant le lendemain, tous ces expédients n'avaient servi qu'à l'enfoncer plus bas en le déshonorant. Longtemps, il avait sauvé les apparences auprès de M. Verlinde; mais deux **oppositions**, tombées brusquement sur le bureau du patron, avaient fortement ébranlé sa situation à l'usine.

---

mais ils peuvent être renouvelés, afin que l'objet donné en nantissement ne soit pas vendu.

Les monts-de-piété ont été institués pour venir en aide aux pauvres; c'est en effet une ressource qui peut être utile, mais dont il ne faut user qu'en cas de nécessité absolue.

DROIT USUEL : **Opposition.** — Un créancier peut obtenir par jugement de mettre **opposition** au payement des sommes ou valeurs qui sont dues à son débiteur. C'est une forme de la saisie mobilière; elle est dite *saisie-arrêt*.

La saisie-arrêt ne peut être exercée sur les *appointements* d'un fonctionnaire public que jusqu'à concurrence du *cinquième* ou du *quart*, suivant le cas.

Les *rentes* sur l'État et les communes sont *insaisissables*, ainsi que les *pensions de retraite*.

Ne serait-elle pas complètement perdue, maintenant qu'éclatait le scandale d'une vente judiciaire? Et, à cette heure, les deux vaniteux sanglotaient, s'accablaient mutuellement de reproches, épouvantés devant l'avenir.

L'opinion publique. — Pendant quelques jours, il fut beaucoup question des Letellier dans le monde de l'usine. M. Verlinde avait gardé le comptable, sur la prière de sa femme suppliée par Mme Letellier. D'ailleurs, il ignorait encore à quels moyens suspects le besoin d'argent avait fait descendre son employé; ne croyant qu'à l'imprudence de deux cerveaux dérangés par le désir de paraître, il s'était même entremis pour arrêter les poursuites et faire obtenir à Letellier certains délais de payement. On loua généralement le patron, sans cependant montrer d'indulgence à l'égard des Letellier; ce qui leur était le moins pardonné, c'était leur sorte d'abdication comme parents, leur indifférence à l'avenir de leur enfant.

Le borgne Arsène, un ancien forgeron qui avait été installé comme concierge de l'usine après qu'une paille de fer incandescente lui eut perdu l'œil droit, avait disserté comme un sage sur les résultats de cet abandon. Une fois il avait dit à quelques ouvriers arrêtés sous la grande porte :

— Voyez-vous, si ce mirliflore* de comptable et sa poupée de femme avaient eu le cœur de garder leur petite, peut-être qu'ils se seraient corrigés. Avec cela que c'est commode de se conduire de travers quand votre enfant vous regarde!... J'en sais quelque chose, moi!

Histoire d'une conversion. — On l'avait alors questionné, et, sans se faire beaucoup prier, il avait raconté ce qui suit.

— Les anciens d'ici ont bien connu un forgeron qu'on avait surnommé l'*Enfant de Dieu?*

— Parbleu, interrompit en riant un vieil ouvrier... L'*Enfant de Dieu*, à cause d'une chanson qu'il servait aux camarades un peu trop souvent :

Enfants de Dieu, créateur de la terre,
Accomplissons chacun notre métier...

J'ai oublié la suite, mais c'était plein de bons sentiments là dedans.

— Oui, et cela n'empêchait pas l'*Enfant de Dieu* de manger sa paye le samedi, oubliant le propriétaire et le boulanger... Au fond, ce n'était pas un méchant homme, d'ailleurs ouvrier solide qui savait se battre avec son fer. Par malheur, il n'était sage que quand il n'avait plus un sou pour aller se distraire au dehors. Car s'il aimait les chansons à beaux sentiments, il aimait aussi les cartes et le billard; il aimait surtout les discussions d'estaminet* que l'on coupe en choquant les verres (fig. 119). On l'écoutait; en vérité, il ne parlait pas trop mal; surtout, il payait volontiers. Vous jugez si sa femme était heureuse. Repasseuse de son métier, elle travaillait rudement pour élever et faire instruire son fils, un gamin plein de moyens, qui réussissait à l'école. Un soir, le mari leva la main

Fig. 119. — Il aimait surtout les discussions d'estaminet.

sur elle, furieux parce qu'elle lui avait repris un restant de quinzaine. Dame, vous comprenez, une partie était projetée avec des camarades pour le lendemain qui était un dimanche! « Ose me battre devant lui », dit la femme en montrant le gamin qui fixait sur son père deux grands yeux pleins de reproche. L'*Enfant de Dieu* fut tout saisi et, tout beau diseur qu'il était, il alla se coucher sans un mot. Vous me croirez si vous voulez, mais ce simple regard d'un gamin fit en lui une révolution. Je ne dirai pas que, du coup, il se corrigea entièrement; mais depuis, chaque fois qu'il rentrait après un mauvais emploi de l'argent dû au ménage, c'étaient des remords. Il se traitait de misérable, d'égoïste; il flânait pour retarder le moment de passer sa porte, et ne montait l'escalier que quand il supposait l'enfant endormi. A sa femme, il murmurait tout bas les contes de circonstance, les camarades, l'entraînement. De cela, il se tirait encore, mais, le lendemain, il était gêné sous l'œil du petit. Avoir honte devant son garçon, ce n'était pas une vie. Le forgeron résolut d'en finir, rapporta régulièrement ses quinzaines, passa ses soirées à la maison entre sa femme et son fils... Un beau jour, il s'aperçut qu'il avait trouvé le bonheur.

Arsène regagna sa loge au milieu de l'approbation générale : c'était très moral, son récit, très moral et très naturel; car il n'y a certainement rien au monde comme la présence d'un enfant pour développer ce qu'on peut avoir de bon en soi... Mais qu'était devenu l'*Enfant de Dieu*?

— Hé! répondit le vieil ouvrier qui l'avait connu, il sonne la cloche de l'usine et ferme la porte aux retardataires; sa femme tient notre cantine... L'*Enfant de Dieu*, c'est Arsène.

— Mais alors, le gamin qui a converti son père, c'est le contremaître Étienne?

— Étienne en personne... A mesure qu'il grandit son père devint meilleur; il voulait faire honneur à son Étienne, un garçon comme il faut, qui remportait des prix dans les écoles du soir. Et, dès lors, si vous vouliez entendre un beau sermon, vous n'aviez qu'à proposer à l'*Enfant de Dieu* une séance d'estaminet *.

Il n'avait pas tort, car voyez la suite. Une belle fois, M. Verlinde apprend l'histoire. De ce jour, il s'intéresse au père et au fils. Un accident survient à Arsène : il est choisi pour une place de confiance. Étienne, entré comme apprenti dans l'atelier d'ajustage, est poussé dans le dessin par le patron et, après avoir été un des

Fig. 120 — Le dimanche, à la musique militaire.

meilleurs ouvriers de la partie, devient contremaître...

— M. Étienne est marié? demanda quelqu'un.

— Fort bien marié et père de deux garçons... Si vous allez le dimanche à la musique militaire (fig. 120), vous pourrez y voir le père et la mère Arsène vêtus comme deux bourgeois, accompagnant leurs enfants et leurs petits-enfants qui les aiment et les respectent.

Ensuite, le vieux, qui avait la tête raisonneuse, tira les conséquences que la conduite d'Arsène aurait pour les destinées futures de la famille : Étienne, grâce à l'amélioration de son père, avait reçu une instruction suffisant à lui assurer une position aisée; dès lors, les fils d'Étienne pourront rester à l'école tout le temps qu'il faudra, aller au lycée, s'il est nécessaire. Le fils du forgeron est devenu contremaître; ses petits-fils seront, qui sait? ingénieurs ou patrons.

C'était un très brave homme que ce vieil ouvrier.

CHAPITRE XIII

BRAVES GENS

M. Baptiste, Mme Baptiste et les petits Baptiste. — Et, parmi les ouvriers du faubourg, il y en avait beaucoup comme lui, de véritables maris, de véritables pères qui aimaient et respectaient leur famille, lui consacraient tout le temps libre que leur laissait le travail, enseignaient le bien à leurs enfants et prêchaient d'exemple.

Les braves gens de cette sorte, on ne les voit jamais au cabaret. Ils vivent sans dettes; ils ont même une avance, soit chez eux, soit à la **Caisse d'épargne**. Ils

---

ÉCONOMIE DOMESTIQUE : **Caisse d'épargne.** — Lorsqu'on verse pour la première fois de l'argent à une **caisse d'épargne** (fig. 121), on reçoit un *livret* destiné à constater tous les versements et retraits effectués par la même personne.

Aucun versement ne peut être moindre de 1 franc; lorsque les sommes versées dépassent 2000 francs, la caisse d'épargne en donne avis au déposant, et si, dans les trois mois qui suivent, il n'a rien retiré, l'administration lui achète un TITRE DE RENTE de 20 francs.

travaillent le lundi et se reposent le dimanche; ces jours-là, on les rencontre au musée ou dans les promenades, tantôt portant le dernier né, tantôt donnant le bras à leur femme. Celle-ci, active autant que le mari, est soigneuse, patiente et douce. Les enfants n'auront peut-être pas une position et une fortune supérieures à celles de leurs parents, mais ils leur devront un métier qui les fera vivre et des traditions de vertus domestiques.

Un de ces honnêtes ménages demeure à deux pas de chez Mme Degand, par conséquent de chez les Moreau.

Le père est connu sous le nom de Baptiste, la femme est Mme Baptiste, leurs deux garçons sont les petits

L'argent placé à la caisse d'épargne produit de 3 à 4 pour 100, suivant les caisses d'épargne, qui sont toutes indépendantes les unes des autres. Les *intérêts* sont *capitalisés*, c'est-à-dire que si l'on verse 100 francs le 1er janvier, le 1er janvier de l'année suivante le capital productif d'intérêt sera de 103 à 104 francs et ainsi de suite.

Fig. 121. — Bureau de Caisse d'épargne.

Dans les caisses d'épargne *postales* qui sont organisées par l'État, l'intérêt produit est uniformément de 3 pour 100. Les fonds qui sont versés dans les bureaux de poste peuvent être transférés à une caisse d'épargne proprement dite sur la simple demande du titulaire du livret.

Les caisses d'épargne *scolaires* ont pour but de donner aux enfants l'habitude de l'économie. Les enfants peuvent remettre à leur instituteur même 5 centimes; quand ils ont apporté 1 franc, le maître place cet argent à la caisse d'épargne pour les élèves qui ont alors un livret. Ce livret est remis à la famille quand l'enfant quitte l'école.

Baptiste. Ils ont bien un autre nom, un nom de famille, mais le prénom semble plus amical au voisinage.

Baptiste est paveur (fig. 122), et pas un, dans une équipe, ne met plus de cœur à faire valser sa demoiselle *. Dans la partie, il y a souvent du chômage; alors Baptiste s'embauche comme briquetier ou terrassier. En somme, les jours sans travail sont rares.

Mme Baptiste est la première levée dans le faubourg; elle porte le pain aux pratiques matinales d'un **boulanger** et, dès cinq heures, elle pousse par

Fig. 122. — Baptiste est paveur.

les rues sa petite voiture à bras. C'est le réveille-matin du quartier.

Cette première tournée est d'une heure. Vers six heures, Mme Baptiste remonte au logis avec une grosse miche dans son tablier. Elle a gagné le pain du déjeuner. Quand elle rentre, le père est sur pied; il a allumé le fourneau, mis sur le feu la soupe qui reste de la veille. L'estomac chaud, il va jeter un coup d'œil dans la chambre où couchent les deux

---

DROIT USUEL : **Boulanger.** — Les boulangers sont astreints à certains *règlements*; ainsi ils doivent avoir leur boutique convenablement approvisionnée, vendre du pain suffisamment cuit, débiter au détail le pain ordinaire, fabriquer des pains de telle forme répondant à tel poids.

Les plaintes contre les boulangers doivent être faites aux commissaires et aux agents de police, et les contrevenants sont traduits devant le tribunal du JUGE DE PAIX.

enfants, glisse dans sa musette un chanteau * de pain garni d'une tranche de bœuf ou de lard pour le repas de midi, embrasse sa femme sur les deux joues, et en route pour le travail ! C'est dix heures, douze heures de fatigue, c'est un déjeuner bien triste, parfois mangé dans quelque méchante cantine où l'on paye sa place par une chope de deux sous, pris le plus souvent sur la borne ou le rebord d'un trottoir et arrosé d'eau claire (fig. 123). Mais bah ! quand ses reins ou ses bras ou ses jambes se cassent, quand il grille au soleil ou qu'il a l'onglée aux doigts, Baptiste songe au nid où il retournera le soir, au nid où deux oisillons un peu bavards l'accueilleront par des cris joyeux qui lui feront oublier sa peine.

Fig. 123. — C'est un déjeuner bien triste.

Cependant, après le départ du père, la maman ne reste pas oisive ; les vêtements des petits sont brossés, leurs souliers cirés, et vite, c'est à leur tour de quitter les draps. Oh! c'est dur l'hiver, d'autant plus que maman fait la grosse voix quand on murmure contre l'éponge, le savon et l'eau froide. Une bonne assiette de soupe ramène la belle humeur, et, gaiement, avec le petit panier qui contient leur dîner, avec leurs cahiers et leurs livres retenus par une courroie entre deux planchettes, les gamins courent à l'école, la main dans la main. La mère, à la fenêtre, les suit de l'œil jusqu'au tournant de la rue.

Mme Baptiste s'occupe alors de son intérieur. Toutes les croisées sont ouvertes pour dissiper les mauvaises émanations de la nuit; les draps, les couvertures et les matelas sont placés au grand air pendant une heure. Durant cette heure, le balai entre en jeu. Et quelle activité dans ce balai! quelle chasse il fait à la poussière! Ensuite, c'est le tour de la loque qui frotte vigoureusement la commode (fig. 124), la table, les chaises, le bois des lits. Le poignet de Mme Baptiste est solide; toutefois, ce n'est pas sans

Fig. 124. — C'est le tour de la loque qui frotte vigoureusement.

respect qu'elle touche aux pièces de l'humble mobilier : chacune représente des mois et des mois de labeur et d'épargne. Enfin le ménage est fini, le coucher prêt pour le soir; tout reluit, étincelle; les salons de la préfecture ne sont pas plus propres que les deux pièces sur lesquelles règne Mme Baptiste. Il est dix heures, et la porteuse de pain s'en va faire une seconde tournée qui lui vaudra le beau pain blanc, bien tendre, que le père et les enfants trouveront à souper. Elle n'a pas songé un instant à elle, Mme Baptiste. Cependant, elle est contente, elle sourit aux clientes à qui elle tend leur couronne ou leur gros pain et leur répond allégrement, tandis qu'avec un couteau dentelé elle marque la fourniture sur une taille de bois.

L'après-midi, elle ira blanchir son linge au lavoir ou elle le repassera chez elle, elle coudra, elle raccommodera, jusqu'à ce que, vers quatre heures un quart, son oreille perçoive dans l'escalier un piétinement attendu avec impatience.

Le retour de l'école. — Voilà deux petits diables pendus au cou de Mme Baptiste (fig. 125).

— Maman, c'est nous!

Il y a bien parfois quelques observations de la maman : ils ont trop couru, ce qui peut faire gagner du mal; l'aîné a un accroc à sa blouse; le cadet est un petit vilain qui s'est barbouillé d'encre jusqu'au nez. Tout en dévorant une tartine sur laquelle

Fig. 125. — Voilà deux petits diables pendus au cou de Mme Baptiste.

Mme Baptiste a toujours un peu de beurre à étendre, les gamins s'excusent et promettent de ne plus recommencer; puis, ils s'asseyent à la table ronde qui est au milieu de la pièce et, dans le logis redevenu silencieux, font le devoir ou apprennent la leçon du lendemain. Six heures sonnent au coucou. Mme Baptiste prépare le dîner. Les enfants, qui ont fini leur tâche, tournent autour d'elle; elle leur parle doucement, répond à leurs questions :

— Oui, papa rentrera un peu tard. Aujourd'hui,

c'est fort loin qu'il est allé travailler pour nous... Nous devons bien l'aimer, le papa, car, sans lui, nous aurions faim et, l'hiver, nous aurions froid.

Les petits deviennent graves et se disent qu'ils vont se dépêcher de grandir afin de pouvoir travailler à leur tour, de pouvoir aider leur papa qui est si courageux, leur maman qui est si bonne. Et quand Baptiste rentre à la maison (fig. 126), quelles exclamations de plaisir, quels baisers reconnaissants, quelles caresses affectueuses!

Bons effets de l'ordre. — Voilà des gens heureux, et pourtant ils sont bien pauvres. On peut évaluer en moyenne à trois cents journées de six francs les salaires de Baptiste et de sa femme.

Fig. 126. — Rentrée de Baptiste.

Là-dessus, quand le loyer est payé, quand les dépenses courantes sont réglées, quand les vêtements et les souliers sont entretenus et renouvelés, il reste encore quelques pièces blanches pour la Caisse d'épargne et la **Société de secours mutuels**. Il reste même quel-

---

Économie domestique : **Sociétés de secours mutuels.** — Les **Sociétés de secours mutuels** sont des associations de personnes qui mettent en commun une part de leur épargne dans le but d'obtenir des secours en cas de maladie ou d'infirmités.

Elles comprennent ordinairement deux sortes de membres : les membres *honoraires* et les membres *participants*. Les premiers payent une cotisation annuelle, mais renoncent aux secours que la Société donne à ses membres participants. Ceux-ci versent également une cotisation; en cas d'accident, de maladie, ou même quelquefois en cas de chômage, ils

ques sous pour un pot de fleurs sur la croisée ou un bouquet sur la cheminée. Admirable effet de l'ordre! Et cependant Mme Baptiste, qui n'est pas une savante, a une comptabilité fort simple. Il y a dans le tiroir de la commode une boite en sapin divisée en petits compartiments étiquetés; dans chacun de ces compartiments est déposée, chaque semaine, la somme destinée à tel ou tel usage. Dès lors, rien de plus facile que de régler la dépense.

Une Invitation. — Marguerite ouvrait un matin la porte au coup de sonnette de Mme Baptiste.

Fig. 127.—Voilà le pain, mademoiselle Moreau.

— Voilà le pain, mademoiselle Moreau (fig. 127).

— Merci, madame Baptiste.

— A propos, ma cousine François...

— Elle va bien, je suppose?

— Très bien..

— La reverrons-nous bientôt?

— Oui... Estelle, son aînée, est assez raisonnable

---

reçoivent un secours prélevé sur la caisse de la Société, et dont le montant est déterminé à l'avance par les statuts de l'association.

Les femmes et les enfants des membres d'une Société de secours mutuels peuvent participer à ses avantages moyennant une cotisation qui est généralement très minime.

Les Sociétés de secours mutuels peuvent être approuvées par le Gouvernement qui leur confère, en même temps que l'autorisation, certains avantages, entre autres celui d'être aptes à recevoir des legs et donations.

pour veiller sur la petite Palmyre, la dernière venue, pendant les absences de la maman. Aussi vous ne tarderez pas à entendre ma cousine chanter de nouveau sous vos fenêtres : « Des choux, des navets, des carottes! » Vous savez en traînant sur carottes... Cela vous faisait rire dans les commencements. Vous lui rendrez votre pratique, n'est-ce pas?... Donc, ma cousine François m'a chargée de vous dire que demain c'est la ducasse* de son village et qu'il y aura chez elle double réjouissance, d'abord à cause de la fête du pays, ensuite par rapport au baptême de Palmyre... Le baptême a eu lieu il y a huit jours; mon cadet était le parrain. Seulement on ne le célébrera à la maison que dimanche prochain. Le temps est au beau, et si vous et M. votre frère n'aviez pas peur d'une petite lieue à pied, ma cousine et son mari seraient bien honorés de vous avoir. On se mettra à table vers deux heures.

— Si mon frère y consent, j'y consens, ma bonne madame Baptiste.

— M. Moreau fera ce que voudra sa sœur... Dites oui et ce sera oui.

— Eh bien, oui!...

La fête d'un village du Nord. — En conséquence de cette promesse, un beau dimanche d'été, Charles et Marguerite, suivant des sentes étroites qui coupaient les champs de blé et de betteraves, allaient où les attendait la cousine François. Les Baptiste étaient partis dès la veille au soir. Assurément cette grande plaine du Nord, plate à l'infini, n'avait pas le charme des coteaux de Longueval; mais le ciel était bleu, et le ciel bleu, même en Flandre où il est toujours un peu lourd, c'est de la gaieté au cœur. Malgré la chaleur, le frère et la sœur étaient donc de belle humeur quand, vers midi, ils arrivèrent au but de leur promenade.

Le village était déjà allumé par la fête. Lâchés dans la grand'rue, les enfants endimanchés ouvraient de grands yeux devant les tourniquets où l'on gagne, soit de la vaisselle peinte, soit des biscuits enveloppés dans des papiers à images (fig. 128). Sur la place de la mairie était le concours de billon* et celui d'arbalète était en face de l'école. Par les portes, on apercevait les carreaux des maisons lavés dès la veille et semés de sable blanc. Il y avait dans l'air une odeur de bonne cuisine.

Fig. 128. — Lâchés dans la rue, les enfants endimanchés ouvraient de grands yeux.

Chez les François. — Charles et Marguerite furent accueillis avec un contentement visible par Mme François, forte paysanne, charpentée comme un valet de ferme, cœur excellent au demeurant. Elle présenta d'abord son poupon, Mlle Palmyre, laquelle avait une vraie figure de prospérité. Le reste de la famille, deux garçons et deux filles, défila ensuite devant les hôtes; c'était une belle marmaille, solidement bâtie, regorgeant de santé. Dans ce village, resté agricole en plein pays d'industrie, la race rappelait encore les robustes Flamands d'autrefois. D'ailleurs, les enfants avaient de qui tenir; si la mère était une maîtresse femme, le père était un colosse.

On le vit bientôt. Sur un mot de sa mère, l'aîné des garçons avait couru le chercher à l'estaminet * voisin où il avait emmené son cousin le paveur pour vider une chope de bière blanche : débauche pardonnable un dimanche de ducasse *. François, un grand cultivateur, placide et vigoureux comme un bœuf de labour, n'avait rien de très expansif, mais ses manières étaient fort polies. Il ôta sa casquette de velours devant Mlle Moreau, lui souhaita en deux mots la bienvenue, tendit sa large main à Charles et, comme il restait du temps à dépenser avant de dîner, emmena le frère et la sœur visiter son petit domaine.

Derrière la maison, propriété du ménage, s'ouvrait

Fig. 129. — Chou.

Fig. 130. — Carotte.

une cour; à droite, un hangar pour les instruments aratoires et un poulailler; à gauche, une écurie, ou, si vous préférez, une étable occupée par un cheval et une vache. A la cour succédait un jardin maraîcher d'étendue médiocre, planté de gros légumes, choux (fig. 129) aux têtes vertes et charnues, carottes (fig. 130) aux feuilles finement découpées, pois et haricots (fig. 131 et 132) grimpant le long de leurs rames en bois sec. Aux quatre coins, un ornement cher aux jardins flamands, de hauts **tournesols** étalaient leurs disques bruns entourés de rayons jaunes.

Fig. 131. — Pois.

Fig. 132. — Haricot.

Leçon de choses : **Tournesol**. — Le nom de tournesol se donne généralement à toutes les fleurs qui paraissent se *tourner* du côté du *soleil* et en suivre les mouvements.

Fig. 133. — Topinambour.

Dans cette catégorie de plantes se rangent les *hélianthes*, dont une espèce fort connue est le *tournesol des jardins*, dit aussi *soleil* ou *grand soleil*, originaire du *Pérou*. La tige droite, qui s'élève de 2 ou 3 mètres, est garnie de rameaux, beaucoup plus faibles, et de grandes feuilles en cœur, hérissées d'un duvet rude ; ses fleurs, larges de 3 à 4 décimètres, présentent un disque entouré de rayons jaunes, dont tout le champ, d'une couleur brune, est occupé par de petits fleurons, et plus tard par des graines noires en forme de coin. Ces graines donnent de l'huile.

Le *topinambour* (fig. 133), originaire de l'*Amérique du Sud*, est une plante de même espèce que le tournesol. Il produit un *tubercule* dont le goût est intermédiaire entre celui de la pomme de terre et celui de la rave. Les bestiaux le recherchent avec avidité ; il augmente le lait des vaches et des brebis. On peut en extraire de l'alcool.

François expliqua posément qu'il était trop occupé par les terres qu'il avait en fermage pour travailler beaucoup au jardin. Il apporte le fumier nécessaire; par-ci, par-là, il donne un coup de bêche dans le sol qui est un peu argileux; mais, en somme, ce carré de terrain est cultivé, semé, arrosé, récolté par les mains de Mme François. Une partie des produits nourrit la famille; seulement, on ne peut pas tout manger, si bien endenté qu'on soit. C'est pourquoi, trois fois par semaine, Mme François entasse des légumes dans une grande hotte qu'elle attache sur son dos et va les offrir aux pratiques de Fives. Elle n'a pas à les crier longtemps par les rues; comme elle est connue pour ne jamais surfaire, les ménagères les lui achètent volontiers, ainsi que ses œufs ou son beurre, ou ses poulets, quand elle en a.

— Voyez-vous, mademoiselle et monsieur, ajouta le digne paysan, c'est une bénédiction du ciel dans une maison qu'une femme travailleuse et économe... N'est-ce pas, Baptiste?

Et le paveur qui avait rejoint la compagnie pour lui annoncer que la soupière était sur la table, répondit :

— Je te crois, cousin!

Dîner de ducasse * ou dîner de baptême, ce fut un beau dîner que celui de Mme François.

On eut d'abord la soupe grasse avec le bœuf et les légumes. Devant leur assiette, ni les deux petits Baptiste ni les quatre petits François en âge de fonc-

---

Le *tournesol des teinturiers* est une plante toute différente de celles que nous venons de citer, elle appartient au genre *croton*; son nom lui vient d'une matière colorante qu'on en extrait, d'un bleu violet, et qui subit des modifications aux rayons du soleil.

tionner à table, n'eurent les mines dégoûtées que Charles et Marguerite avaient vues à leurs jeunes cousins de Paris. Parut ensuite un énorme plat de lapin, où les pruneaux et les raisins secs remplaçaient les oignons. Le goût sucré de cette gibelotte surprit d'abord Mlle Moreau; mais les mâchoires des enfants travaillaient si bravement qu'à les voir elle finit par trouver supportable cette bizarrerie culinaire. Le lapin fit tort au veau qui suivit; c'était pourtant un beau morceau d'épaule, cuit avec du beurre frais et appétissant à voir nager dans son jus. L'ardeur se réveilla quand on distribua les morceaux de la tarte de ménage, une pâte brisée * dont le milieu était garni de lait bouilli et épaissi avec de la farine et des œufs. Pendant tout le repas, un grand pot de fer-blanc n'avait fait qu'aller et venir de la table à la cave, de la cave à la table, rapportant aux convives la bière du pays, claire, légère et saine.

Propos campagnards. — Enfin Mme François disposa devant les grandes personnes de grosses tasses qu'elle remplit de **café** mélangé de **chicorée**,

---

Leçon de choses : 1. **Café**. — Le **café** est une espèce de fève produite par le *caféier* (fig. 134 et 135), arbrisseau toujours vert, originaire de l'*Arabie*.

On raconte ainsi la découverte des propriétés excitantes du café : un berger aurait remarqué que ses chèvres veillaient et sautaient toute la nuit après avoir brouté des grains de caféier. L'usage de boire l'*infusion* de grains de café *torréfié* se répandit en Europe vers le commencement du xviie siècle; la culture de la précieuse plante fut introduite en 1720 à la Martinique * par le capitaine Desclieux, qui a fait ainsi la fortune de toutes les Antilles.

Le meilleur café est le café *Moka* (Arabie); le café *Bourbon* (île de la Réunion *) vient en seconde ligne. Le café de la *Martinique* * est plus fort et plus excitant. Un mélange de moitié Moka ou moitié Bourbon et moitié Martinique donne une infusion que beaucoup préfèrent à celle d'une seule espèce.

le moka des gens du Nord. Les enfants eurent leur morceau de sucre trempé dans ce breuvage un peu

Le café accélère la circulation du sang, favorise la digestion, active les fonctions du cerveau; mais son excès surexcite les

Fig. 134. — Caféier. Fig. 135. — Rameau de caféier et fruit.

nerfs et produit l'insomnie. Son simple usage est nuisible aux personnes atteintes d'affections du cœur. Le café étendu d'eau est une boisson recommandable pour l'été.

II. Chicorée. — Le genre chicorée renferme un assez grand nombre de plantes qui, toutes, peuvent se rapporter à deux espèces principales : la *chicorée sauvage* (fig. 136) et la *chicorée endive*.

La première, qu'on appelle communément *petite chicorée*, est une plante vivace, dont la *racine*, assez grosse, allongée, renflée au milieu, amincie aux deux extrémités, s'emploie, *torréfiée*, en guise de café ou se mélange au café. On en fait grand usage dans le nord de la France. Les feuilles vertes de la petite chicorée servent à faire une tisane apéritive. On peut aussi les manger en salade; la salade qu'on vend sous

Fig. 136. — Chicorée sauvage.

amer et partirent pour voir la fête, sous la conduite d'Estelle (fig. 137), qui, ayant treize ans, était sage et sérieuse comme une maman. Sur la permission de Marguerite, François et Baptiste allumèrent leurs pipes; la pipe est le défaut de tous les Flamands. Eh! mon Dieu, il n'est pas bien grave, à moins d'excès,

Fig. 137. — Les enfants partirent pour voir la fête.

et le Gouvernement, qui en France est le grand marchand de tabac, y trouve son compte : à condition toutefois que, comme Baptiste, les fumeurs ne favorisent pas la contrebande. Le paveur avait du tabac belge dans sa blague; François le blâma.

— Est-ce bien nécessaire de payer le Gouvernement pour le tabac qu'on fume? objecta Baptiste.

— Oui. Qui est-ce qui entretient la grande route et le canal? le Gouvernement. Qui est-ce qui donne leur

---

le nom de *barbe de capucin* est cette même chicorée qu'on a fait pousser dans des caves.

La *chicorée endive*, originaire du *Japon* et de la *Chine*, renferme plusieurs variétés qui sont toutes remarquables par les découpures de leurs feuilles déliées et crépues, et qui se mangent crues, en salade, ou cuites.

solde aux gendarmes, aux soldats et aux officiers qui sont à Lille *, son traitement à l'instituteur de tes enfants? le Gouvernement. Il faut de l'argent pour tout cela, et pour bien d'autres choses encore, cousin. En donnant ta part au Gouvernement, tu ne fais que le rembourser des dépenses qu'il fait pour toi... Ne te plains pas de l'impôt du tabac. Rien ne te force à fumer et, s'il y a un impôt juste, c'est bien celui auquel on échappe en s'abstenant d'une chose inutile.

A ce moment, Mlle Palmyre, qui dormait dans la pièce à côté, s'éveilla et manifesta bruyamment qu'il était temps de s'occuper d'elle. Après lui avoir donné quelques-uns de ces soins incessants qu'exige la première enfance, Mme François la prit dans ses bras et revint s'asseoir à table. Charles acheva sa tasse de café à la santé de Mlle Palmyre. C'était de toute justice, car cette jeune personne était, au moins pour moitié, le prétexte de cette fête. Marguerite ajouta ses vœux pour les quatre autres petits François.

Les parents remercièrent et le père dit gravement :

— S'ils ont, comme nous, le bonheur de pouvoir rester au village, les enfants ne seront pas à plaindre. Pour le présent, ils sont heureux; sortis de l'école, ils vivent dehors, ils courent, ils jouent. S'ils ont occasion de nous aider, c'est à un travail qui les fortifie. Ce n'est pas malsain de garder une vache, de mener les oies (fig. 138) ou de sarcler les mauvaises herbes.

Baptiste voulait bien en convenir. Mais, d'après lui, la vache, les oies et le sarcloir étaient bons pour de petits campagnards à qui leurs parents laisseraient un jour quelque chose. Quand on ne devait rien posséder que ses deux bras, mieux valait l'apprentissage à la ville.

— C'est le moyen de gagner plus dans l'avenir, repartit François, je le sais; et j'en connais plus d'un ici qui, revenant de Lille * où il est allé le dimanche, parle avec envie des ouvriers qu'il a vus se promener vêtus comme des messieurs; à ses yeux, ce sont des bourgeois... Et pourtant!... Le salaire est plus fort à la ville, soit; mais les octrois sont terribles, les loyers et les vivres sont d'une cherté extrême. Cela se compense. Ma cousine Baptiste porte aux ouvriers de Fives du pain blanc; seulement, en quelle quantité ? Le pain que mangent nos journaliers est presque

Fig. 138. — Ce n'est pas malsain de garder une vache, des oies.

noir, mais le dernier d'entre eux en mange à sa faim. Chez les ouvriers des champs, la viande est rare. Est-elle bien commune chez les travailleurs d'une manufacture ou d'une usine?... Et, tu sais, cousin, j'aime mieux le lard de notre saloir que le gigot de cheval ou les bas morceaux de **bœuf**... Je ne parle

---

ÉCONOMIE DOMESTIQUE : **Bœuf.** — Dans le **bœuf** comme dans toutes les viandes de boucherie, les morceaux *les plus nourrissants* sont ceux qui sont les plus riches en *fibrine*, substance qui constitue particulièrement les *fibres* de la *partie rouge des* MUSCLES OU CHAIR. Les *moins nourrissants* sont ceux qui, comme les *pieds*, contiennent une grande quantité d'*albumine*,

pas des légumes; il est bien rare qu'au village on soit assez misérable pour ne pas avoir un coin à soi où poussent des pommes de terre et des choux. J'admets même qu'il faille les acheter. Pensez-vous que ma femme les vendra à une voisine pauvre le prix qu'elle en demande à la ville?

— Et les logements dont vous ne parlez pas! ajouta Mme Baptiste qui suivait le raisonnement du cousin avec des signes de tête approbatifs. Au village, n'eût-on qu'une chaumière, au moins on a de l'air...

— Trop quelquefois, l'hiver particulièrement, interrompit Baptiste en riant.

— Cela vaut encore mieux que de percher sous les toits ou de s'enterrer dans un trou au fond d'une cour qui ressemble à un puits... Et c'est un progrès cela. Il n'y a pas si longtemps, mademoiselle Marguerite, qu'à Lille* les indigents demeuraient dans des caves.

Charles avait écouté avec attention; il prenait intérêt à toute discussion de bonne foi concernant le sort des classes laborieuses.

Les derniers mots furent pour lui.

— Je trouve que vous avez raison, monsieur Fran-

---

substance exactement semblable au blanc de l'œuf. En faisant bouillir les *os*, les *cartilages*, les *tendons*, etc., on obtient de la *gélatine*, qui a plus de valeur nutritive que l'albumine, mais moins que la fibrine. Les morceaux où domine la *graisse* sont de *digestion difficile*.

Les bouchers divisent la viande du bœuf en quatre catégories.

Des races françaises, c'est la *race normande* qui fournit la meilleure viande de boucherie.

La viande de *vache* est aussi bonne que celle de bœuf, quand l'animal a été tué jeune et dans un état suffisant d'engraissement.

çois... Même, suivant moi, vous auriez pu compter que si, à la campagne, le travail produit moins qu'à la ville, l'économie y est plus facile. Nos ouvriers du faubourg ont besoin d'une grande vertu pour mettre de côté ; les meilleurs se laissent souvent aller avec des camarades qui valent moins. Ici, les tentations de dépenses sont presque nulles, rien ne pousse à retirer inutilement l'argent de sa poche. C'est un trésor pour les campagnards que leur sobriété et leur épargne, un vrai trésor, et aussi un exemple utile que les enfants ont constamment sous les yeux.

Un tour à la fête. — Au moment où il était question des enfants, ceux-ci accouraient pour annoncer que la ducasse* était dans son plein. Mme François, emportant Palmyre, sortit aussitôt, suivie de sa cousine et de Marguerite. On se laissa docilement conduire par l'astucieuse petite bande jusqu'à des chevaux de bois dont l'orgue enroué s'entendait par tout le village. Quelle joie ! la demoiselle de Lille offrit autant de tours que l'on voulut, et quand il fallut cesser parce que l'on était un peu étourdi, elle fit entrer tout le monde dans une grande baraque où l'on montrait des singes habillés en généraux anglais et un chien savant (fig. 139).

De leur côté, les hommes étaient allés faire un tour dans le village. Au concours d'arbalète, il y avait foule. D'ailleurs, c'était merveille de voir l'aisance des concurrents à bander la corde en fléchissant la dure branche de métal à laquelle elle s'attachait, leur soin méticuleux à viser, leur adresse à frapper le centre de la cible.

— Notre Société est une des meilleures du pays, prononça François avec une pointe d'orgueil.

Charles confia tout bas à son hôte que, suivant lui,

il était étonnant qu'au temps du **fusil Lebel** on cultivât encore un exercice aussi démodé.

Fig. 139. — Une fête dans le Nord.

LEÇON DE CHOSES : **Fusil Lebel**. — Le fusil Lebel, dont les soldats français sont actuellement armés, peut être employé

— Ici, fit gravement François, nous sommes pour les vieux usages... Voyons, monsieur Moreau, l'arbalète vaut toujours bien le billard.

Un vilain personnage. — Non loin du stand* primitif où les braves Flamands exerçaient la justesse de leur coup d'œil avec des armes qu'auraient reconnues leurs ancêtres de Mons*-en-Puelle (fig. 140), il s'était élevé comme une dispute confuse. Les enfants coururent d'abord, puis les grandes personnes.

Fig. 140. — Le concours d'arbalète.

— Je parie, dit François, que c'est encore ce méchant gueux de Christophe Claeys.

— Christophe Claeys? interrogea Baptiste.

---

comme un fusil ordinaire *se chargeant par la culasse* ou comme fusil *à répétition*; dans ce dernier cas, il peut tirer 8 coups sans être rechargé. Il pèse à vide 4 k. 180. La cartouche, qui est enveloppée d'une chemise en nickel*, n'est pas beaucoup plus grosse qu'un crayon ordinaire et pèse 25 grammes. La poudre qu'elle contient ne produit guère plus de fumée qu'une allumette et le bruit d'un coup de feu est très faible.

La plus grande portée du fusil Lebel est de 4 200 mètres à 800 mètres, la balle traverserait trois corps humains sans effort.

— Oui, un flamingant * de Bailleul *, venu autrefois comme jardinier chez un propriétaire des environs, chassé quelque temps après, aujourd'hui journalier pour rire et contrebandier pour tout de bon, en attendant pis... Parbleu, il est aux prises avec Désiré, le **garde champêtre** (fig. 141).

L'affaire semblait chaude. Désiré exigeait que Christophe le suivît à la mairie, et Christophe répondait à cette injonction par des menaces et des invectives où de temps en temps les syllabes gutturales * du flamand coupaient un français abominablement prononcé. Cependant, une vieille femme,

Fig. 141. — Il est aux prises avec Désiré, le garde champêtre.

qui se tamponnait l'œil droit avec son mouchoir, ne cessait de gémir que pour crier :

— Emmenez-le, Désiré ! C'est un brigand. Il m'a

INSTRUCTION CIVIQUE : **Garde champêtre.** — Les gardes champêtres sont chargés, dans les communes rurales, de veiller à la conservation des propriétés, de maintenir la sécurité publique et signaler au maire, à la police et à la gendarmerie les contraventions qui peuvent être commises.

Ils sont nommés par le préfet, sur la présentation du maire, et payés par la commune.

Avant d'entrer en fonction, ils doivent prêter serment devant le JUGE DE PAIX du canton.

battue, comme il battait sa pauvre femme, parce que je lui faisais honte d'envoyer ses enfants offrir tout bas dans la fête des cigares et du tabac belges... Fais ton vilain commerce, scélérat, mais n'instruis pas ces innocents à mal faire.

Un garçonnet et une fillette, tous deux mal vêtus, sans chaussures, assistaient à l'esclandre et sanglotaient, un bras replié devant la figure.

— Les enfants de Claeys, fit François... Des enfants bien malheureux, monsieur Moreau.

Enfin, impatienté, le garde champêtre saisit Claeys au collet et lui dit :

— Les injures, cela m'est égal, surtout quand elles sont en flamand, car alors je ne les comprends pas... Mais pas de résistance, n'est-ce pas? ou cela vous coûtera cher.

Malgré sa brutalité, Christophe Claeys était lâche; de plus, il savait par expérience que le code n'est pas tendre pour les **voies de fait envers les agents de l'autorité**. Il s'en alla donc piteusement finir la fête au violon de la maison commune. Une villageoise compatissante emmena les deux enfants.

Le cas que Christophe Claeys fait de l'instruction. — De sa porte, l'instituteur avait suivi toute la scène. Comme François le saluait en passant, il lui dit :

— Un vrai misérable que ce Claeys, monsieur Fran-

DROIT USUEL : **Voies de fait envers un agent de l'autorité.**

Ceux qui commettent des **voies de faits** envers tous **agents de l'autorité** agissant pour l'exécution des lois, gendarmes, agents de police, gardes champêtres, etc., sont punis, suivant les cas, des *travaux forcés à temps*, de la *réclusion* ou de l'*emprisonnement*.

çois! Maintenant qu'il a tué sa femme à force de mauvais traitements, voilà qu'il s'attaque aux étrangers!

— Vous-même, n'avez-vous pas eu à vous plaindre de lui, monsieur l'instituteur?

— Oh! à me plaindre!... Une fois, je lui dis : « Monsieur Claeys, je ne vois guère votre garçon chez moi, et ma femme, qui tient l'école des filles, en dit autant de votre petite. » Il m'a répondu dans le langage que vous savez : « Mes enfants sont à moi. J'en fais ce que je veux. — Vous en faites des ignorants, monsieur Claeys. » Il haussa les épaules. Je continuai : « L'instruction primaire est gratuite. Cela ne vous coûterait rien de la donner aux vôtres. — J'ai besoin de mes enfants... »

— Oui, interrompit François, pour les envoyer mendier ou débiter sa contrebande... Une occasion pour toi, Baptiste, qui aimes le tabac pas cher!...

Baptiste fit les gros yeux à son cousin, mais ne souffla mot.

L'instituteur acheva en ces termes :

— Comme Claeys paraît à peine se douter qu'un père est tenu de nourrir et de vêtir ses enfants, je n'essayai pas de lui faire comprendre que c'est un devoir moral pour lui de développer leur intelligence. Autant lui parler chinois, n'est-il pas vrai? J'invoquai donc la loi : « Mais, lui dis-je, l'instruction est obligatoire. N'avez-vous pas déjà été mandé devant la commission municipale scolaire qui surveille la fréquentation des écoles? — Si vous croyez que je me suis dérangé! — Alors votre nom a été placardé à la porte de la mairie. — La belle affaire!... Pourquoi cela me gênerait-il? je ne sais pas lire. — Si vous continuez à agir de la sorte, la commission scolaire adressera une plainte au **juge de paix...** » Là-dessus, ce fut une bordée de gros mots : il se moquait bien de ma commission, et de mon juge de paix, et de moi par-dessus le marché, tout autant que des douaniers et des gendarmes. Il m'a même montré le poing. Je me suis éloigné, vous comprenez... Allons, je rentre. Au revoir, messieurs.

— Au revoir, monsieur l'instituteur.

En reprenant la promenade, François faisait ses réflexions :

— Un joli cadeau que nous a fait là Bailleul*, monsieur Moreau ! Si la **cour d'assises** nous en débarras-

---

INSTRUCTION CIVIQUE : **Juge de paix.** — Il y a un juge de paix dans chaque chef-lieu de canton.

Le juge de paix *prononce* sur les *différends* entre particuliers après avoir essayé de les *concilier*. Il juge *sans appel* toutes les affaires civiles *au-dessous de 100 francs* et *en premier ressort* jusqu'à *200 francs*.

Comme juge de simple police, il peut condamner les délinquants à l'*amende* jusqu'à *15 francs* et à la *prison* jusqu'à *5 jours*. Quand il s'agit de la *prison* ou d'une *amende supérieure à 5 francs* on peut *appeler* de ses jugements devant le tribunal correctionnel de l'arrondissement.

Le juge de paix remplit encore d'autres fonctions : il convoque et préside les CONSEILS DE FAMILLE ; il appose les scellés* ; il aide le procureur de la République à rechercher les crimes et délits commis dans son canton.

Les juges de paix ont été institués par la Révolution française.

INSTRUCTION CIVIQUE : **Cour d'assises.** — La cour d'assises juge les *crimes*, c'est-à-dire les assassinats, les vols graves, etc.

Elle se compose de *trois* magistrats dont l'un, qui est toujours un conseiller de cour d'appel, est *président*. Le président interroge l'accusé, les témoins et dirige les débats. Les charges contre l'accusé sont exposées par un magistrat du *ministère public*, procureur ou substitut ; sa défense est présentée par un *avocat*.

Le président dresse une liste de questions qui doivent être posées à un *jury* composé de douze citoyens. Celui-ci, après en avoir délibéré, déclare par *oui* et par *non*, si l'accusé est cou-

sait, ce serait un bien pour tout le monde, principalement pour ses enfants. Il y aurait bien un hospice qui les recueillerait, et ils y seraient mieux que dans un taudis où ils ont plus de coups que de tartines (fig. 142). Sans la charité du village, ils mourraient de faim, vous savez.

Ah! on pleure souvent chez Claeys; pas en présence du père, par exemple, car les larmes de ses enfants le mettent en fureur... Et notez qu'il a de l'argent, de l'argent mal gagné, j'en conviens, mais il en a. Tout passe au jeu et à la boisson.

Fig. 142. — Les enfants de Claeys recevaient plus de coups que de tartines.

Vers sept heures, on regagna le logis où l'on retrouva les enfants, et, après un adieu cordial, Charles et Marguerite se mirent en route pour la ville, escortés cette fois de la famille Baptiste.

---

pable ou innocent, et s'il existe en sa faveur des circonstances atténuantes.

Suivant la réponse du jury, le président prononce l'*acquittement* ou la *condamnation* de l'accusé.

CHAPITRE XIV

RETOUR IMPRÉVU

Où Mme Bertin est peu rassurée. — Ce même dimanche, vers midi, à l'heure où Charles et Marguerite arrivaient au village des François, un violent coup de sonnette avait fait tressaillir Mme Bertin, alors occupée à mettre en ordre la maison Moreau. Elle avait couru à la porte, et un grand monsieur d'une cinquantaine d'années, très long, l'air bizarre, s'était élancé (fig. 143), la bousculant un peu et criant :

— Charles! Marguerite! Marguerite! Charles!

Un peu interloquée de cette irruption impétueuse, Mme Bertin avait fait remarquer timidement qu'ils étaient partis ; puis, sur un geste désespéré du monsieur, elle avait ajouté aussitôt :

Fig. 143. — Un grand monsieur d'une cinquantaine d'années s'était élancé

— Ils seront de retour dans la soirée.

Remis dans son assiette par ces paroles, le visiteur s'était introduit dans la cuisine et avait mis la main sur un morceau de pain rencontré par hasard. Tout en cassant une croûte, il s'était enquis auprès de Mme Bertin de la santé du frère et de la sœur, de leurs occupations, de leurs relations, de leurs distractions, bref, des moindres particularités de leur existence.

Demandes et réponses étaient fréquemment coupées par des réflexions où le questionneur semblait se faire des reproches à lui-même, et par des détails concernant son propre individu. Ainsi, dans cette conversation à bâtons rompus, Mme Bertin avait pu démêler que l'inconnu n'était pas sans torts vis-à-vis de la famille Moreau, qu'il venait de fort loin et qu'il avait laissé sa malle à la gare pour être plus vite au faubourg. Son pain étant achevé, l'intrus avait demandé un verre d'eau ; puis ses jambes d'échassier* bien allongées, l'air satisfait, du ton naturel d'un homme qui est chez lui, il avait dit à Mme Bertin :

— Maintenant, ma bonne, si vous avez à faire dans la maison ou au dehors, je ne vous retiens pas... Ah ! n'oubliez pas de me laisser la clef, si vous vous en allez.

Et voilà une femme de ménage bien embarrassée ! Qu'était-ce que ce curieux-là, cet indiscret qui s'installait sans même dire son nom ? Si on le lui demandait ? Oui, mais il pourrait bien se mettre en colère. Certainement, il n'avait pas la figure d'un mauvais homme ; seulement, quelles façons singulières ! C'était peut-être un fou. Dame ! Armentières*, où il y a un grand hospice d'aliénés, n'est pas si loin de Lille*, et un pensionnaire peut bien s'en échapper !

Inquiète et perplexe, Mme Bertin s'était transportée chez Mme Degand et lui avait conté l'aventure. Celle-ci avait pensé aussitôt à l'oncle Célestin ; elle connaissait par ouï-dire son étrangeté et ses allures souvent extraordinaires.

— Menez-moi au personnage, avait-elle dit à Mme Bertin. Je me charge de lui demander ses papiers... Aussi bien, je crois deviner qui il est.

L'oncle Célestin et Mme Degand. — Mme Degand avait pénétré délibérément dans la maison

Moreau, suivie de la femme de ménage. L'étranger n'était plus à la cuisine. On l'avait trouvé dans la petite salle à manger, immobile devant le portrait de Moreau, une **photographie**, agrandie par un artiste de Lille [*]. Quand il s'était retourné, on avait pu distinguer sur ses traits une émotion visible. Ce monsieur Je-ne-sais-qui était incontestablement un homme fort civil. Avec une politesse respectueuse, il avait plié en deux son grand corps devant Mme Degand, arrêtée

---

Leçon de choses : **Photographie.** — La photographie est l'art de fixer les *images* sur *métal*, sur *papier* ou sur *verre*.

Les premiers inventeurs de cet art qui a été très perfectionné de nos jours sont deux Français : Niepce (1765-1833) et Daguerre (1789-1851).

Les procédés chimiques employés par la photographie sont aujourd'hui très variés. Voici les détails essentiels.

La pièce principale d'une installation photographique est la *chambre noire*, appareil composé d'une boîte fermée qui porte en avant un tuyau mobile dans lequel est enchâssée une lentille appelée *objectif*. L'image des objets placés en face de l'objectif se fixe sur le fond de la boîte, lequel a été recouvert d'une préparation spéciale.

Le procédé primitif, appelé particulièrement *daguerréotypie*, plaçait au fond de la chambre noire une *plaque métallique*[*] rendue *sensible* au moyen de l'*iodure*[*] *d'argent* et exposée ensuite à la *vapeur du mercure*[*] pour faire apparaître l'image.

Dans la *photographie proprement dite*, l'image des objets placée en face de la chambre noire est reçue soit sur du *papier* rendu transparent au moyen de la *cire* et imprégné de *sels*[*] *d'argent*, soit sur du *papier* ou du *verre albuminé*[*]; elle apparait *renversée* sur le papier ou le verre, de telle manière que les parties éclairées y sont noires, les parties sombres d'une teinte claire. Cette première épreuve est dite *négative* ou *cliché*. On applique un *papier* préparé derrière l'épreuve négative, et en exposant le tout au *soleil*, on obtient ainsi une suite d'épreuves *positives* appelées photographies, du nom de l'art qui les produit.

La photographie n'est pas seulement utile pour conserver les traits des personnes; elle rend les plus grands services à l'architecture, à la peinture, à l'archéologie[*], à la géographie, aux sciences physiques et naturelles, en reproduisant avec une fidélité irréprochable les détails des objets même les plus délicats.

sous le chambranle de menuiserie qui encadrait la porte de la salle à manger.

— M. Célestin Vincent, peut-être?

Révérencieusement, toujours courbé, l'interrogé avait répondu :

— En personne, madame... Quel motif me vaut l'honneur...?

— Mon Dieu, monsieur, l'imprévu de votre arrivée a un peu surpris la femme de ménage de Mlle Moreau. Si vous n'aviez pas oublié de lui dire qui vous étiez...

Célestin s'était redressé brusquement et, se frappant la tête du plat de sa main droite, s'était écrié :

— Ah! maudite cervelle!

— Votre nièce et votre neveu, avait continué Mme Degand, veulent bien, monsieur, me regarder comme leur amie. Je demande la même faveur à leur oncle...

Fig. 144. — Nouveau salut de Célestin.

Nouveau salut de Célestin, plus profond encore que le premier (fig. 144).

— Et pour commencer, je serais heureuse qu'aujourd'hui, en l'absence des siens, il voulût bien venir partager mon dîner.

Célestin allégua le négligé de sa tenue. Mme Degand ne voulut rien entendre.

— Dans une petite heure, monsieur... La femme de ménage vous conduira.

L'oncle s'était fait aussitôt indiquer la chambre de

Charles et s'était jeté sur les objets de toilette; puis, une fois savonné, il avait emprunté à la commode une chemise trop courte des poignets, par contre trop large du col, mais irréprochablement blanche. Pendant ce temps, la femme de ménage, pleinement rassurée désormais, avait mis tout son zèle à cirer les souliers et à brosser les habits de Célestin. En deux tours de main, le voyageur était devenu un invité très présentable.

…… Et voilà comment, à l'heure où le neveu et la nièce mangeaient le lapin de Mme François, l'oncle dégustait le brou de noix de Mme Degand, laquelle trouvait son convive charmant.

Où il est beaucoup question de l'Afrique.
— Monsieur Vincent, vous qui revenez d'Afrique, connaissez-vous Gar-Rouban*?

Célestin étendit les bras, de manière à figurer les branches horizontales d'une croix dont son buste aurait été la tige verticale; c'est un geste qui, en tout pays, indique l'ignorance.

Non, il n'avait jamais entendu parler de Gar-Rouban*... Quelque indigène peut-être?...

— Mais non!... C'est une localité dans le département d'Oran*. On y trouve du **plomb**; même il paraît

---

Leçon de choses : **Plomb**. — Le plomb est un métal *très mou* et *très lourd*, d'un *blanc bleuâtre*, mais *se ternissant* rapidement à l'air. La couche d'*oxyde de plomb* qui se forme dans ce dernier cas est un poison violent ; c'est pourquoi il est dangereux de se servir pour la cuisine d'ustensiles en plomb.

Le plomb s'extrait d'un minerai qu'on désigne sous le nom de *galène* et qui est une *combinaison de plomb* et de *soufre*. Les galènes renferment souvent de l'argent (*plomb argentifère*).

Pour tirer le plomb des galènes, on grille celles-ci dans un four où passe un courant d'air; le soufre, brûlé par l'air, se dégage sous la forme d'un gaz appelé *acide sulfureux*, et le plomb reste sur la sole, autrement dit sur la partie plane du four. Une

que dans ce plomb-là il y aurait de l'argent... Oh! il y aurait de l'or que je ne les en détesterais pas moins, ces mines de Gar-Rouban *!... Vous me demandez pourquoi, monsieur Vincent? Tiens, parce que mon gendre s'obstine à habiter dans cette horreur d'endroit, parce qu'il y a emmené ma fille et trois amours de petits enfants qui, j'en suis sûre, finiront, à ce soleil d'Afrique, par devenir noirs comme des sauvages...

Sur ce point, Célestin rassura Mme Degand. Il avait vu, de l'autre côté de la Méditerranée, des blondins et des blondines qui gardaient leur teint blanc et rose. Au reste, il comprenait mieux que personne l'ennui de vivre loin de ceux qu'on aime.

---

autre méthode consiste à chauffer dans des fours à sole inclinée le minerai mélangé à une certaine quantité de fer; le fer prend le soufre de la galène et se transforme en *sulfure de fer*; quant au plomb mis en liberté, il s'écoule au dehors.

Pour fabriquer le plomb en *feuilles*, on le *coule* sur des tables où il se solidifie en prenant la forme de plaques qui sont ensuite passées au *laminoir* *.

En France, la galène se trouve à l'état de *filons* ou veines souterraines; on exploite le plomb particulièrement à *Pontgibaud* *. L'*Algérie* * est riche en minerais de plomb.

Le plomb est un des métaux les plus anciennement connus; chez les Romains, les actes publics furent longtemps conservés dans des volumes composés de feuilles de plomb. De nos jours, les feuilles de plomb servent pour la couverture des toits, pour les gouttières, pour la garniture intérieure des réservoirs, pour les conduites d'eau et de gaz. Le plomb est également employé à la fabrication de fils dont se servent les jardiniers; il entre dans la soudure, ainsi que dans l'alliage des caractères d'IMPRIMERIE.

Certaines combinaisons du plomb avec d'autres corps sont utiles à l'industrie : telles sont les couleurs connues sous le nom de *minium* (oxyde de plomb) et de *blanc de céruse* (carbonate de plomb); d'autres sont utilisées par la médecine comme l'*extrait de Saturne* (acétate de plomb), qui hâte la cicatrisation des plaies. Toutes ces substances sont vénéneuses et leur fabrication fait courir des risques graves aux ouvriers qui les préparent.

Mme Degand continua :

— Grand'maman sans l'être, voilà ma position.... Quel est donc déjà le mot par lequel on désigne une personne qui a un titre et qui n'en exerce par les fonctions?

— Honoraire?

— C'est cela même... Je suis grand'maman honoraire, comme il y a de vieux messieurs qui sont juges honoraires. Est-ce assez gai, monsieur Vincent?... Voyons, vous au moins, vous ne pensez pas à retourner dans cette vilaine Afrique?

Célestin s'en souciait peu. L'Afrique ne lui déplaisait pas, car il aimait le soleil, et la bigarrure de la population qui se coudoie dans les villes algériennes ou tunisiennes amusait son imagination en la faisant travailler. Mais il déclarait que les pays de ce genre étaient surtout le champ de gens entreprenants, ainsi que semblait l'être le gendre de Mme Degand. Or lui, Célestin, était moins propre à l'action qu'à une besogne tranquille. A Sousse* et aux environs, il avait bien, il est vrai, réussi à mener une campagne pour des achats considérables d'huile; même ses patrons, Roux, Fabre et Cie, ne lui avaient marchandé ni les éloges ni la rétribution de ses efforts. Seulement, cette fois, il était surexcité par le désir de revenir en France autrement que dans l'équipage d'un gueux, et de ne pas ramener à son neveu et à sa nièce un oncle qui leur fît honte. Sans ce stimulant, aurait-il montré une telle vigueur en affaires?

— En tout cas, conclut-il, à tort ou à raison, la maison Roux, Fabre et Cie semble tenir à mes services, et me garde ma place pendant un mois. Mais, je l'avoue, je préférerais trouver une occupation ici ou près d'ici.

Je rapporte quelque argent et j'ai le temps de chercher.

Ah! si Mme Degand avait entendu son gendre parler ainsi!

Où un célibataire parle du célibat. — Dans ses conversations avec un interlocuteur sympathique, Célestin mettait un entier abandon. Il expliqua donc ingénument à Mme Degand que, depuis sa fugue * de Longueval, il avait beaucoup réfléchi sur lui-même :

— L'isolement ne m'a jamais rien valu, madame. Cet éternel besoin de changement qu'on m'a toujours reproché avec raison est le défaut d'un célibataire qui, après le travail quotidien, n'a rien qui puisse l'intéresser sérieusement. Ainsi, moi, j'ai presque toujours occupé mes loisirs à des rêvasseries sans but, ou qui aboutissaient à une sottise, si par hasard elles avaient quelque conclusion. Croyez-vous qu'il en eût été ainsi si j'avais eu à côté de moi des personnes dont il m'aurait fallu assurer le présent et l'avenir? Marié, j'aurais été, je le crois, un père de famille fort sage, et jusqu'ici je n'ai guère été qu'un extravagant... Oh! ne dites pas non; je me connais fort bien... Malheureusement, à cinquante ans passés, il est un peu tard pour prendre femme. Au surplus, à quoi bon? Aujourd'hui que mon beau-frère est mort, j'ai deux enfants, Charles et Marguerite, deux enfants fort raisonnables, à qui j'aurai sans doute à demander des conseils plutôt qu'à en donner.

Comme on voit, l'oncle Célestin raisonnait fort bien son cas. Mme Degand ne put que l'approuver, malgré la disposition que nous lui connaissons à regarder le mariage par certains mauvais côtés.

Il fut convenu que sur les six heures on partirait au-devant de Charles et Marguerite. Ils devaient nécessairement passer par **l'écluse** du canal, et on les attendrait à la maison de l'éclusier (fig. 145) dont la femme avait été autrefois domestique de Mme Degand. D'ici là, M. Vincent irait chercher ses bagages à la gare.

Près de l'écluse. — A l'heure dite, l'oncle se présentait pour la seconde fois chez Mme Degand. Il était vêtu d'une belle chemise à pois, celle-là faite à sa taille, et d'un superbe habillement en coutil gris ; à chaque main, il avait des gants en fil d'Écosse et, sur la tête, un large chapeau manille *. On se donna le bras jusqu'aux limites de l'octroi, et de l'octroi jusqu'à l'écluse, on alla côte à côte, Célestin réglant

Fig. 145. — La maison de l'éclusier.

Leçon de choses : **Écluse.** — On donne le nom général d'**écluse** à une construction établie sur une rivière, un canal, etc., ayant une ou plusieurs portes qui se lèvent et se baissent (*vannes*) ou qui s'ouvrent et se ferment (*vantaux*) pour retenir et pour lâcher les eaux.

Le même nom s'applique particulièrement à un bassin destiné à faire communiquer deux *biefs*, autrement dit deux parties de canal dont les niveaux diffèrent, et à faire passer des bateaux de l'un dans l'autre (fig. 146).

RETOUR IMPRÉVU. 221

soigneusement ses enjambées sur la marche un peu pesante de la vieille dame.

A l'écluse, c'était jour de repos; l'après-midi du

L'intérieur d'une écluse de ce genre s'appelle le *sas*; les murs en sont les *bajoyers*; les deux extrémités sont fermées par des *vantaux à soupapes*.

Supposons qu'un bateau veuille passer du bief supérieur d'un canal dans le bief inférieur (1). Au moyen des soupapes pratiquées dans les vantaux A, on fera passer l'eau du bief supérieur dans le sas jusqu'à égalité de niveau; alors les vantaux A seront ouverts et le bateau entier entrera dans le sas (2). A ce moment, la communication A du sas avec le bief supérieur sera fermée et, les soupapes des vantaux situés à l'autre extrémité B ayant été ouvertes, l'eau s'y abaissera au même niveau que dans le bief inférieur (3). L'opération inverse aura lieu pour faire passer le bateau du bief inférieur dans le bief supérieur. On voit que, le long d'un canal, les écluses forment comme les *degrés d'un escalier* à l'aide duquel les bateaux peuvent franchir les *pentes* les plus considérables.

De plus, les écluses donnent aux canaux la hauteur d'eau nécessaire à la navigation et atténuent le courant

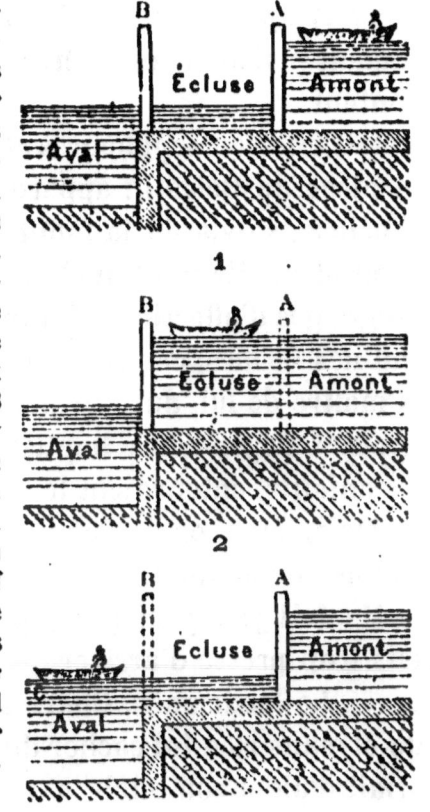

Fig. 146. — Le passage d'une écluse par un bateau.

de manière à rendre facile la circulation dans les deux sens.

On ne peut construire une écluse, même sur un cours d'eau non navigable ni flottable, sans une *autorisation* délivrée par le *préfet*.

L'invention des écluses ne remonte pas au delà du xv° siècle: elle est due à deux mécaniciens italiens dont le nom est resté inconnu.

dimanche, les vantaux n'avaient pas à s'ouvrir au sifflement du remorqueur ou à l'appel du marinier. Devant la maison, une bâtisse en briques élevée d'un étage et entourée d'un potager, la femme de l'éclusier cousait ; une fille déjà grandelette berçait le dernier né endormi dans ses bras. Le père, gaillard osseux, à la face tannée par le soleil et le vent, arrosait le jardin, aidé de ses trois garçons. Assis sur des chaises qu'on leur avait apportées, Mme Degand et son compagnon prenaient plaisir à considérer ce monde vaillant, gai et content.

Il était environ sept heures et demie quand le neveu et la nièce de Célestin apparurent sur la passerelle de l'écluse, suivis de la famille Baptiste. Quel étonnement et quelle joie ! quels embrassements et quels témoignages d'affection ! Marguerite et son oncle versèrent des larmes, car on pleure de bonheur. Charles, plus maître de lui, dut cependant recourir à son mouchoir. Mme Degand, les Baptiste, l'éclusier, sa femme et ses enfants, entouraient le groupe, émus eux aussi.

— Mais, mon oncle, pourquoi ne pas nous avoir prévenus ? demanda Charles.

— Ma foi ! je n'y ai pas pensé, répondit Célestin. J'étais trop pressé d'arriver.

.... Le lendemain, Charles s'adressait à M. Verlinde et, sans rien lui cacher du caractère de Célestin, le priait d'aider son oncle à se placer en qualité de comptable dans une maison de Lille*. Quarante-huit heures après, l'oncle entrait à l'essai dans une filature de laine et transportait d'aise son nouveau patron par la beauté de son écriture et son expérience de la tenue des livres. Huit jours plus tard, il était engagé aux appointements mensuels de deux cents francs et envoyait sa démission à Roux, Fabre et Cie.

CHAPITRE XV

DEUX VIES MANQUÉES

Sans enfants. — Marguerite s'était plusieurs fois rencontrée avec Mme Verlinde. Celle-ci, en effet, s'arrêtait volontiers chez Mme Degand, qu'elle connaissait depuis longtemps; les fortunes étaient inégales, mais la bienfaisance, qui était une qualité commune à la femme du grand industriel et à la veuve du caissier, les avait liées assez étroitement. Donc Mme Verlinde, ayant vu chez son amie la sœur de

Fig. 147. — Marguerite devint une familière du petit salon.

ce Charles Moreau, qu'elle savait particulièrement estimé de son mari, l'avait trouvée aimable et modeste; les éloges que Mme Degand ne ménageait pas à sa jeune voisine, avaient achevé de l'intéresser. Aussi bientôt Marguerite devint une familière du petit salon où Mme Verlinde recevait quelques personnes choisies (fig. 147). Oh! des vêtements de deuil n'empêchaient pas d'assister à ces réunions : on y travaillait pour les pauvres et on s'entretenait surtout du bien à faire dans le quartier.

Mme Verlinde avait habituellement un air de tristesse qu'elle essayait en vain de dissimuler. Un jour Marguerite, qui avait fini par le remarquer, demanda discrètement à Mme Degand si la cause lui en était connue. Celle-ci lui répondit :

— On dit souvent, ma chère enfant, que la richesse ne fait pas le bonheur. Bien des gens haussent les épaules en entendant cette vérité et se croient fort sages ; c'est qu'ils ne connaissent pas M. et Mme Verlinde. Vous vous rappelez une conversation que j'ai eue avec votre frère au sujet du mariage ? J'en disais du mal et M. Charles a prouvé que j'avais tort. Il faut se marier, j'en conviens, mais Dieu garde les ménages de rester sans enfants ! Avoir, comme moi, son unique enfant au bout du monde, c'est terrible ; mais n'en pas avoir du tout ! Or, c'est le cas de M. et de Mme Verlinde. Toutes les richesses, ils les ont, excepté pourtant celle des pauvres gens, puisque, dit-on, la richesse de ceux-ci, ce sont les enfants… Voilà pourquoi, malgré toute son opulence, Mme Verlinde est triste. Et, j'en suis sûre, son mari souffre comme elle.

Jamais Mme Degand n'avait si bien parlé.

La maison Verlinde était une maison puissante. C'est par milliers de tonnes * que les Compagnies de chemins de fer lui achetaient ses aciers pour leurs machines et leurs rails ; auprès de la **Banque de France** son crédit était des plus solides ; le directeur et sa femme possédaient toutes les commodités et tous les agré-

---

Économie politique : **Banque de France**. — La Banque de France (fig. 148) est un grand *établissement de crédit* placé sous le contrôle de l'État ; son siège est à Paris et elle a des *succursales* dans les principales villes des départements.

L'administration de la Banque de France est confiée à un *gouverneur* et deux *sous-gouverneurs* nommés par le Président de la République. Ces trois fonctionnaires forment, avec quinze *régents* et trois *censeurs* choisis par l'assemblée des actionnaires, le *conseil* de la Banque.

La Banque de France *prête* aux particuliers sur dépôt des valeurs qu'elle juge à propos d'accepter ; elle se charge de

DEUX VIES MANQUÉES.

ments de la vie, une grande et belle maison à côté de l'usine, une villa sur les bords de la mer, des meubles magnifiques, des domestiques nombreux, des chevaux, des voitures. Pourtant, ils auraient été plus contents dans la médiocrité avec un seul, un unique enfant, qui aurait donné un but aux fatigues du père, pour qui la mère aurait dépensé tous les trésors de tendresse qu'elle portait en elle, un enfant en qui tous deux auraient revécu plus tard. Certes, M. et Mme Verlinde s'aimaient infiniment; mais maintenant que leurs cheveux blanchissaient, quand ils restaient face à face après le repas du soir, ils trouvaient leur intérieur bien froid, leur foyer bien triste, malgré tout l'empressement des valets et des servantes. La charité était la distraction de Mme Verlinde comme le travail était celui de son mari; que de fois, dans ses visites aux indigents du faubourg, elle envia presque telle locataire d'un mauvais garni qui pouvait, elle, lui montrer un poupon enveloppé dans quelque vieux châle prêté par une voisine secourable (fig. 149).

---

garder en dépôt les titres de rente sur l'État, les actions* et obligations* des sociétés industrielles, d'en toucher les intérêts et de les payer aux déposants, soit à Paris, soit dans ses succursales, moyennant un droit de garde et une commission.

Elle *escompte** les billets de commerce qui portent au moins trois signatures de personnes reconnues solvables.

Fig. 148. — Banque de France.

Enfin elle a seule le *privilège* de l'émission des *billets de banque.*

Tuteur et pupille. — Le hasard avait semblé une fois vouloir réparer ce que l'injustice de la destinée refusait à M. et à Mme Verlinde. Autre déboire dans leur vie. Mme Degand le conta à Marguerite.

Une cousine éloignée de M. Verlinde, veuve d'un officier tué en 1870, était morte assez peu de temps après, minée par le chagrin. Elle laissait un bambin d'une dizaine d'années. L'orphelin n'avait plus d'aïeul qui pût prendre soin de lui, et sa mère n'avait désigné personne pour la **tutelle**. Poussé par sa femme, M. Verlinde s'offrit pour cette charge au conseil de famille dont il faisait partie. Intérieurement, les deux époux comptaient sur la reconnaissance et l'affection de leur

Fig. 119. — Elle envia presque telle locataire d'un mauvais garni.

Droit usuel : **Tutelle.** — La tutelle est une charge *gratuite* qui consiste à prendre soin de la personne et à administrer les biens d'un individu hors d'état de se gouverner lui-même, d'un *mineur* par exemple.

Le père est le tuteur naturel de ses enfants mineurs; la mère qui survit au père est tutrice de plein droit, mais on peut lui adjoindre un CONSEIL DE FAMILLE. A défaut du père ou de la mère, la tutelle revient à l'ascendant le plus proche: s'il n'y avait pas d'ascendant, on confierait la tutelle au plus proche parent dans l'une des lignes collatérales.

La personne désignée pour gérer une tutelle *ne peut s'y refuser* à moins qu'elle ne puisse invoquer des raisons graves : *l'exercice de fonctions publiques*, *l'âge* (soixante-cinq ans), *l'éloignement*, etc.

pupille et se promettaient d'en faire plus tard leur fils véritable par une **adoption**.

L'enfant, qui s'appelait Maxime Lemaire, n'était peut-être pas foncièrement mauvais; mais, dès son premier âge, il était extrêmement volontaire, et ses parents avaient eu le tort de négliger ce défaut à ses débuts. Plus tard, quand elle fut seule, Mme Lemaire aurait pu encore corriger Maxime, si elle avait fait preuve d'autorité. Mais, abîmée dans la douleur de son veuvage, elle ne sut qu'être faible avec l'enfant. Quand il avait crié, cassé ses jouets ou déchiré son livre de dépit (fig. 150) pour une tartine de confitures refusée ou pour tout autre motif aussi sérieux, sa mère ne trouvait qu'une chose à lui dire :

— Tu es bien grognon aujourd'hui, mon chéri... Si tu continues, je ne t'aimerai plus.

Le tuteur doit pourvoir aux besoins du mineur, veiller sur sa conduite, lui faire donner une éducation en rapport avec la situation qu'il est vraisemblablement appelé à occuper dans la société; il doit gérer sa fortune en bon père de famille, agir en son nom dans les contrats, procès, etc.

Lorsque le mineur atteint sa majorité, il lui est rendu compte par son tuteur de la gestion de ses biens.

Un *subrogé tuteur* a pour mission de défendre les intérêts du mineur contre son tuteur, dans le cas où celui-ci y porterait atteinte.

Droit usuel : **Adoption**. — L'adoption est l'acte par lequel on reconnaît *légalement* à un étranger le titre de *fils* ou *fille*.

L'*adoptant* doit être âgé de *cinquante ans* au moins, jouir de ses *droits civils* et n'avoir *pas d'enfants*; s'il est marié, il doit avoir le *consentement* de son *conjoint*. Enfin il est nécessaire qu'il ait au moins quinze ans de plus que l'adopté.

L'*adopté* doit être *majeur* et, s'il *n'a pas vingt-cinq ans*, obtenir l'*autorisation* de ses père et mère. Il a le droit d'ajouter à son *nom* celui de l'adoptant et acquiert sur la *succession* de ce dernier les mêmes droits qu'un *enfant légitime*.

L'adoption se fait par un acte passé devant le JUGE DE PAIX du domicile de l'adoptant et approuvé par le *tribunal de première instance* de l'arrondissement.

Maxime continuait, et, sans résister davantage, on en passait par toutes ses exigences.

Fig. 150. — Quand il avait crié, cassé ses jouets ou déchiré son livre.

A dire vrai, auprès de Mme Verlinde, il trouva les mêmes gâteries. Son tuteur, avec sa physionomie calme et sa voix grave, lui inspirait une crainte salutaire; un mot de lui, et il obéissait. Mais quand M. Verlinde avait le dos tourné, quelle revanche d'entêtements et de révoltes il prenait sur sa seconde mère! Celle-ci lui disait parfois:

— Je le raconterai à ton tuteur qui te punira.

Alors l'enfant allait se mettre dans un coin (fig. 151) en disant:

— Si tu le fais, je te détesterai.

Mme Verlinde se taisait, sans force devant cette menace.

Comme, cependant, on ne pouvait tout cacher à M. Verlinde, le caractère de Maxime apparaissait au tuteur de plus en plus inquiétant. Souvent il disait à sa femme:

— Ma chère amie, je n'approuve pas la manière dont tu formes cet enfant. Sois plus sévère avec lui; la sévérité portera ses fruits et par suite tu lui sauveras plus d'un ennui dans la vie... Je ne parle pas de nous ; mais note que les enfants gâtés ne sont pas ceux qui ont le plus de gratitude envers ceux qui les ont élevés.

Il était trop tard. M. Verlinde se décida à mettre Maxime au lycée. Il fut inexorable aux pleurs bruyants de l'enfant, aux larmes silencieuses de sa femme. Dans les premiers temps, Maxime parut dompté par la discipline un peu étroite de l'établissement ; bientôt, il la brava. Intelligent, il était paresseux et dissipé en classe et en étude ; ses camarades le déclaraient

Fig. 151. — Alors l'enfant allait se mettre dans un coin.

méchant et querelleur. Quand, à la récréation de quatre heures, Mme Verlinde le quittait après une visite presque toujours abrégée par quelque retenue, elle s'en allait désolée de sa maussaderie et de sa mauvaise conduite. Enfin, sur une insolence dite à l'un de ses maîtres, le proviseur* fut obligé de le congédier.

Dans deux lycées de Paris* dont, ensuite, il fut successivement l'élève, Maxime laissa également une réputation détestable ; le pli était pris. Refusé au baccalauréat*, il parvint péniblement à passer l'examen du volontariat* ; mais lorsqu'il quitta le régiment de cavalerie où il s'était engagé, il n'avait même pas les simples galons de brigadier. Par exemple, il laissait quantité de dettes en ville. Ni sa mère, ni Mme Verlinde ne lui avaient appris l'économie. A ce moment, il atteignait sa majorité et entrait en possession de sa fortune. Il arriva à Lille* et, avant même d'avoir embrassé Mme Verlinde, l'ingrat se présenta dans les bureaux de son tuteur avec les allures d'un créancier venant exiger son dû; pas un mot de remerciement à celui qui avait bien voulu prendre les embarras et les responsabilités d'une charge onéreuse et gratuite. Le visage impassible, M. Verlinde écouta froidement Maxime (fig. 152); puis il lui dit :

Fig. 152. — Le visage impassible, M. Verlinde écouta froidement Maxime.

— Vos comptes de tutelle sont déposés chez mon notaire. Vous connaissez son adresse, je pense? Je vous prie de faire la grâce d'une entrevue à celle qui a été pour vous une mère trop indulgente. Pour moi, je vous salue.

... Maxime Lemaire vit à Paris en oisif; il administre mal ses biens et sera tôt ruiné. Peut-être alors le reverra-t-on à Fives. Mme Verlinde l'accueillerait certainement à bras ouverts; mais son mari pardonnerait-il?

CHAPITRE XVI

L'ENFANT VOLEUR

Au bureau de police. — Pauvre, pauvre Mme Bertin!

Peu de jours après l'arrivée de Célestin, tandis que chez les Moreau elle range et nettoie les pièces du haut, voilà Marguerite qui l'appelle. Dans le corridor attend un sergent de ville (fig. 153) qui a ordre d'inviter le sieur Claude Bertin ou, s'il est absent, la dame Bertin, son épouse, à se rendre sans tarder au commissariat de police, telle rue, tel numéro. En trois mots l'homme s'est acquitté de son message et, après avoir porté la main à son képi, s'esquive comme s'il redoutait les questions.

Fig. 153. — Sergent de ville.

Les jambes de la femme de ménage plient sous elle; elle tremble et sent son cœur faillir. S'agirait-il de son Henri? Hélas! l'imprimerie où il travaille est dans le quartier du commissaire qui la mande. D'autre part, le maître imprimeur n'a-t-il pas écrit, il y a quelque temps, au sujet des soupçons qu'a fait naître dans son esprit la disparition de caractères usés qu'il destinait à la fonte? Sans doute, il aura fait surveiller l'enfant et... Mais, alors, Henri serait donc un voleur! Tout bas, songeant aux pièces de monnaie qu'il lui a trop souvent soustraites, Mme Bertin se dit avec angoisse :

— Il me vole bien, moi, sa mère!

Il y a une longue course du faubourg à ce bureau de police qui est au centre de Lille *. Mme Bertin la fait à pas précipités, comme si ses terreurs, après l'avoir d'abord terrassée, la poussaient maintenant en avant. Elle va droit devant elle, avec l'œil fixe d'une folle, l'esprit tout entier à son horrible inquiétude, l'affreux mot de voleur ne cessant de lui bourdonner aux oreilles. Dans l'antichambre du commissaire, une salle basse garnie de bancs en bois, elle retrouve le sergent de ville qui est venu la chercher. Celui-ci se lève, la

Fig. 154. — Chez le commissaire de police.

prie d'attendre et pénètre dans une salle voisine où causent des gens dont les paroles, assourdies par une cloison épaisse, restent indistinctes.

— Entrez, madame.

En face d'une table dont le milieu est occupé par le commissaire et une des extrémités par son secrétaire, le maître imprimeur, son prote et un apprenti, sont assis sur des chaises (fig. 154). Les deux hommes ont l'air peiné. Le gamin, très animé, est rouge d'indignation, mais ce n'est pas Henri ; même Mme Bertin ne le connaît pas.

Alors que lui veut-on?

Elle va le savoir, l'infortunée, et les premiers mots du commissaire dissiperont sa courte espérance. C'est bien au sujet de son fils qu'elle a été appelée ; il est là, à côté, dans un réduit où on l'a fait entrer pour le laisser quelque temps avec lui-même, et aussi pour épargner à sa mère l'émotion d'un coup trop brusque.

Quand Mme Bertin s'est assise sur une chaise que le maître imprimeur lui a avancée, le commissaire expose les faits ; sans doute, il use des ménagements que commande l'humanité, mais, malgré tout, Mme Bertin souffre mille morts en entendant ce qui suit.

Ce qui s'était passé à l'atelier. — Aujourd'hui, par extraordinaire, l'imprimerie avait fait la paye à midi. Or, pendant la semaine, il était arrivé qu'un compositeur de l'atelier (fig. 155) était mort laissant sa veuve et ses enfants privés de tout moyen d'existence. Une circulaire avait couru parmi les camarades, une liste de souscription s'était remplie, et les quinzaines touchées, un apprenti nommé Gabriel avait, suivant l'usage, recueilli les pièces blanches dans un cornet de papier. La collecte avait été remise au prote ;

Fig. 155 — Un compositeur.

celui-ci, distrait par la vérification d'un compte discuté, l'avait oubliée quelque temps sur une des casses de l'atelier et ensuite ne l'avait pas retrouvée. Aussitôt, grand émoi dans le personnel qui était réuni tout entier dans l'atelier, typographes, ouvriers employés aux presses et aux machines, l'homme de peine, les deux apprentis. Le prote ferme les portes, appelle un correcteur resté dans un cabinet voisin à parcourir une épreuve et lui demande d'aller chercher le patron. Il a été décidé unanimement que tout le monde sera fouillé en sa présence. En attendant, le prote ne perd pas de l'œil Henri Bertin dont il se défie. Au moment où le maître imprimeur paraît, on entend comme un tintement métallique et deux ou trois pièces roulent sur le carreau. Le prote court à Henri, le saisit par le bras et lui crie :

— Bertin, je t'ai vu te baisser quand le patron entrait; c'est toi qui as déposé l'argent par terre.

Une poignée de monnaie est entre Henri et son camarade Gabriel. Henri montre de l'assurance; il a le verbe haut et porte la tête haute. Mais le prote relève la blouse de l'apprenti et, de la poche du pantalon, retire un papier crevé et froissé; c'est le cornet de papier qui avait contenu la collecte. Malgré sa culpabilité manifeste, Henri s'entête à nier.

— Avouez, lui dit le maître imprimeur. Un aveu complet vous vaudra l'indulgence. Par égard pour votre âge, pour vos parents, par égard pour l'honneur de la profession, tout se passera entre nous.

— Je n'ai pas volé, répéta obstinément l'apprenti.

Mais le cornet de papier retrouvé sur lui est une preuve. Il répond :

— On l'aura glissé dans ma poche à mon insu.

— Qui?

— Je ne sais pas... Gabriel, peut-être.

A cette calomnie, le sang de Gabriel ne fait qu'un tour; il riposte, les yeux flamboyants, que s'il y a un voleur dans l'atelier, ce n'est pas lui. Il regarde Henri bien en face (fig. 156), il lui demande:

— Qui donc, pas plus tard qu'avant-hier, a pris et emporté du *pâté*?

Du pâté, c'est, en langage d'imprimeur, une masse de caractères mêlés et brouillés qu'on fait trier par les apprentis.

Fig. 156. — Il regarde Henri bien en face.

Henri hausse les épaules; l'autre continue:

— Ne dis pas non. Je t'ai vu, et pas une fois, pas deux fois... Je n'ai jamais osé te dénoncer, par crainte de passer pour un mouchard. J'ai eu tort, je m'en aperçois... A qui vends-tu ce que tu voles? Je n'en sais rien. Mais tu le vends, car ce n'est pas avec nos quinzaines qu'on peut acheter, comme tu fais, des cigarettes de riche, se payer des parties de billard et des petits verres de liqueurs fines...

Puis, s'adressant au patron, Gabriel ajoute résolument:

— Monsieur, allons nous expliquer devant le commissaire. Nous verrons bien comment Bertin parlera devant lui.

— Comme je parle ici, répond effrontément le coupable.

Après la déposition très nette du prote et de l'apprenti, après les renseignements donnés par le maître imprimeur, la conviction du commissaire était faite. Coupant court aux dénégations de Henri, le magistrat lui dit :

— En voilà assez. On va aller chercher vos parents. Vous les attendrez ici à côté. Réfléchissez bien étant seul. Si, devant eux, vous niez encore l'évidence, vous coucherez en prison.

Tel est le récit que dut subir Mme Bertin.

L'aveu. — Ce commissaire avait une parole sèche et coupante qui intimidait ; son œil, très perçant, aurait déconcerté le plus endurci. Aussi, quand Henri rentra dans le bureau, il était très humble, il courbait la tête. Avait-il des remords ? Il faut l'espérer, mais, sûrement, il avait peur.

Fig. 157. — Grâce, pardon, murmura la mère.

— Regardez, lui dit sévèrement le commissaire en lui montrant Mme Bertin anéantie qui pleurait silencieusement sans avoir même la force de faire entendre un sanglot. Le coupable s'écria :

— Grâce !... Pardon !...

— Grâce !... Pardon !... murmura la mère qui, de sa chaise, glissa à genoux sur le parquet (fig. 157).

Et pendant que le maître imprimeur, assisté du
prote, la relevait avec compassion, Gabriel qui,
maintenant, était plein de larmes, implorait aussi la
pitié du magistrat :

— Pardonnez à Bertin, monsieur le commissaire...
Il ne le fera plus.

Puis, s'approchant de Henri, le bon petit homme lui
dit tout bas :

— Comment n'as-tu pas pensé à ta maman avant de
commettre cette méchante action?

Après quelques paroles échangées avec le maître
imprimeur et le prote, le commissaire prit la parole :

— Henri Bertin, je devrais vous retenir et vous
envoyer à M. le juge d'instruction. Le tribunal correctionnel auquel vous seriez livré ensuite déclarerait,
je le crains, que vous avez agi avec discernement,
autrement dit que vous connaissiez la portée crimi-
nelle de l'acte que vous avez commis, et la peine
prononcée contre vous serait l'emprisonnement. Ce
châtiment, vous le mériteriez. Toutefois, devant le
désespoir de votre mère, devant vos regrets qui, je
l'espère, sont sincères quoique bien tardifs, sur les
instances de votre patron et du surveillant de votre
atelier, sur celles du camarade que vous avez injustement accusé, vous serez rendu à vos parents... Brigadier!

Le brigadier de police entra.

— Gardez cet enfant avec vous. Vous le surveillerez
jusqu'à ce que sa mère l'emmène.

Le commissaire reprit :

— Madame, si votre mari était présent, je l'engage-
rais presque à user d'un pouvoir que lui accorde la
loi et à demander à M. le président du tribunal de
l'arrondissement la détention temporaire de ce mal-

heureux enfant. La leçon lui serait, je crois, profitable, sans nuire à son avenir. En effet, les mesures de ce genre n'exigent ni écritures ni formalités; l'ordre d'arrestation n'est même pas motivé afin que plus tard il ne reste aucune trace de cette correction qui est purement paternelle, sans rien d'infamant. Seulement, l'exercice de ce droit suppose quelque dépense de la part des parents... Permettez-moi une indiscrétion. Vous êtes pauvres?

— Très pauvres, monsieur le commissaire.

— Mon Dieu, une telle rigueur eût peut-être produit un effet salutaire, mais, en somme, elle n'est pas indispensable... Que fait votre mari, madame?

— Il est maçon, et moi je fais quelques ménages.

— Le père et la mère étant à leur travail chacun de leur côté, la surveillance d'un enfant est difficile. Votre fils, vous le comprenez, ne sera plus reçu à Lille* dans aucun atelier d'imprimerie. Ne vaudrait-il pas mieux qu'il renonçât à cette profession et prît celle de son père? De cette façon, M. Bertin pourrait prendre garde à la conduite de son fils et, s'il a la main ferme, l'arrêter dans la mauvaise voie.

Mme Bertin jeta au magistrat un regard muet et désolé, et le maître imprimeur, qui savait ce qu'était devenu le père de son apprenti, secoua la tête. Le commissaire comprit et, sans insister, se contenta d'ajouter entre ses dents :

— En ce cas, c'est une faute de relâcher cet enfant. On aurait obtenu son envoi dans une **colonie agricole** ou tout autre établissement pénitentiaire du

---

INSTRUCTION CIVIQUE : **Colonies agricoles.** — Il y a plusieurs sortes de **colonies agricoles** : les unes se recrutent parmi les *enfants trouvés* et les *orphelins pauvres*; d'autres forment des établissements pénitentiaires spécialement créés pour les

même genre et, la discipline aidant, il s'y serait peut-être corrigé. Enfin !

La responsabilité de Claude Bertin. — Mᵐᵉ Bertin est rentrée avec son fils. Elle pleure, serrant contre elle Léonie qui sanglote. Henri, les dents serrées, l'œil plutôt irrité que repentant, est immobile dans un coin obscur de la chambre. Voici Claude Bertin qui ouvre la porte; il a son coup d'alcool comme à l'ordinaire. A l'entrée de celui à qui elle doit toutes les afflictions de sa vie, un accès d'énergie secoue Mᵐᵉ Bertin. Elle se lève toute droite, va à Henri, le traîne devant son père et, d'une voix brève, dit :

— Sais-tu ce qu'est ton fils, Claude? Un voleur (fig. 158).

L'air hébété, Claude semble ne pas comprendre.

— Un voleur, un voleur, entends-tu? Il a volé l'argent d'une pauvre veuve, l'argent de pauvres orphelins.

Et, d'une haleine, elle conta tout, impitoyablement.

La vérité finit par éclater, terrible, dans la cervelle affaiblie de l'ivrogne. La vieille probité des Bertin se

---

jeunes détenus; une troisième catégorie a un caractère mixte et reçoit à la fois des jeunes détenus ainsi que des enfants trouvés et des orphelins pauvres. Certaines colonies sont entretenues, non par l'État, mais par des particuliers qui ont reçu l'autorisation du Ministre de l'intérieur.

Pour l'entrée des jeunes détenus dans les colonies agricoles, l'initiative appartient à l'État. Les enfants âgés de *moins de seize ans* qui ont subi une condamnation, y sont appliqués aux travaux des champs, et ceux dont la conduite est bonne, peuvent, passé cet âge, être rendus provisoirement à leur famille ou placés chez un maître. Pendant cette liberté provisoire et après leur libération définitive, ils sont assistés par les *Sociétés de patronage en faveur des jeunes détenus*; ces Sociétés ont pour but de les maintenir dans la voie du bien et de leur procurer de l'ouvrage.

réveille pour un instant; le poing levé, il va s'élancer sur son fils.

— Arrête, dit la mère. Il n'y a pas que lui de coupable ici. Fais ton examen de conscience, Claude, et demande-toi si depuis ce malheureux séjour à Paris*...

Fig. 158. — Sais-tu ce qu'est ton fils, Claude?

Elle s'interrompt, car elle ne veut pas étaler devant les enfants toute l'indignité de leur père. Mais Claude n'y perdra rien; car, quand ils seront seuls, elle déchargera son cœur.

— Écoute, Claude, je t'aurais pardonné ton inconduite si j'avais été seule à en souffrir. Mais elle a fait une autre victime, ton fils, et cela, jamais, jamais, entends-tu, je ne te le pardonnerai. Car, je le sens, je le vois, il est perdu, Henri, perdu par toi, par ton exemple, par les habitudes qu'il t'a prises, par les mauvaises compagnies où tu l'as promené à Paris*... Tu n'as jamais volé, dis-tu? Je l'espère. Mais si ton fils a volé, c'est pour quoi? C'est pour chercher à se procurer les plaisirs qu'il t'a vu et qu'il te voit prendre, puisque, paraît-il, ce sont des plaisirs que de se rendre malade en buvant et que d'abandonner les siens pour fréquenter des drôles... Tiens, Claude, si je n'avais pas songé à Léonie, sais-tu où j'allais en sortant du bureau de police? Tout droit à la Deule*

pour y trouver la fin des misères dont tu es la première cause.

Où l'on entrevoit le capitaine Jean-Martin Vandercruyssen. — Le lendemain, Mme Bertin, qui avait à faire chez Mme Degand, lui confiait la nouvelle douleur qui l'accablait et lui demandait conseil.

Mme Degand eut une idée.

— Ma bonne Bertin, dit-elle, il faut embarquer Henri. Pour le corriger, un bâtiment vaudra toutes les maisons de correction du monde, car il y trouvera une discipline aussi dure et une meilleure compagnie. On m'a souvent parlé des marins; ils ne sont pas tendres pour les mousses, à ce qu'il paraît, mais, en revanche, ce sont pour la plupart de fort honnêtes gens. Sur mer, on court des risques, mais au moins on échappe à celui du mauvais exemple. En ce moment, il m'est plus facile que jamais de vous venir en aide. Un de mes petits cousins, qui est capitaine dans la **marine marchande**, est justement à Lille[*] et doit

---

Leçon de choses : **Marine marchande.** — La marine marchande est celle dont les bâtiments, à vapeur ou à voile, servent au transport des marchandises et des passagers. La marine marchande française comprend plus de *500 navires à vapeur* et un peu moins de *2200 navires à voiles*; dans ces chiffres les petits bâtiments de pêche ne sont pas compris.

Les bâtiments employés à de longues traversées sont commandés par des officiers appelés *capitaines au long cours*. Ce titre ne peut être obtenu qu'à l'âge de *vingt-quatre ans* accomplis, après examen et justification de soixante mois de navigation sur les bâtiments de l'État ou du commerce.

Les bâtiments destinés à commercer le long des côtes sont commandés par des *maîtres au cabotage*. Les maîtres du cabotage sont soumis aux mêmes conditions d'âge et de stage que les capitaines au long cours, mais ils passent un examen moins difficile.

Il y a des *Écoles d'hydrographie* où l'on prépare des officiers pour la marine marchande.

venir déjeuner ici après-demain. J'espère le décider à prendre Henri ; mais je ne lui cacherai rien, vous savez. Obtenez le consentement de votre mari et venez avec l'enfant vers deux heures.

Mme Bertin sut parler ferme à son mari. Claude ne fit aucune objection ; chez lui, la volonté était anéantie par la boisson, et, d'ailleurs, son intelligence, quoique bien déprimée, percevait que le parti proposé par Mme Degand était le plus sage.

Donc, au jour fixé et à l'heure dite, Henri, accompagné de sa mère, comparut devant le capitaine Jean-Martin Vandercruyssen (fig. 159), commandant le vapeur la *Maria*, du port de Dunkerque*. Le marin prenait le café dans le jardinet de sa cousine, assis près d'une table ronde en zinc. Il fixa impérieusement sur le futur mousse deux petits yeux gris tandis qu'un tic familier faisait saillir en avant une mâchoire qui aurait broyé du fer. En somme, physionomie peu rassurante. Une structure pour ainsi dire géométrique rendait l'aspect du personnage encore plus redoutable. Sa tête énorme, dont les cheveux et la barbe, d'un roux ardent, étaient taillés à angles droits, paraissait carrée ; carré, son buste aussi large que long ; carrés, ses larges pieds et ses mains courtes, hérissées de poils. C'est parmi des hommes de cette trempe que le compatriote du capitaine, Jean Bart* (fig. 160), devait autrefois recruter ses corsaires.

Mme Degand expliqua à Mme Bertin que son cousin voulait bien se charger de Henri, après inspection physique toutefois.

Quant aux *patrons* de navires équipés pour la *pêche le long des côtes*, il leur suffit, pour exercer cette profession, d'une permission délivrée par l'autorité maritime.

— Approche, garçon, dit Jean-Martin en déposant un gros cigare très noir d'où il tirait des nuages de fumée bleue. Henri se sentait fort mal à l'aise. Le capitaine le fit tousser, crier, lui palpa bras et jambes, s'assura du jeu des articulations, et, reprenant son cigare, prononça :

— Bon pour la mer.

Puis il écarta l'enfant d'une poussée et lui tint ce

Fig. 159. — Le capitaine Jean-Martin Vandercruyssen.

Fig. 160. — Jean Bart.

discours, interrompu à la fin de chaque phrase par une bouffée de tabac :

— Nous n'avons pas navigué droit dans ces derniers temps, à ce qu'on m'a dit, mon garçon. Il faudra désormais changer la marche et ne plus aller en dérive, sans quoi on se chargera de corriger la route. La *Maria* a un commissaire de police qui est le capitaine Jean-Martin, et un juge qui est le même capitaine Jean-Martin. Tâche de n'avoir affaire ni à ce commissaire ni à ce juge, car, si ce n'est plus la mode d'attacher les méchants sujets au grand mât et de les caresser à coups de garcette*, il y a encore à leur usage des cachots assez mignons... Mets-toi bien dans la cervelle qu'à bord, un simple matelot sera ton supérieur ; aie toujours l'oreille au commandement ou gare aux taloches. Mes hommes sont généreux de ces douceurs-là, je t'en préviens.

Mme Bertin balbutia quelques mots de remerciement au capitaine qui lui dit en adoucissant la rudesse de sa voix :

— Ma chère dame, c'est tant mieux si, en obligeant ma cousine, je suis utile à vous et à votre enfant.... Ne désespérez de rien ; j'ai déjà opéré plus d'un sau-

Fig. 161. — La *Maria* avait son monde au complet.

vetage de ce genre. Que notre jeune monsieur ait seulement balayé le pont de la *Maria* pendant un mois, et nous serons ravis de son allure.

Ensuite il fut convenu que, le surlendemain, au premier départ pour Dunkerque*, Henri, muni de ses hardes, serait remis entre les mains du capitaine. Celui-ci devait prendre presque aussitôt la mer; la *Maria* avait son monde au complet (fig. 161) et l'arrimage* des marchandises qu'elle devait transporter à Rotterdam* avait dû être achevé sous la surveillance du second*.

..... Le voyage sera dur à l'apprenti marin ; la mer

du Nord est mauvaise, la pluie y est glaciale, le vent terrible, la brume traîtresse. Cependant, réjouis-toi de partir, malheureux Henri. Les vagues qui secouent, l'eau qui tombe du ciel et transperce les vareuses, les bourrasques qui suffoquent, même les abordages où sombrent les bâtiments, sont moins à craindre pour toi que les rues d'une grande ville.

Pars donc, et reviens autre que tu n'étais parti.

CHAPITRE XVII

LE COFFRET DE CHÊNE

Les papiers militaires de Moreau. — Malgré la présence de leur oncle, les Moreau continuèrent à habiter la petite maison qu'ils avaient louée à l'arrivée de Marguerite. Célestin, bien que devenu très rapidement une sorte de personnage à sa filature, s'était défendu avec obstination d'occuper dans le logement autre chose que le grand cabinet de l'étage (fig. 162). Pour le garnir, il avait donné commission à Marguerite d'acheter un lit de fer avec ses accessoires, une petite toilette, une table de bois blanc et deux chaises cannées; dans un coin, une grande malle était élevée au rang de commode. Souvent Charles et Marguerite protestaient contre cette installation sommaire.

— Mais, mon oncle, vous fournissez plus que votre part au ménage et vous êtes niché dans le plus mauvais endroit; c'est honteux pour nous.

— Paix là, mes enfants, ou je retourne à Sousse*. Suis-je venu à Lille* pour vous embarrasser? D'ailleurs entre vous deux, je suis le mieux installé des oncles. Et puis, quoi? les gens d'imagination ont-ils besoin d'ameublements somptueux pour habiter des palais?

L'hiver revint; avec cette saison, la famille eut de bonnes soirées. Dans la salle à manger, on devisait de jadis, devant le feu de houille, oubliant la rafale qui traversait le faubourg et la pluie interminable qui faisait des rues un marécage noirâtre; on commentait les derniers numéros de l'*Echo de Longueval* qu'avait apportés la poste; l'oncle narrait ses aventures et, naturellement, se perdait en projets qui amenaient le sourire sur les lèvres de sa nièce et de son neveu.

Fig. 162. — La chambre de l'oncle Célestin.

— La tête de l'oncle peut travailler, se disaient-ils. A présent que nous tenons le vagabond, nous ne sommes pas disposés à le laisser aller.

Une fois, Charles descendit de sa chambre un coffret en chêne d'assez forte dimension. En saillie, sur le couvercle, se croisaient deux canons d'une sculpture naïve, et, autour de cet emblème guerrier, était gravée circulairement cette inscription : *Artillerie, 2ᵉ à cheval.*

— Mais je connais cela! s'écria Célestin. Si je ne me trompe, c'est une œuvre offerte à Moreau par un artiste de sa batterie. Votre père y tenait beaucoup, le pauvre garçon ayant été tué en Italie à ses côtés. Oh! Weber nous dirait son nom!... Il doit y avoir des papiers de famille là-dedans.

— Juste, mon oncle, repartit Charles. Seulement la **clef** était perdue. Une m'est tombée sous la main qui allait à peu près; avec trois coups de **lime** que j'ai

---

Leçon de choses : **Clef.** — La clef est un instrument servant à ouvrir ou à fermer une serrure.

Dans la clef, on distingue outre l'*anneau* et la *tige*, le *panneton* (fig. 163), qui est fendu ou percé de différentes manières, suivant la confection de la serrure. On nomme *clef forée* celle dont la tige est creuse, et *clef bénarde* celle qui est pleine et terminée par un bouton.

Les clefs sont connues dès la plus haute antiquité; toutefois certaines clefs fort anciennes ne sont autre chose qu'une vis dont le pas s'adaptait à un écrou qui servait de verrou. En France, au moyen âge, les clefs furent très grossières; plus tard, on travailla la tige et l'anneau jusqu'à en faire des objets d'art. De notre temps, on a apporté au panneton des perfectionnements qui ont fait de la clef un instrument aussi sûr que commode.

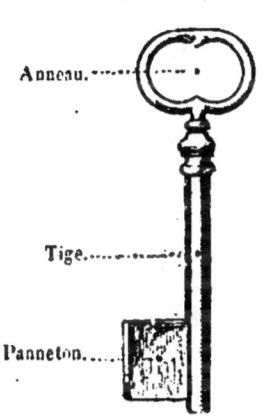

Fig. 163. — Clef.

Leçon de choses : **Lime.** — La lime est un outil d'acier, de forme et de dimensions très variables, garni d'aspérités régulièrement disposées et dont on se sert pour polir à froid et couper les métaux, etc.

Les limes sont d'abord *forgées* en acier, puis on les *taille*, c'est-à-dire qu'un ouvrier fait des sillons réguliers à la surface de l'outil; il se sert pour cela d'un burin* qu'il place sur la lime et qu'il y fait pénétrer plus ou moins profondément à l'aide d'un marteau. Ensuite il *trempe** l'outil pour lui donner de la dureté.

On a essayé d'opérer mécaniquement la taille des limes; mais ce procédé a donné des résultats médiocres.

L'Angleterre et *l'Allemagne* fournissent de bonnes limes. Celles qu'on fabrique à *Paris** sont également estimées, mais elles sont chères. *Milourd**, *Maubeuge**, *Breuvannes**, *Pamiers**,

donnés sur le panneton, elle ouvre le coffret à merveille... Ces papiers de famille, nous allons, si vous voulez bien, les passer en revue.

Il y en avait plusieurs liasses. D'abord, les papiers militaires de Moreau : son livret, son certificat de libération et une grande pancarte à images coloriées où des soldats de toutes armes, en grand uniforme, contemplaient, avec des mines graves et des gestes raides, deux tireurs faisant assaut. C'était un diplôme délivré par le maître d'armes du 2ᵉ d'artillerie à cheval constatant que le brigadier Moreau (Louis-Charles) était digne du titre de prévôt pour le fleuret et le sabre.

— Ma foi, dit Marguerite, je ne soupçonnais pas tant de talents à ce pauvre papa.

— Si bien, repartit Charles. Au régiment le capitaine, un amateur d'escrime, m'a complimenté pour ma bonne tenue sous les armes (fig. 164), et cette bonne tenue, je la devais au père. Oh! les amusantes leçons qu'il me donnait dans notre grenier de Longueval. Je l'entends encore : « Allons, garçon, en garde! le corps vertical et d'aplomb sur les hanches! le bras gauche arrondi avec grâce! la main droite partageant le corps en deux! la pointe de l'arme à la hauteur des yeux! Fléchissons les genoux! sans secousse et sans

---

Saint-Étienne*, le *Chambon**-Feugerolles, etc., sont aussi des localités à citer pour l'importance et la qualité de la fabrication.

Pour remettre en état les limes qui sont usées, on les nettoie à l'aide d'une brosse rude avec un peu d'eau chaude et de potasse. Puis on les plonge dans l'eau-forte (*acide azotique*), et on les essuie immédiatement avec un linge bien tendu. L'acide qui reste dans les raies de la lime creuse l'acier. Au bout de deux heures environ, on lave la lime à l'eau avec une autre brosse.

raideur! de l'huile dans les ressorts, que diable!... Une! deux! fends-toi, mon garçon!... »

Et, levé de sa chaise, Charles à la grande joie de son oncle et de sa sœur, prenait la position indiquée.

Fig. 161. — Au régiment, le capitaine m'a complimenté pour ma bonne tenue sous les armes.

— Maman prétendait bien que nous l'étourdissions ; mais, chaque fois, le père lui répondait invariablement : « L'escrime, ma femme, est un exercice récréatif, hygiénique et moral : récréatif, dame! parce que c'est un jeu amusant; hygiénique, parce qu'il élargit la poitrine, fortifie et assouplit les bras, les jambes et les reins; moral, parce qu'il développe le jugement, la prudence et le sang-froid... J'ajouterai que, de plus, c'est un moyen de mettre en fuite les rats qui infestent notre grenier. »

Célestin éclata de rire, et, comme de sa vocation

théâtrale manquée, il lui était resté une passion pour Molière *, il cita de mémoire ce passage : « *Et c'est en quoi l'on voit de quelle considération les maîtres d'armes doivent être dans un État, et combien leur science l'emporte hautement sur toutes les autres sciences inutiles, comme la danse et la musique...* »

Qui parle ainsi? C'est un personnage du *Bourgeois gentilhomme* [1].

L'éducation physique. — Charles s'empressa de relever cette citation moqueuse.

— Mon oncle, j'aime l'escrime, mais je ne crois pas qu'elle l'emporte sur la danse et sur la musique. Sans même parler de la question d'art, je suis tout prêt à reconnaître le mérite des deux dernières et à regretter que les parents ne les fassent pas davantage pratiquer à leurs enfants. La danse donne de la grâce; elle peut contribuer, avec les exercices d'équilibre, à rectifier les **attitudes vicieuses** que les enfants prennent si souvent. Le chant entretient la vigueur de la voix; on m'a dit qu'en Allemagne il était imposé aux soldats. Souffler dans un gros instrument à vent élargit le thorax * et fortifie le poumon; dès lors, le cœur bat plus à l'aise. D'ailleurs, à mon sens, toutes

---

Hygiène : **Attitudes vicieuses.** — C'est principalement pendant qu'ils sont assis pour lire ou écrire que les enfants prennent des **attitudes vicieuses**, capables particulièrement d'amener la *déviation de la taille* et de causer la *myopie*.

L'hygiène prescrit : de ne pas s'asseoir sur le bord ou sur une des extrémités du siège, mais bien d'aplomb, de façon à ce que le torse soit vertical et les épaules de niveau, même pendant l'écriture; — de ne pas croiser les jambes; — de ne pas mettre les coudes sur la table ou le pupitre et de ne pas appuyer la poitrine sur le bord.

---

1. Dans les deux premiers actes de cette comédie représentée en 1670, Molière met en présence les maîtres de divers arts ou sciences.

les gymnastiques sont bonnes et utiles, non seulement l'escrime, la danse et la musique, mais la natation, l'équitation, le vélocipède, le canotage, la course, les haltères, le bâton, la canne (fig. 165), la lutte, la boxe, que sais-je moi ?

— Ah çà ! tu voudrais donc voir tout le monde en maillot, comme des artistes de foire ?

— Riez, mon oncle, tant que vous voudrez, mais vous ne m'empêcherez pas de blâmer les parents, s'ils n'enseignent pas nettement à leurs enfants que la gymnastique est un devoir, tout comme la propreté et la tempérance.

Fig. 165. — La leçon de canne.

Proposez à tel ou tel de réduire le traitement hygiénique de son cheval, à la somme d'exercices physiques qu'il trouve suffisante pour son garçon ou sa fille, il se révoltera, déclarant qu'il faut, aussi bien que l'avoine et le foin, mesurer à la pauvre bête le grand air et le mouvement. Là-dessus, les mamans surtout sont à reprendre. On en voit qui promènent des enfants ridiculement attifés et n'osant faire un mouvement par crainte de gâter leurs beaux vêtements. Pour les filles, c'est déjà mauvais ; mais, au moins, ce sont des mignonnes poupées. Quant aux garçons... Oh ! les affreux petits mannequins! Que je les aimerais mieux sautant, jouant à la balle ou aux barres, même grimpant aux arbres...

— Dans mon jeune temps, je n'avais pas mon pareil pour dénicher les merles, interrompit Célestin. Mais cela, c'est la mort aux culottes. Ah! mes enfants, que d'accrocs et de trous votre pauvre mère a réparés autrefois aux jambes et aux fonds de mes pantalons! Non, vois-tu, Charles, grimper aux arbres, c'est trop de raccommodages. D'ailleurs, il est mal de toucher aux **nids**, et les gamins, une fois dans les branches, ont peine à s'en défendre. Pour le reste, tu as raison.

— Absolument raison, mon oncle. On commence heureusement à comprendre où aurait fini par nous mener cette indifférence à l'égard des exercices physiques. C'était un danger, mon oncle, un réel danger. Qui sait ce que réserve l'avenir aux jeunes Français? qui sait s'ils ne devront pas combattre un jour pour l'honneur, même pour le salut de leur pays? Le cœur, chez nous, est toujours prêt, soit; mais il est bon que les bras et les jambes le soient aussi. Il y a des moments où l'âme la plus vaillante ne peut rien en compagnie d'un corps peu accoutumé à la fatigue. Vous le savez, mon oncle, vous l'avez vu, il y a vingt ans...

— Vu et ressenti.

A ce moment se firent entendre les deux coups de sonnette consécutifs qui annonçaient la visite de Mme Degand; Charles alla donc ouvrir.

Les campagnes de Célestin. — A la vue du coffret et des papiers, la bonne voisine se crut indiscrète; elle voulut se retirer. Charles la fit asseoir :

DROIT USUEL : **Nids.** — Les préfets peuvent faire des règlements pour empêcher la destruction des petits oiseaux; dans les départements où ces arrêtés ont été pris, l'enlèvement des **nids** devient un *délit* puni d'une *amende* de 16 à 100 francs.

— Plaisantez-vous, madame Degand? Allez, la boîte que vous voyez n'est pas la boîte aux mystères... Tenez, voilà ce que nous examinions.

Et Charles tendit à sa vieille amie le diplôme de prévôt d'armes. Mme Degand mit ses lunettes (fig. 166), regarda les enluminures, s'amusa fort de la pose prétentieuse des personnages et, repliant le document, demanda à Célestin:

— Avez-vous été militaire comme votre beau-frère, monsieur Vincent?

A parler franchement, il y avait un peu de malice dans sa question, car Célestin ne lui semblait pas avoir l'étoffe d'un guerrier.

Fig. 166. — Mme Degand mit ses lunettes.

— Sans doute, madame; pendant la guerre contre les Allemands.

— Et avez-vous tué beaucoup d'ennemis?

— J'ai bien tiré quelques coups de fusil, mais j'ignore le nombre de mes victimes, madame.

Marguerite s'écria :

— Oncle, racontez vos campagnes à Mme Degand.

— Je vous écoute, monsieur Vincent.

Célestin croisa ses deux longues jambes et prit une pose de narrateur :

— Mon histoire n'a rien d'héroïque, madame. Mon numéro [1] m'avait exempté de tout service et, malheureusement pour moi, mon âge, en 1870, m'exemptait

---

1. Auparavant le service militaire était de sept ans, mais les conscrits qui tiraient les *plus forts numéros* étaient exempts.

de la garde mobile¹. Pourtant, après nos premiers revers, je me dis : « Célestin, mon ami, si tu étais père de famille, tu aurais le droit de rester chez toi; mais tu n'es qu'un célibataire et, en cette qualité, tu n'es indispensable à personne. Donc tu vas aller t'engager au plus vite. » Je fis part de ma résolution à mon beau-frère qui m'approuva. Mais où m'engager? A Longueval, c'était impossible; plus d'autorité militaire française dans la ville. Je me décidai pour Lyon*. Pourquoi Lyon*? je ne sais plus trop... Quel voyage, madame! je n'arrivai qu'au bout de quatre jours. Je me présente au bureau de recrutement et j'expose que je désire aller me battre. « Dans quel corps? — Cela m'est égal. — Infanterie? — Si vous voulez. — Vous n'avez jamais servi? — Non. — Avez-vous une préférence pour tel ou tel régiment? — Absolument aucune. » Là-dessus, on me tend une feuille de route pour Navarrenx*, arrondissement d'Orthez*, sur les frontières d'Espagne. Le régiment dans lequel j'étais incorporé avait son dépôt² dans cette bourgade. On avait raison de m'y envoyer. Sans instruction militaire, qu'aurais-je fait dans une troupe en campagne? N'importe; sur le moment, je trouvais singulier d'aller faire un voyage aux Pyrénées sous prétexte de défendre la patrie. A Navarrenx*, je fis beaucoup la manœuvre et je m'ennuyai le reste du temps. Dame! je rêvais autre chose en partant pour

---

1. Une loi de 1868 instituait la *garde nationale mobile* destinée en cas de guerre à concourir à la défense du territoire avec l'armée; les jeunes gens qui n'étaient pas incorporés dans celle-ci y étaient compris jusqu'à l'âge de vingt-six ans.
2. En cas de guerre, on envoie les jeunes soldats faire leur instruction dans une garnison où se trouve une fraction non mobilisée du régiment appelée *dépôt*. Les dépôts, qui autrefois étaient permanents, ne sont plus aujourd'hui constitués qu'en temps de guerre.

Lyon*. Enfin, dans les derniers jours de novembre, comme décidément les Prussiens ne semblaient pas vouloir venir à Navarrenx*, nous avons pris le train pour aller les chercher. Le régiment qu'on nous envoyait rejoindre faisait partie de l'armée de Chanzy*. Nous étions contents parce que Chanzy* (fig. 167) était un bon général, mais en arrivant nous étions moulus d'avoir passé un nombre incalculable d'heures dans des wagons ou sur le quai des gares. Nous rattrapons l'armée juste au moment où elle se repliait sur le Mans*. J'ai entendu les balles pour la première fois dans la forêt de Marchenoir*, je n'en ai même entendu que là. Ai-je eu peur? Un peu... Néanmoins je ne fis pas mauvaise figure. Je tiraillais consciencieusement; au petit bonheur, par exemple, car l'ennemi était invisible. La retraite par cette forêt dura longtemps; on reculait pas à pas, en se battant tous les jours. Bientôt, je ne tins plus sur mes jambes et, à l'entre-croisement de deux routes, je me laissai tomber à terre, tandis que les camarades continuaient leur chemin. Le froid était vif, et je m'engourdissais peu à peu. Je serais peut-être mort gelé si mes yeux, à un moment, ne s'étaient portés sur un écriteau où je lus: *Chasse aux loups réservée* (fig. 168). Finir par la balle d'un Allemand, soit, mais par la dent d'une vilaine bête, ah non! Du coup je ne sens plus la fatigue, je cours, je vole, je m'abats, je me relève, je me traîne et je finis par m'étaler presque expirant sur un trottoir de Blois*. On me porte à l'ambulance. Une

Fig. 167. — Chanzy.

bronchite épouvantable se déclare et une rechute manque de m'emporter. J'étais à peine remis quand l'armistice * a été signé. Tels sont mes exploits, madame... Ils n'humilient pas ceux de Napoléon.

— Vous avez fait votre devoir, monsieur Vincent. Que peut-on demander de plus?

Le coffret de chêne fut refermé jusqu'à nouvel ordre et l'on causa de choses et autres jusqu'à l'heure du coucher.

Les actes de l'état civil. — Le lendemain, après souper, le coffret de chêne fut remis sur la table ronde et l'on continua à en recenser le contenu.

Fig. 168. — Je serais peut-être mort gelé si mes yeux...

Hygiène : **Bronchite.** — La bronchite est une inflammation des *bronches,* lesquelles sont les deux conduits de la respiration.

Le *froid* et l'*humidité* sont les principales causes de bronchites. Les personnes qui se couvrent trop ou qui chauffent trop leurs appartements y sont plus sujettes que les autres.

La *toux* est le caractère principal de la bronchite.

La bronchite *légère*, vulgairement *rhume*, mérite à peine le nom de maladie; quelques tisanes suffisent pour la combattre.

Dans la bronchite *aiguë*, la *toux* est fréquente et quinteuse, les *crachats* abondants et filants, la *respiration* sifflante; le malade doit garder le lit et recourir au médecin.

Sur une chemise de papier gris, Moreau avait écrit en grosses lettres : *Actes de l'état civil*. Les pièces étaient classées chronologiquement*. La première parut curieuse. Ce n'était cependant qu'une simple copie, portant, comme attestation d'authenticité, la signature du greffier près le tribunal civil de Longueval et le timbre du greffe. En voici le texte :

« Extrait des registres de la paroisse Notre-Dame de
« Longueval. Le dix-neuvième novembre mil sept cent
« soixante-quinze a été baptisé Claude-Michel Moreau, né
« hier, fils légitime du sieur Jacques Moreau, maître bour-
« relier à Longueval, et de dame Julie-Perrine Lecoq. Le
« parrain est Louis Camus, maître tailleur audit Longue-
« val, et la marraine dame Madeleine Brancion, son épouse.
« Ledit enfant est né chez son père demeurant à Longue-
« val. Le père et le parrain ont signé. La mère n'a signé
« pour être absente. La marraine a déclaré ne savoir si-
« gner, de ce interpellée.

« Moreau.
« Camus.
« Frapillon, vicaire. »

D'après cet extrait de baptême, on établit facilement que Jacques Moreau était le trisaïeul de Charles et de Marguerite et que Claude-Michel était leur bisaïeul. Mais pourquoi cet acte était-il conservé au

---

La bronchite *capillaire* se reconnaît à des attaques de *suffocation*. Elle est très dangereuse et peut causer la mort par asphyxie.
La bronchite *chronique* ou inflammation persistante des bronches atteint souvent les vieillards. Le malade doit éviter soigneusement les refroidissements.
Quelquefois la bronchite est épidémique; elle prend alors le nom de *grippe*, d'*influenza*, etc.
L'usage de la flanelle est excellent si l'on a les bronches sensibles.

greffe du tribunal et non dans les archives de Notre-Dame?

— Consultons le *Dictionnaire encyclopédique*, dit Charles. Il sait tout ce livre-là... Cherchons à *État civil*.

Il trouva ce qui suit : « *L'état civil d'un individu fait connaître la date et le lieu de sa naissance, ses parents, ses nom et prénoms; il indique s'il est célibataire, marié ou veuf; enfin il constate son décès.* — « **Les actes de l'état civil sont inscrits dans des registres spéciaux tenus en double à la mairie de chaque commune;** *l'un de ces doubles est remis, à la fin de chaque année, au greffe du tribunal de l'arrondissement...* » Voilà un commencement d'explication.

— Oui, mais il s'agit d'un extrait de baptême et non d'un acte de l'état civil.

— C'est vrai, continuons... « *Ces actes sont au nombre de trois :* **Acte de naissance, acte de mariage, acte de décès.** *La rédaction doit en être faite*

Droit usuel : **Actes de naissance, de mariage, de décès.** — I. L'acte de naissance est *signé* par *deux témoins*, par le *déclarant* et par *l'officier de l'état civil*; il indique le jour, l'heure, le lieu de la naissance, les prénoms de l'enfant, les noms, prénoms, profession et domicile de ses parents et des témoins. La déclaration doit être faite dans les trois jours, par le père, ou par la personne chez qui l'enfant est né, ou par quelque médecin, etc.

II. L'acte de mariage est dressé après la *célébration publique* du mariage, par *l'officier de l'état civil* de la commune de l'un des deux époux, en présence de *quatre témoins*.

III. L'acte de décès est dressé sur la déclaration de deux *témoins*, autant que possible parents ou voisins du mort. Il énonce les noms, prénoms, profession, domicile de la personne décédée et les renseignements que peuvent fournir les témoins sur ses parents et sur son état civil. Le décès doit être constaté par un *médecin* ou par *l'officier de l'état civil*; l'inhumation ne peut avoir lieu que vingt-quatre heures après cette constatation.

« *avec beaucoup de soin, car ils servent à garantir les*
« *intérêts les plus graves des particuliers...* » Excellente recommandation... « *Les déclarations sont faites*
« *au maire ou à un adjoint de la commune, qui est*
« *désigné, pour cette fonction, sous le titre d'officier*
« *de l'état civil. Elles sont faites, soit par les parties*
« *elles-mêmes, c'est-à-dire par les personnes que l'acte*
« *concerne, soit par des déclarants qui viennent faire*
« *connaître les faits à l'officier de l'état civil. Les*
« *témoins, dont l'assistance est nécessaire, doivent être*
« *majeurs et jouir de leurs droits civiques...* » Donc ils doivent être du sexe masculin, l'impolitesse des hommes ayant refusé ces droits aux dames. Attention! Voici l'histoire de l'état civil... « *En 1539,*
« *François I er prescrivit aux monastères, chapitres* et*
« *curés ou vicaires de tenir registre des baptêmes avec*
« *mention de la date de la naissance; l'ordonnance fut*
« *complétée en 1559 par Henri II et refondue en 1709*
« *par Louis XIV. Mais, en somme, jusqu'en 1789, les*
« *registres ne furent tenus qu'au point de vue des*
« *sacrements de l'Église. La Révolution distingua les*
« *actes de baptême des actes de naissance, l'acte de*
« *mariage de la bénédiction nuptiale. Dans beaucoup*
« *de localités, les registres conservés par les paroisses*
« *furent transportés au greffe du tribunal de l'arron-*
« *dissement...* » Vive le *Dictionnaire encyclopédique* pour vous renseigner sur les choses!

Marguerite fit une réflexion :

— Mais, avant la Révolution, il y avait en France des protestants. Ils n'étaient certainement pas ins-

---

On peut toujours obtenir des copies des actes de l'état civil, désignées sous le nom d'*extraits des registres de l'état civil*, sur PAPIER TIMBRÉ du prix de 1 fr. 80 et moyennant un léger droit variable suivant l'importance des communes.

crits sur les registres des paroisses. Qui donc tenait leur état civil?

— Eux-mêmes, répondit Célestin. Je me rappelle avoir lu qu'autrefois les familles protestantes consignaient sur une bible tous les événements les concernant.

— Décidément, reprit Charles, il n'y a rien de nouveau sous le soleil. Les protestants ont alors inventé le *livret de famille* longtemps avant la **préfecture de la Seine**.

Célestin était plus ferré sur le passé que sur le présent, car il regarda son neveu d'un air étonné.

— Oui, mon oncle, le livret de famille... C'est une excellente mesure qui tend à se généraliser par toute la France. On remet aux époux, lors de la célébration du mariage, un carnet destiné à recevoir par extrait les énonciations principales de l'état civil : sur la première page, la date du mariage, les noms et prénoms des conjoints, ceux de leurs pères et mères; les pages suivantes sont réservées pour les enfants qui peuvent survenir. A chaque nouvelle déclaration, l'officier de l'état civil appose à la suite de la mention sommaire sa signature et le cachet de la mairie... C'est fort bien imaginé. Avec cela, les registres peuvent brûler, comme cela est arrivé. Et puis, il n'y a plus d'erreur

---

INSTRUCTION CIVIQUE : **Préfecture de la Seine.** — La ville de Paris * est soumise à un régime spécial. Outre les devoirs inhérents à sa qualité de préfet, le fonctionnaire qui occupe la **préfecture de la Seine** a dans ses attributions un certain nombre de services municipaux qui ailleurs sont du ressort des maires, l'*octroi*, l'*assistance publique*, etc. Il y en a, comme la *voirie*, dont il partage la direction avec la PRÉFECTURE DE POLICE. Le *conseil municipal* de Paris contrôle cette partie de l'administration préfectorale.

L'*état civil* est confié à des *maires* et *adjoints* pris en dehors du conseil municipal et nommés par le Gouvernement dans chacun des vingt arrondissements de Paris *.

possible dans l'orthographe des **noms** ou dans l'indication des **prénoms**.

L'aïeul Jean Moreau. — On parcourut ensuite divers actes relatifs à l'aïeul des enfants, Jean Moreau, né en 1806, époux de Justine Colin. Ceux-là, Charles

Fig. 169. — Le cordier Jean Moreau.

et Marguerite les connaissaient par les récits de leur père. Jean était cordier et ils savaient bien dans quelle allée de la promenade étaient autrefois installés son rouet, son touret et ses râteliers (fig. 169).

Droit usuel : **Noms et prénoms.** — Les noms et prénoms servant à établir l'identité des personnes, à assurer les droits de famille et de succession, nul ne peut *sans autorisation* porter d'autres nom et prénoms que ceux mentionnés dans son acte de naissance. Les demandes en changement ou addition de noms doivent être adressées au Ministre de la justice.

Toutes les fois qu'il y a lieu de *rectifier* un acte de l'état civil, soit parce que les noms ont été mal orthographiés, soit parce que les prénoms ont été omis ou transposés, il est nécessaire de s'adresser, par le ministère d'un avoué, au tribunal de l'arrondissement au greffe duquel le double des registres a été déposé.

Un digne homme que ce Jean Moreau, mais peu tendre pour les gamineries et les escapades de son garçon.

— Ah! le père Jean, disait parfois ce dernier, ce n'est pas à la baguette qu'il vous menait, c'est à la corde! Les mollets m'en cuisent encore. Et se plaindre à la maman, il n'y fallait pas songer. A ses yeux, tout ce que faisait le père Jean était bien fait. Pour toute consolation, j'obtenais, et pas toujours, un peu de graisse sur la peau, au cas où la corde avait cinglé trop fort... Ils m'aimaient bien pourtant, les bonnes gens! Mais, que voulez-vous? De leur temps, c'est ainsi qu'on formait la jeunesse. D'ailleurs, je n'ai jamais été châtié sans l'avoir mérité. J'étais parfois un franc polisson.

Quelque tristesse se répandit quand on en vint à des pièces plus récentes, à l'extrait de naissance du père tant regretté, de la mère trop tôt enlevée. Avec une émotion qu'il ne prenait pas la peine de cacher, Célestin donna aux deux enfants des détails qu'ils ignoraient sur les premiers temps de l'union de leurs parents. Il parla du désintéressement de Moreau et finit par s'écrier :

— Mes chers amis, si le coffret contient le contrat de mariage de ma sœur avec Moreau, vous pourrez vous convaincre que ce n'est pas pour son argent qu'elle a été épousée.

Un contrat de mariage. — Il était dans le coffret, ce contrat de mariage, soigneusement broché dans une couverture de papier vert. Maîtres François Désautels et son collègue[1], notaires à Longueval,

---

1. Cette formule : *Un tel, notaire à....., et son collègue*, est employée dans les actes notariés parce qu'ils doivent être revêtus de la signature de deux notaires.

l'avaient rédigé sur une belle feuille double de **papier timbré**.

Charles en lut à haute voix différentes clauses, les expliquant à sa sœur quand il le pouvait, se référant au fameux *Dictionnaire encyclopédique*, si lui-même se trouvait court.

« ARTICLE I. — Les futurs époux choisissent et adoptent
« pour loi de leur mariage le régime de la communauté
« réduite aux acquêts, tel qu'il est établi par le Code
« civil...

— Cela te dit-il quelque chose, Charles?
— Peuh!... La communauté, c'est évidemment le régime qui établit une association de fortune entre les époux ; les acquêts, cela désigne ce que les époux peuvent mettre de côté par leur esprit d'ordre ou leur industrie... Voyons toujours notre *Dictionnaire*... J'y suis... « *Communauté réduite aux acquêts.* — *Chacun*
« *des époux mariés sous ce régime conserve les pro-*
« *priétés qu'il avait avant le mariage et ceux qui peu-*
« *vent lui advenir par succession ou* **donation**. *Le*

DROIT USUEL : **Papier timbré**. — On appelle **papier timbré** un papier de fabrication particulière, dont les dimensions sont déterminées par la loi, et qui est marqué de deux timbres à l'angle supérieur gauche de la feuille. L'emploi de ce papier, sur lequel l'État a mis un impôt assez élevé, est obligatoire pour les *écritures judiciaires* et les *actes publics*.

On ne peut vendre de papier timbré que si l'on a une commission de l'administration de l'enregistrement. La plupart des bureaux de vente sont établis dans les débits de tabac.

DROIT USUEL : **Donation**. — La **donation** est l'acte par lequel une personne (le *donateur*) abandonne une chose en faveur d'une autre personne (le *donataire*) qui l'accepte.

Celui qui a des parents en ligne directe ne peut donner qu'une partie de son avoir, dite *quotité disponible*.

Les donations peuvent être *annulées* : 1° si les conditions sous lesquelles elles ont été faites n'ont pas été exécutées;

« mari administre les biens de sa femme, les dettes
« étant communes aux deux époux. Mais la loi permet
« à celle-ci une **renonciation** aux biens qu'elle a
« apportés et alors le mari est seul responsable du
« payement de ces dettes... » Je loue cette prudence
de la loi. Si la femme reste étrangère à la gestion
de ses biens, elle ne doit pas être victime des fautes
et des dissipations de son mari. Et il y en a qui en-
tendent si singulièrement l'économie domestique!...
Donc, si je comprends bien, la communauté réduite
aux acquêts ne se compose que des revenus ou bénéfices perçus pendant le mariage. Ce régime est, suivant le livre, le plus usité en France.

Célestin, qui avait écouté avec attention, prit la
parole :

— S'il est permis à un bonhomme voué au célibat
d'avoir une opinion sur la question, je dirai que ce
régime me semble fort équitable. Le mari et la femme
sont encouragés au travail et à l'épargne par la
pensée d'avoir une part égale dans les biens ainsi
produits, et celui qui des deux meurt le premier est
sûr de laisser sa fortune à ses enfants, ou, s'il n'en a
pas, il a le droit de la restituer à sa famille... Je
regrette de ne pas mieux connaître le droit civil.
Cette science me paraît fort morale. Tout cela est

2° en cas d'ingratitude du donataire ; 3° en cas de survenance
d'enfant au donateur qui n'en avait point de vivant au moment
de la donation.

Les donations d'immeubles doivent être transcrites au bureau
des HYPOTHÈQUES.

DROIT USUEL : **Renonciation.** — En cas de **renonciation** à
ses biens, la femme prend la moitié de ce que possède la
communauté (*actif*) et supporte la moitié des dettes (*passif*).

Si elle craint que les dettes soient trop considérables, elle a
le droit comme dans une SUCCESSION d'*accepter sous bénéfice
d'inventaire.*

donc parfait quand la femme a une dot. Seulement ma sœur n'en avait pas. Cherche dans le contrat, Charles, et vois quels étaient ses apports.

— Voyons... L'ARTICLE II concerne le fonds d'horlogerie... Le père avait de plus deux mille cinq cents francs d'argent... Ah! voici les apports de la future.

« ARTICLE III. — En faveur de ce mariage, M. et Mme Vin-
« cent donnent à Mlle Vincent, leur fille, un trousseau
« composé des meubles suivants : 1° un lit avec sa garni-
« ture... »

Suit une énumération : oreillers, édredons, matelas, draps, nappes, serviettes... Que de torchons, bon Dieu! et que de tabliers de cuisine!... Et puis une armoire en noyer à deux battants, avec fiches, serrures et clefs en fer... Il n'oubliait pas un détail, ce bon M. Désautels... Le tout estimé à mille quatre cent quarante-neuf francs.

— Rien en espèces? reprit Célestin.
— Je ne vois rien...

« ARTICLE IV. — Chacun des futurs époux reprendra à
« la dissolution de la communauté, avant tout partage, les
« habits, linges et hardes, montres et bijoux à son usage
« personnel. »

ARTICLE V... Dans cet article il s'agit de la renonciation à la communauté. C'est tout...

« Telles sont les conventions matrimoniales des futurs
« époux arrêtées en présence, etc... Dont acte fait et

DROIT USUEL : **Dissolution de la communauté.** — La dissolution de la communauté a lieu par la *mort* de l'un des époux, par la *séparation de biens*, la *séparation de corps*, le *divorce*, le jugement qui prononce la *nullité* d'un mariage présumé.

En cas de mort, l'époux survivant doit faire procéder à un INVENTAIRE, dans les trois mois du décès de son conjoint.

« passé à Longueval, au domicile de M. Vincent, l'an mil
« huit cent soixante, le vingt-six décembre, à dix heures
« du matin. Enregistré à Longueval... »

Suit la formule légale.

L'oncle Célestin poursuivait son idée au sujet de la nécessité des contrats.

— Donc, ma sœur n'avait rien qu'un lit, une armoire et beaucoup de torchons... Cela ne l'a pas empêchée au reste d'être plus heureuse qu'une foule d'héritières recherchées uniquement à cause de leur argent... Mais alors, pourquoi un contrat de mariage? Sans parler de l'enregistrement, messieurs les notaires ne donnent pas leur encre pour rien. Étaient-ils bien indispensables dans la circonstance? Que se serait-il passé si vos parents s'étaient mariés sans le ministère de maître François Désautels assisté de son collègue anonyme?

Le *Dictionnaire* donna le renseignement demandé. Les personnes qui, en se mariant, ne font pas de contrat de mariage, se trouvent placés, de par la loi, sous le régime de la *communauté légale*.

Cela ne suffisait pas à Célestin.

— En quoi la communauté légale diffère-t-elle de la communauté réduite aux acquêts?

— Attendez, mon oncle... « *En principe, sous le
« régime de la communauté légale, les époux gardent en
« propre les* **biens immeubles** *qu'ils possédaient indivi-
« duellement au moment du mariage ou qui, durant le*

Droit usuel : **Biens immeubles et biens meubles.** — Les biens sont immeubles : 1° par *nature* : les maisons, les champs, les vignes, les récoltes attachées au sol, etc.; — 2° par *destination* : les machines, les outils aratoires, le bétail, les pigeons, les ruches, les objets scellés dans le mur, et, en général, toutes les choses qui, quoique pouvant être transportées, font partie

« *mariage, peuvent leur advenir par donation, ou succes-*
« *sion; les* **biens meubles** *tombent en communauté...* »
Voilà la différence. Si la communauté est réduite
aux acquêts, les époux gardent la propriété de leurs
biens meubles comme de leurs biens immeubles.

— Je suis sûr, Charles, que si ta mère a écouté la
lecture de son contrat, elle n'y a entendu goutte.
Aurait-elle ri, cette bonne Marthe, si elle avait compris que tout ce grimoire * était pour défendre contre
Moreau son lit, son armoire et ses torchons!

Marguerite intervint :

— Mais, mon oncle, si maman avait gagné cent
mille francs à une loterie? Si un héritage lui était
tombé du ciel? Il me semble que faire un contrat
est toujours une bonne précaution... Y a-t-il encore
d'autres régimes pour les contrats de mariage?

— Parfaitement, répondit Charles qui étudiait son
Dictionnaire. Écoute : « *Les autres conventions sous*
« *lesquelles les futurs époux peuvent se placer en vue*
« *du mariage, sont : le régime sans communauté, le*
« *régime de séparation de biens, le régime dotal...* »
Le régime sans communauté, c'est clair; tout ce que
le mari et la femme possèdent en propre, à un titre
quelconque, leur appartient. Mais en quoi cela peut-il
être distinct de la séparation?... Je tiens l'explication : « *Le régime sans communauté donne au mari*
« *l'administration des biens de sa femme et le droit*
« *d'en toucher les revenus. Celui de la séparation de*

---

intégrante de l'immeuble ou sont nécessaires à une exploitation installée par le propriétaire; 3° par *destination de la loi*, comme l'usufruit * des choses immobilières.

Les **biens meubles** sont ceux qu'il est possible de déplacer, l'argent, les vêtements, tout ce qui constitue le mobilier (*meubles meublants*), etc.

« *biens laissé à la femme l'administration de sa for-*
« *tune personnelle et la jouissance de ses revenus; il*
« *ne l'oblige qu'à verser entre les mains du mari la*
« *part nécessaire aux charges du ménage...* » Et le mari sans doute dépêche l'huissier à sa femme quand elle est en retard. C'est un régime qui ne me plairait guère... Que peut donc stipuler de plus le régime dotal?... Ah! c'est que la dot ne peut être donnée ou vendue, même du consentement du mari et de la femme.... Parbleu! voilà qui est avantageux pour les créanciers! On fait crédit à un ménage qui vit richement, le règlement se fait attendre, on veut exiger son dû, et voici ce qu'on entend : « Désolé, mais monsieur n'a rien et madame s'est mariée sous le régime dotal. » Dites donc, mon oncle, il est moins moral que tout à l'heure le droit civil! Qu'un jour je fasse le commerce et j'exige de tous les clients qui ne me payeront pas comptant la production de leur contrat de mariage!

Célestin, à qui les choses du commerce étaient familières, répondit :

— Eh! mon garçon, cette publicité, on l'exige bien des commerçants. S'ils font un contrat de mariage, ils doivent en remettre au tribunal civil et au tribunal de commerce un extrait indiquant le régime qu'ils ont adopté... Il se fait tard; allons dormir

CHAPITRE XVIII

UNE BONNE MÈRE

Vieilles lettres. — Plusieurs fois, tandis que son frère et son oncle étaient à leur travail, Marguerite, restée seule, ouvrit le coffret de chêne.

Quelques lettres, enveloppées dans une feuille de papier fermée par un cordonnet rouge, l'attendrirent profondément. Elles portaient la date de 1875 et avaient été envoyées à Moreau par sa femme durant un voyage d'affaires qu'à cette époque il avait été obligé de faire en Franche-Comté et en Suisse. C'est à la fin de cette même année que Mme Moreau, dont au reste la santé était depuis quelque temps chancelante, était morte subitement.

Par ces lettres, Marguerite connut vraiment sa mère.

Sa mère! Marguerite se rappelait sa voix si affectueuse, surtout les dehors de la personne, sa physionomie aimable, son regard de bonté, quand elle la consolait dans ses petites afflictions de gamine : « Un gros chagrin, Marguerite?... » Alors la maman prenait la désolée sur ses genoux, essuyait ses yeux, peignait ses cheveux, et voilà la gaieté revenue! Pas trop dans les derniers temps toutefois, car alors l'air fatigué de Mme Moreau laissait Marguerite dans le trouble et l'inquiétude.

— Qu'a donc maman? se disait-elle.

Elle ne le comprit que trop, le jour où Moreau, pleurant, les épaules soulevées par des sanglots, la prit dans ses bras pour qu'elle embrassât le front d'un cadavre qui s'allongeait immobile dans un grand lit, la tête enfoncée dans l'oreiller (fig. 170). Et quel déchirement encore, quand Mme Ledru l'avait aidée à passer des vêtements de deuil, ces vêtements lugubrement noirs que la pauvre cousine, elle aussi, tachait de ses larmes!

Oh! c'était une maman que Marguerite avait bien aimée! Seulement, avant la lecture des lettres contenues dans le coffret de chêne, s'était-elle jamais rendu un compte exact des doux, mais constants efforts faits par sa mère pour lui perfectionner le cœur, pour aider l'institutrice dans la tâche de lui développer l'esprit? Peut-être, car Marguerite avait bonne mémoire et était personne de réflexion. Ainsi, elle disait volontiers : « Si j'ai des habitudes d'ordre, je les dois à maman qui me réprimandait

Fig. 170. — Elle ne le comprit que trop le jour où Moreau la prit dans ses bras.

quand ma boîte à ouvrage ou mon pupitre à écrire étaient mal rangés. »

Mais, en somme, ce fut par les lettres de sa mère qu'elle put juger des soins pris pour son éducation dans la famille. On y voyait que la préoccupation constante de Mme Moreau, c'étaient ses enfants. De Charles, il était naturellement moins question que de Marguerite : non pas que celle-ci fût préférée, mais Charles était déjà élevé pour ainsi dire et bientôt prêt à entrer dans la vie; sa sœur était encore une enfant que l'on formait.

La lettre suivante intéressa particulièrement Marguerite; ce n'est point parce qu'on y parlait beaucoup d'elle, mais plutôt parce que les traces de la sollicitude maternelle y étaient plus manifestes que dans toutes les autres.

« Longueval, le 28 mars 1875.

« Mon cher mari,

« Tu trouveras ci-inclus le dernier bulletin de
« Charles avec une lettre qu'il nous adresse de
« Châlons*. Le garçon te fait honneur, Moreau. Les
« renseignements envoyés par l'école prouvent que
« Charles gagne de jour en jour dans l'estime de
« ses maîtres ; ce qu'il écrit témoigne qu'il conserve
« avec amour le souvenir de la maison.

« Marguerite parle de toi quotidiennement. Hier
« elle me demandait : « Où est papa en ce moment ?
« — A Genève* en Suisse. » Il paraît que Mlle Bois-
« seau, dans ses leçons de géographie, n'en est pas
« encore à la Suisse, car il m'a fallu expliquer ce
« que je savais de ce pays. Peu de chose : beaucoup
« de grandes montagnes et beaucoup d'horlogers. La
« petite n'a pas été satisfaite ; nous avons pris l'atlas
« et fait un voyage en Suisse, moi dans mon fauteuil
« et Marguerite sur mes genoux. Cette petite m'em-
« barrasse parfois avec ses questions, mais je ne me
« plains pas, car cela prouve chez elle le désir de
« s'instruire. Tiens, toujours hier, me montrant sa
« grammaire, elle me dit : « Maman, à quel règne
« appartiennent les feuillets de mon livre ? » La
« maman fut tout interloquée. La petite, gravement :
« Au règne végétal, maman… Ne m'as-tu pas dit
« autrefois que le papier se fait avec des chiffons
« de coton, de lin ou de chanvre ? » Tu vas hausser
« les épaules, mon bon Moreau, en lisant ce bavar-
« dage. Mais de quoi veux-tu que parle une ma-
« man, sinon de son enfant ? D'ailleurs, au fond, je
« suis sûre que cela t'intéresse. Aussi je continue.

« Dernièrement Marguerite, pour se distraire de ton
« absence, s'est mise au ménage ; elle m'aide quand
« elle a quitté l'école. Je l'encourage et je lui laisse

« croire qu'elle m'est utile; je m'aperçois qu'elle est
« heureuse des services qu'elle s'imagine rendre.
« Il faut cultiver cette qualité-là. Notre petit jardin
« l'amuse toujours;
« je t'avais déjà dit
« un mot du goût
« qu'elle semble y
« prendre. Elle a ar-
« raché toutes les
« mauvaises herbes,
« et quelques bon-
« nes plantes avec.
« Cela durera-t-il
« quand le papa sera
« de retour et qu'il
« recommencera ses
« promenades avec
« mademoiselle ? Je

Fig. 171. — La vieille Simon l'escortait.

« le souhaiterais,
« car c'est un exercice salutaire. Décidément quand je
« suis sur l'article de cette pauvre mignonne, je ne sais
« plus finir. Je te conterai donc que, lundi passé, je la
« vois revenir de chez Mlle Boisseau; la vieille Simon
« l'escortait (fig. 171), portant deux gros livres des-
« tinés à être remis à M. Charpentier, notre loca-
« taire. Je fus un peu surprise. Marguerite me dit :
« Maman, comme Mlle Boisseau sortait avec les élèves
« pour aller mettre ces livres chez M. Charpentier à
« qui ils appartiennent, je lui ai proposé de faire la
« commission, car en ce moment elle a un gros
« rhume. Mademoiselle a bien voulu. Seulement,
« c'était plus lourd que je ne pensais. Devant le col-
« lège, comme j'étais embarrassée par mon cartable
« pour changer de bras, je me suis arrêtée près de la
« mère Simon qui fermait sa petite boutique en bois.

« L'autre jour, je lui avais ramassé des poires qui
« étaient tombées à terre; alors aujourd'hui elle m'a
« pris mon paquet et me l'a porté. Vois-tu, maman,
« c'est une vérité, ce que tu me dis souvent : « Aide
« les autres et on t'aidera. » Pourquoi ne pas t'avouer,
« mon cher mari, que j'ai été fort touchée que mes
« paroles fussent ainsi retenues et que l'enfant
« semblât prendre ainsi confiance dans mes petites
« leçons... Allons, ne vous impatientez pas, mon-
« sieur Moreau. C'est tout au sujet de votre fille.

« Rien de bien nouveau au magasin. Ton ou-
« vrier se met en quatre pour satisfaire les clients.
« Nous avons fait deux rentrées assez importantes,
« la **facture** Mouton et la facture Seguin. La vente
« n'a pas été fort : quelques bijoux bon marché le
« jour de la foire, une pendule et un réveille-matin.

« Ne te tourmente pas de ma santé. Je ne me
« sens pas bien solide, mais je suis certaine qu'il
« n'y a rien de grave dans mon cas. Ton retour me
« guérira certainement.

« Ta femme qui t'aime,
« MARTHE. »

Au-dessous, Marguerite reconnut son écriture :

« Papa, ta fille dépose dans ce rond trois baisers pour toi. »

DROIT USUEL : **Facture**. — La facture est la note que délivre un marchand et sur laquelle il indique les marchandises fournies à un client, ainsi que le prix de vente. Il faut aussi inscrire très exactement la date de la livraison et les conditions de payement. La plupart des factures portent en tête le nom du négociant et son adresse, le tout imprimé.

On peut prouver par témoins ou par correspondance que la facture a été acceptée par le client sans protestation, et alors en poursuivre le règlement. Il est donc très important pour les commerçants de délivrer des factures.

Une facture *acquittée* doit être munie d'un timbre, dit *timbre de facture*, si la somme est supérieure à 10 francs.

Et, en effet, un cercle, peu géométrique, était tracé au bas de la quatrième page.

Souvenirs de Marguerite. — Marguerite soupira en posant la lettre sur ses genoux.

— Maman, dit-elle à mi-voix, maman!... C'est un nom bien tendre à dire. Ils ont du bonheur ceux qui conservent longtemps celle à qui il s'adresse!

Et, pensive, elle évoqua le passé (fig. 172). Elle se

Fig. 172. — Et pensive, elle évoqua le passé.

Fig. 173. — Et l'enfant courait dans les bras qui s'ouvraient à elle.

vit toute, toute petite : tant soit peu colère, mais, aussitôt après, triste parce qu'elle se repentait. Elle vit sa maman qui, dans ces occasions, la guettait de l'œil et savait toujours choisir à propos le moment pour lui demander si elle était fâchée d'avoir été mauvaise.

— Oh! oui, maman!

Et l'enfant courait dans les bras qui s'ouvraient à elle (fig. 173).

En se remémorant certaines peccadilles d'autrefois, Marguerite se sentit un peu confuse :

— Étais-je peu raisonnable, mon Dieu! Qui sait? sans la maman que nous avions, je serais peut-être devenue méchante.

UNE BONNE MÈRE.

.... Méchante, vous, Marguerite! quelle invraisemblance! Vous aviez, durant vos premières années, les nerfs un peu excitables, et voilà tout. Cependant, votre maman avait raison de veiller; elle connaissait d'ailleurs le remède pour vous guérir : l'affection et les bons conseils.

Fig. 174. — Éponge.

Rappelés, les souvenirs vinrent en foule. Quelques-uns firent sourire Marguerite. Ainsi, toute jeune, elle n'aimait pas à être lavée; elle pleurait devant l'**éponge** (fig. 174). Une belle fois, sa maman l'avait laissée et lui avait dit :

— Reste sale, Marguerite... Mais, je t'en préviens, tu ne m'embrasseras plus, ni ton papa, ni Charles. On gagne du mal à toucher la **peau** des enfants malpropres.

LEÇON DE CHOSES : **Éponge.** — Les éponges sont des squelettes de zoophytes * marins. Leur apparence est celle d'un amas de *tissus fibreux*, plus ou moins *serrés*, plus ou moins *élastiques*, susceptibles de *recevoir l'eau* dans leurs interstices et de *se gonfler* considérablement. Les éponges se trouvent au fond de la mer, attachées aux rochers; on les pêche surtout dans la *Méditerranée*.

Avant d'être livrées au commerce, les éponges grossières qui servent à nettoyer les meubles, les voitures, etc., sont simplement débarrassées du sable et des matières organiques * qu'elles renferment, puis lavées à grande eau. Celles qui servent à la toilette sont, de plus, blanchies au moyen du chlore *.

HYGIÈNE : **Peau.** — La peau, qui est l'organe du *toucher*, est composée chez l'homme de *quatre couches*; elle est percée d'une multitude de petits orifices appelés *pores* (plus d'un millier par 8 centimètres carrés).

Par ces pores, la peau est le siège d'une véritable *respiration* supplémentaire qui complète celle des poumons; il est donc nécessaire de la nettoyer souvent pour lui permettre de fonctionner facilement; la malpropreté, outre qu'elle est repoussante, peut être l'origine d'une foule de maladies graves. C'est l'*eau* froide ou tiède qui doit être employée pour la toilette de la peau; l'usage des *cosmétiques* et autres préparations du même genre ne peut qu'être nuisible.

Alternative terrible! de l'eau bien froide ou plus de caresses. Héroïquement, Marguerite était allée à la cuvette.

— Vraiment, pensa-t-elle, maman savait me prendre.

L'aboiement d'un chien dans la rue lui remit en mémoire sa querelle avec Turco et une autre leçon que sa mère avait su en tirer. Turco était un joli caniche noir que Moreau avait donné à Marguerite âgée d'environ six ans. Une fantaisie avait pris un jour à la petite de vouloir passer un **peigne** (fig. 175)

Fig. 175. — Une fantaisie avait pris un jour à la petite de vouloir peigner Turco.

LEÇON DE CHOSES : **Peigne.** — Les peignes sont fabriqués principalement avec la *corne*, l'*écaille*, l'*ivoire*; le procédé de fabrication est à peu près le même pour tous.

La matière, ramollie par la chaleur, est soumise à l'*aplatissage*. Ensuite, une forme bien *plane* lui est donnée en la mettant, encore chaude, dans des presses formées de plaques de bois que l'on serre avec des vis. Alors commence une série assez longue d'opérations qui constituent la fabrication proprement dite du peigne. Voici les plus importantes : on trace sur les plaques employées des *lignes indiquant la forme du peigne* et on les *découpe*; les *dents* sont *taillées* avec une machine dont l'outil est une petite scie; les *arêtes* sont *adoucies* à l'aide de petites meules d'émeri * et le *polissage* définitif est effectué à l'aide de la pierre ponce en poudre.

Les usines d'*Ezy* * et d'*Airaines* * pratiquent avec succès la fabrication mécanique des peignes.

Pour tout le monde, peigner régulièrement ses cheveux tous les matins est un soin vulgaire de propreté qu'il n'est pas permis de négliger.

dans les longs poils frisés de son camarade à quatre pattes. La perruquière s'y prenait mal, et le jeu n'était pas du goût de Turco qui faisait piteuse mine et poussait de petits jappements plaintifs. A un moment, le chien s'échappe ; mademoiselle le rattrape et veut continuer la toilette commencée. Turco grogne et montre les dents ; la petite s'effraye, crie ; la maman accourt.

— Donne une tape à Turco, maman... Il a voulu me mordre.

— Turco, te mordre ! tu le taquinais donc bien ?

— Je voulais le peigner, maman,... comme tu me peignes.

— Voyez-vous cette peigneuse de chien ! Tu faisais souffrir Turco avec ton peigne, Marguerite. Je suis certaine qu'à son air il était facile de le deviner. Si maintenant je lui donnais une tape, j'aurais grand tort, car il serait battu pour s'être défendu... Il t'a fait mal ?

— Il m'a fait peur seulement.

— Réfléchis un peu, Marguerite, et tu conviendras que, dans cette affaire, Turco a montré plus de raison et de sagesse que toi. Il aurait pu te mordre et il ne l'a pas fait, parce que c'est une bonne petite bête qui t'aime... Toi, tu demandes qu'il soit puni des ennuis que tu lui as faits. C'est une grosse injustice.

Une grosse injustice !

Oh ! le raisonnement de la maman était clair ; on ne pouvait pas dire non. Marguerite avait songé à commettre quelque chose d'aussi affreux ! Quel chagrin qu'une telle idée ! Pleine de remords, elle avait posé son peigne malencontreux et était allée faire ses excuses à Turco. Selon toute probabilité, celui-ci ne les avait qu'imparfaitement comprises, mais il n'avait pas tenu rancune à son amie.

..... Jusqu'à la tombée de la nuit, Marguerite revécut ainsi ses premières années, tantôt émue, tantôt égayée par les faits qu'elle repassait dans son esprit. Enfin, le soir venant, elle quitta son siège et serra toutes les lettres de sa mère dans le coffret en murmurant :

— Pauvres chers parents... La mère valait le père, et le père était le meilleur des hommes.

CHAPITRE XIX

QUI COMMENCE TRISTEMENT ET FINIT JOYEUSEMENT

Anniversaire. — Huit décembre !
Le matin de ce jour-là, qui est un dimanche, on se lève triste dans la petite maison du faubourg : c'est l'anniversaire de la mort de Moreau. Marguerite reste silencieuse ; Charles cause de choses indifférentes avec Célestin, mais il est visible que l'esprit du neveu et de l'oncle est ailleurs qu'à la conversation.

Le facteur sonne et remet trois lettres : l'une, timbrée de Paris*, est pour Marguerite, avec une autre timbrée de Longueval ; la dernière également timbrée de Longueval est pour son frère. La lettre de Paris* est de Mme Ledru. La brave femme rappelle son affection pour le père et la mère de ses cousins, son chagrin lors du malheur qui les a frappés il y a un an et finit par quelques détails sur les siens : les trois enfants vont bien, mais Anatole est mal portant ; aussi elle maudit Paris* de plus en plus. La suscription de la lettre venue de Longueval pour Marguerite a été évidemment tracée par un enfant qui s'est appliqué ; sur celle de la sienne, Charles a reconnu la large et ferme écriture de Justin Hubert.

C'était la petite Juliette Martin qui écrivait à Marguerite. L'orthographe de Juliette, son accentuation, sa ponctuation, sont bien un peu fantaisistes, mais Marguerite n'a pas envie de sourire devant l'inexpérience de sa correspondante. Elle est prise au cœur par la naïveté de l'enfant, par sa sincère et persistante affliction d'avoir été la cause involontaire d'un terrible malheur.

« Longueval, 7 décembre.

« Mademoiselle Marguerite,

« Comme M. Hubert a dit à maman que je pou-
« vais vous écrire sans vous faire trop de peine, je
« vous envoie cette lettre pour vous dire qu'en ce
« moment je pleure beaucoup en pensant à vous,
« et à votre papa qui m'a tirée du puits où je me
« noyais, et aussi à M. Charles. Il y a déjà un an
« que la chose s'est passée et j'ai toujours autant de
« chagrin quand je pense que, sans moi, vous seriez
« encore à Longueval avec votre papa qui vous
« aimait tant. Je pense, malgré cela, que vous ne
« m'en voulez pas. Je me rappelle que vous m'avez
« embrassée au cimetière la veille du jour où vous
« êtes partie, et vous ne l'auriez pas fait si vous
« m'en aviez voulu. Tous les mois je vais avec
« maman porter sur la pierre de M. Moreau un
« petit souvenir que j'achète avec les sous qu'on me
« donne. Nous irons demain mettre une couronne
« en perles. J'aurais mieux aimé des fleurs, mais en
« ce moment il n'y en a pas. Les plantes qui sont
« autour de la pierre sont très bien soignées. C'est
« M. Hubert qui s'en occupe, avec sa dame et
« Jacques l'apprenti. La dernière fois que nous

« sommes allés au cimetière nous avons rencontré
« le monsieur décoré (fig. 176) qui était l'ami de

Fig. 176. — Nous avons rencontré le monsieur décoré.

« votre papa. Il mâ-
« chait sa moustache
« comme quelqu'un
« qui a de la peine
« J'ai dû faire beau-
« coup de fautes dans
« ma lettre, parce que
« je ne suis pas encore
« bien savante. Il faut
« m'excuser. Je vais à
« l'école de Mlle Bois-
« seau chez qui vous
« avez été dans le
« temps. Elle parle
« souvent de vous.

« Si vous voulez bien, mademoiselle Marguerite,
« je vous embrasse très fort et je salue monsieur
« Charles. Maman fait de même.

« Votre petite servante,
« JULIETTE MARTIN. »

Durant cette lecture faite à haute voix, Marguerite
s'était senti la gorge serrée et ses yeux avaient un
peu rougi. Ensuite Charles décacheta la lettre de Justin
Hubert. Deux feuilles isolées s'en échappèrent; il y
jeta un coup d'œil et les tendit à sa sœur :

— Pour toi... C'est un mot de Jacques l'apprenti à
ton adresse et un autre de Mme Hubert... N'y aurait-
il que Désormes et M. Weber qui nous eussent oubliés?

— Oh! Charles... attendons.

Marguerite avait raison, car presque aussitôt son
frère s'écria, interrompant sa lecture :

— Désormes vient de passer huit jours à Longueval!... Il a dîné chez Hubert avec M. Weber!... Tous deux ont dû partir avant-hier pour Paris * à destination définitive de Lille *!

Ce fut une joie qui chassa pour un temps les souvenirs amers.

— Eh! reprit Charles, ce brave Justin écrit comme il parle : peu et bien. Trois mots lui suffisent pour exprimer ses sentiments... Voilà, par exemple, qui est moins net. Sur le voyage de Désormes et de M. Weber, il a une phrase d'un mystérieux! Écoutez-moi cela :

« Ces deux messieurs m'ont laissé entendre qu'en dehors
« du plaisir de vous voir, leur voyage à Lille * avait un but
« dont il ne m'appartient pas de parler plus clairement... »

— Quel but? demanda Célestin.

— Il ne m'appartient pas non plus de parler plus clairement, mon oncle. Demandez à votre nièce. Ce but, elle le devine un peu, je crois.

— Eh bien, ma nièce ?...

Marguerite devinait sans doute, car elle se leva, alla derrière son oncle, le prit par la tête et lui souffla quelques mots à l'oreille (fig. 177).

Fig. 177. — Marguerite se leva, alla derrière son oncle.

— Bah!... Tiens!... Mais c'est parfait!... Je l'adore, moi, ce Pierre Désormes. Enchanté qu'il veuille devenir mon neveu!

La fiancée du marin. — Le mot de l'énigme envoyée par Hubert était en effet facile à deviner. Par une lettre datée d'Alger*, Pierre avait fait savoir dernièrement à ses amis de Lille* qu'il était nommé mécanicien principal de deuxième classe (fig. 178), ce qui l'assimilait à un enseigne de vaisseau, officier dont le rang répond à celui d'un lieutenant dans le service de terre.

Fig. 178. — Pierre Désormes, mécanicien principal de 2ᵉ classe.

Il pouvait donc honorablement offrir sa main à la fille de Moreau.

Célestin, qui avait parfois la langue un peu longue, ne put retenir une réflexion que, sans nul doute, il aurait mieux fait de garder pour lui.

— Mais, diable! ma pauvre Marguerite, avec un mari dans la marine, tu seras épouse comme notre amie Mᵐᵉ Degand est mère et grand'mère. Gare aux ordres d'embarquement! — Mais, mon commandant, je suis marié depuis trois mois. — Mes compliments, monsieur... Allez donc vérifier l'état des chaudières du bâtiment.

Et, sur l'air un peu contraint de sa nièce et de son neveu, l'oncle ajouta :

— Allons, bon, encore une sottise de ma part! Comme si je n'aurais pas mieux fait de me taire!

— Ma foi! puisque vous le dites..., riposta Charles un peu fâché.

— Ne regrettez pas vos paroles, mon oncle, dit Marguerite. Ce que vous me dites, j'y ai songé depuis longtemps. Assurément, il est dur d'être longtemps et souvent séparé de celui qui devrait être le compagnon journalier de votre vie. Ajoutez que, pour la femme d'un marin, le chagrin de l'absence se complique de craintes continuelles; un bâtiment se perd, une chaudière éclate, que sais-je, moi? Je me rends compte si bien de tout cela que, depuis mon engagement avec Pierre, je n'ose plus lire un récit d'aventures sur mer; maintenant, le seul mot de naufrage me fait frémir. Mais, voyez-vous, si par cette union je me prépare certaines tristesses dont ce pauvre Pierre ne sera pas coupable, je suis certaine que, durant ses séjours auprès de moi, il saura les compenser par un redoublement d'affection... Et puis, je ne serai pas seule. N'aurai-je pas Charles et la famille que, sûrement, il formera, lui aussi, après mon mariage? Ne vous aurai-je pas toujours, mon oncle?

— Certainement, certainement, répéta l'oncle qui, sans ménagement, se traitait intérieurement de sot animal.

C'était un qualificatif peu respectueux dont il usait volontiers à l'égard de son propre individu.

Une idée heureuse lui passa, qui vint réparer le mauvais effet d'une réflexion faite à contre-temps.

— Et puis, vois-tu, Marguerite, ce qu'il y a de bon c'est qu'un mariage avec Désormes te laissera à la famille. Pierre était quelque peu le fils adoptif de Moreau; il est quelque peu le frère de Charles, il sera donc quelque peu mon neveu. Avec lui, pas de crainte qu'après la cérémonie, il emmène sa femme en nous disant : « Bonsoir, messieurs... Vous viendrez nous voir de temps en temps... Pas trop souvent, n'est-ce pas? »

— J'ai vu en effet, dit Charles en riant, des cas où le mariage était un véritable adieu des époux aux familles d'où ils sortaient... Par exemple, je ne garantirais pas que le petit discours ait été tenu.

L'oncle ragaillardi finit par une longue tirade destinée à empêcher sa nièce de se monter la tête au sujet des absences de Pierre et des dangers qu'il pourrait courir. D'abord, les congés étaient très longs et on pouvait être employé à terre; ensuite, les navires de guerre étaient actuellement si bien faits qu'ils étaient insubmersibles, les chaudières à vapeur n'étaient que d'innocentes bouillottes, et si les hasards voulaient qu'on échouât chez les sauvages, on ne trouvait plus d'anthropophages avec des anneaux dans le nez, mais des messieurs charmants, un peu foncés de peau, mais aussi bien habillés que les mannequins de la *Belle Jardinière* à Paris *.

C'était une riche imagination que celle de l'oncle Célestin.

Où des amis se retrouvent. — A la fin du déjeuner, Charles dit en pliant sa serviette :

— M. Weber et Pierre penseront sans doute à nous prévenir de leur arrivée.

Célestin, paraît-il, trouvait tout naturel chez les autres ce qu'il oubliait de faire, car il s'écria :

— Parbleu! Crois-tu qu'ils ignorent l'usage du télégraphe?

Son neveu et sa nièce ne purent s'empêcher de rire. Sans se déconcerter, l'oncle reprit :

— Oui, je sais, je suis tombé ici à l'improviste. Mais le percepteur et le marin que nous attendons ne sont pas des têtes à l'évent comme moi.

Juste au moment où il faisait cette réflexion dénuée d'amour-propre, Mme Bertin, venue à la maison pour son service quotidien, recevait un papier bleu à l'adresse de Charles.

« Serons à Lille * ce soir vers sept heures.

« WEBER. DÉSORMES. »

Et Célestin triomphant :

— Quand je le disais, mon neveu !

On prit les arrangements nécessaires pour la réception des hôtes qui s'annonçaient. Aucune difficulté. Mme Degand, dont l'obligeance ne pouvait être mise en doute, mettrait la chambre de sa fille à la disposition de Marguerite, et celle-ci céderait la sienne à M. Weber; Pierre partagerait celle de Charles. Puis on consulta l'*Indicateur des chemins de fer* pour savoir à quelle heure exacte le train de Paris entrait en gare de Lille *. Charles et Célestin iraient recevoir leurs amis pendant que Marguerite s'occuperait du dîner.

— Et surtout, ma nièce, mettons les petits plats dans les grands, commanda Célestin... Nous ne pouvons donner un meilleur souvenir à ton père que de recevoir de notre mieux les gens qu'il aimait.

Recommandation bien inutile, oncle Célestin !

A la gare, Charles demande :

— Pas de retard pour le train de Paris* ?

— Non, monsieur, on le signale.

Dix minutes après, dans le couloir où l'on attend les voyageurs, apparaissent le ruban rouge et les longues moustaches du percepteur d'Origny. Il est suivi d'un grand et fort garçon que, même à défaut d'une casquette cerclée d'or, son allure, son teint bronzé, la coupe spéciale de ses favoris, auraient fait reconnaître facilement pour un marin; c'est Pierre Désormes (fig. 179).

Et les questions amicales, les interjections joyeuses se mêlent aux accolades.

— Nous nous sommes donc décidés à rejoindre, vieux déserteur ? dit Weber à Célestin, pendant qu'une voiture emportait vers le faubourg hommes et valises.

— Avec armes et bagages, capitaine.
— Allons, encore une poignée de main, bohémien!
— Et votre caisse, capitaine?

Fig. 179. — Il est suivi d'un grand et fort garçon.

— Mon canonnier et mon chien la gardent en compagnie d'un jeune surnuméraire que m'a envoyé l'administration.

Marguerite courut à la porte en entendant le fiacre qui s'y arrêtait.

Nouvelles expansions, tout aussi affectueuses, quoiqu'un peu moins bruyantes.

— Et la soupe, Marguerite? interrogea Célestin.

— Elle est prête, mon oncle.
— Alors à table, les amis.

La demande en mariage. La causerie erra sur bien des sujets, sur le passé surtout. L'avenir devait avoir son tour plus tard. Enfin Marguerite, qui ne voulait pas faire veiller trop tard l'hospitalière Mme Degand, se retira chez la voisine, et les hommes restèrent seuls (fig. 180). Weber, ayant jeté un regard à Pierre, se leva et, s'adressant à Célestin qui était debout devant la cheminée, lui dit :

— J'ai une communication à vous faire, Célestin... Je regrette que mes gants soient restés dans mon pardessus, car ils sont, je crois, de rigueur en pareille circonstance...

Puis, d'un ton cérémonieux :

— Monsieur Vincent, je suis chargé par notre ami Pierre Désormes, ici présent, de vous demander la main de Mlle Marguerite, votre nièce.

Fig. 180. — La demande en mariage.

Du même air, Célestin répondit :

— Monsieur Weber, la famille est très honorée.... Mais ma nièce ne dépend que d'elle-même. Toutefois je n'hésite pas à dire que si elle agrée M. Désormes, son frère que voici, et moi-même, nous en serons fort heureux.

Puis, laissant les manières officielles, il se tourna vers Désormes.

— Dites donc, Pierre, entre nous, je crois qu'elle vous agrée fort bien.

Le lendemain, Charles et son oncle avaient, l'un de M. Verlinde, l'autre de son filateur, la liberté de l'après-midi ; le déjeuner put donc se prolonger. Mme Degand y assistait. Désormes lui était connu mieux que de nom ; Marguerite, lors du dernier avancement de Pierre, lui avait confié le projet d'union entre elle et le nouvel officier mécanicien et, ma foi, elle n'avait pas marchandé les éloges à son futur mari. La vieille dame les trouva fort mérités.

Au dessert, Charles dit :

— Parle, Désormes. Mme Degand est une amie pour qui nous n'avons pas de secrets... Toi, écoute, Marguerite.

Pierre dit de sa voix mâle et franche :

— Marguerite, vous rappelez-vous la réponse que vous avez faite à certaine demande que je vous ai adressée, il y a trois ans environ, devant votre père et votre frère?

— Très bien, Pierre.

— Vous n'avez pas changé d'avis?

— Pierre, je n'ai pas mis de forme solennelle à l'engagement que j'ai pris à ce moment; c'était inutile entre nous, n'est-ce pas? Mais, je suis prête à le tenir, si vous voulez.

— Alors, votre main, Marguerite (fig. 181)!

Marguerite la tendit sans se faire prier.

— Vous m'acceptez pour votre mari?

—. Oui, car, aujourd'hui, j'ai autant d'affection pour vous que j'en avais il y a trois ans; aujourd'hui, comme alors, je vous crois capable de protéger la femme de votre choix.

— Je suis très heureux, Marguerite..

Charles s'écria :

— Voilà qui est entendu. Maintenant expose à Marguerite ce que tu m'as conté hier.

Marguerite retournera à Longueval. — Pierre s'exécuta :

— Ma chère Marguerite, je mentirais si je disais que mon métier m'ennuie; toutefois, faire de vous la femme d'un marin, cela ne m'aurait plu qu'à moitié.

Célestin ne souffla mot, mais, fort de ces paroles

Fig. 181. — Alors, votre main, Marguerite.

de Pierre, il retira tout bas les mauvais compliments

qu'il s'était adressés à déjeuner et ne trouva plus si maladroit son propos au sujet du mariage de Marguerite avec un marin.

Cependant, Pierre poursuivait :

— Je songeais donc, depuis longtemps, à démissionner et à chercher un emploi convenable qui me permît de vivre aux côtés de ma femme. Cependant, je ne voulais me retirer qu'avec les honneurs de la guerre, c'est-à-dire avec un grade prouvant que j'avais été un bon serviteur du pays. Excellentes conditions au reste pour me placer plus avantageusement. A cette considération est venue s'en joindre une autre. Dernièrement, en débarquant à Toulon *, j'allai visiter un vieux mécanicien en chef retraité qui m'avait protégé à mes débuts, un ancien de Châlons *, lui aussi. Je lui dis que je songeais à me marier.

— Et sans doute, fit-il, la future a l'apport réglementaire?

Je restai stupéfait. On exige dans l'armée de terre que les futures des officiers aient un revenu annuel de 1200 francs, non compris le trousseau ; je le savais, mais j'ignorais absolument que cette disposition fût étendue à la flotte. Documents en main, le vieux retraité me le prouva...

— Je n'ai pas 1200 francs de revenu, mon pauvre Pierre, dit Marguerite.

— Je le suppose... D'ailleurs, ce que vous avez ou n'avez pas, ma chère Marguerite, je ne veux le savoir que quand le notaire rédigera notre contrat... Je continue. Ma résolution de quitter la marine fut prise immédiatement sans retour. J'en fis part à mon ancien.

— Attendez donc, me fit-il, n'êtes-vous pas de Longueval?

— Des environs du moins.

— Connaissez-vous la **fonderie** Legrand? Legrand sort aussi de notre école.

— Je le connais un peu.

— J'ai conservé des relations avec ce vieux camarade... Vous irez à Longueval le trouver avec une lettre écrite par moi. Il a quantité de relations, et je ne doute pas qu'il ne trouve à vous caser dans l'industrie.

Excellent conseil! M. Legrand me reçoit à bras ouverts. Et savez-vous ce qu'il me propose? La gérance de sa fonderie avec intérêt dans la maison.

— Je me fais vieux, me dit-il, et cependant je n'ai pas encore envie de vendre. Acceptez ce que je vous propose. Vous ne vous en repentirez pas. J'aime à aider les jeunes camarades de Châlons. Qui sait si un jour vous ne deviendrez pas propriétaire de l'établissement?

Un traité est passé, signé, et voilà comment nous célébrerons la noce à Longueval... M. Legrand est

---

Leçon de choses : **Fonderie.** — Les fonderies sont des usines où l'on fond les métaux pour en faire des objets utiles aux arts, des ustensiles, des outils pour l'économie domestique, etc.

La plupart de ces usines fondent du MINERAI DE FER pour obtenir ce qu'on appelle particulièrement de la *fonte.*

On distingue : 1° la *fonte noire,* qui s'obtient dans les hauts fourneaux où l'on a employé plus de charbon que de minerai; elle est de couleur foncée et cède sous le marteau; — 2° la *fonte grise,* de qualité supérieure, très solide et très tenace, susceptible d'être tournée et forée; — 3° la *fonte blanche,* très cassante et dure; on appelle *fonte mazée* ou *fine métal* une espèce de fonte blanche refroidie brusquement par une aspersion d'eau froide.

Les fontes sont dites *moulées* quand elles sont converties en ustensiles de toute espèce, pièces de mécanique, grilles, balcons, plaques de cheminées, tuyaux pour la conduite des eaux, etc.; tous ces objets sont jetés dans des *moules en sable.*

Il y a aussi des fonderies de *cuivre,* de *zinc,* d'*étain,* de *caractères* d'IMPRIMERIE, de PLOMB, etc.

votre ancien patron, monsieur Vincent. Vous savez qu'il vous regrette toujours. « Qu'avait donc contre moi ce diable de Célestin pour me quitter aussi brusquement ? » m'a-t-il répété à plusieurs reprises.

— Rien du tout, confessa Célestin... Le bureau du comptable est toujours au fond du jardin?

— Toujours.

— Jolie installation, soupira l'oncle.

— Revenez-y prendre votre fauteuil.

Quand Pierre eut fini, Mme Degand dit tout bas à Marguerite :

— Ma petite, si vous n'êtes pas heureuse avec ce garçon-là, c'est à désespérer des hommes.

CHAPITRE XX

CONCLUSION

Mariage de Marguerite et de Pierre. — A l'expiration de son deuil, Marguerite a épousé Pierre qui a démissionné. Le cortège est parti de chez Justin Hubert; le brave garçon et sa digne femme, aujourd'hui maman d'un gros bébé, ont absolument voulu loger la fille de leur ancien patron en attendant le grand jour. Charles et Célestin étaient les témoins de Marguerite; M. Weber et M. Legrand ceux de Désormes. Le maire, M. Huet (fig. 182), fit aux nouveaux mariés un petit discours qui les émut par la cordialité de ses souhaits et le souvenir qu'il donna à Moreau. Il acheva en ces termes :

— Madame et monsieur, le code ordonne aux époux fidélité et assistance mutuelles; c'est un point sur lequel je n'insisterai pas devant vous. Les exemples qui ont été donnés à l'un et l'autre dans la famille dont vous sortez, madame, et dont vous, monsieur, avez été presque l'enfant adoptif, ont suffi pour vous enseigner tous les devoirs de la vie... Je regrette seulement qu'à cette union n'assistent ni la mère de Mme Désormes, ni l'homme qui a laissé dans notre ville une réputation signalée d'honneur, de probité et de courage, Louis Moreau.

On partit pour Notre-Dame au bruit des cloches sonnant à toute volée.

Fig. 182. — Le maire, M. Huet, fit aux nouveaux mariés un petit discours.

Il y avait foule dans l'église et sous le porche. On s'accorda à trouver le couple fort bien appareillé, Pierre robuste et grave sous son uniforme, Marguerite charmante sous sa très simple toilette blanche.

Mais le grand succès de curiosité fut pour Célestin, quand, correctement revêtu d'un habit noir, il entra dans Notre-Dame donnant le bras à sa nièce et tout rayonnant.

— Juste ciel! s'écria Longueval... Mais c'est M. Célestin Vincent!

Célestin n'était arrivé que de la veille.

— M. Célestin en personne, fit une commère bien informée... Et on dit qu'il a fait fortune dans les îles.

Dans quelles îles? Ah! la commère bien informée

ne savait pas... Dans les îles, cela s'entend, quelque part, très loin, au bout du monde.

Pauvre Célestin, lui, faire fortune!

Thomas, peu connu à Longueval, intrigua aussi le public pour sa part. On se sentait d'ailleurs plein de sympathie pour cet invalide sanglé dans une longue redingote boutonnée du haut en bas, pour son ruban multicolore, témoignage d'humbles et loyaux services rendus à la patrie partout où elle avait porté son drapeau. En compagnie de Pierre et de Mme Hubert, Marguerite était venue à Origny demander à M. Weber la permission d'inviter le vieux troupier à son mariage et au dîner qui suivrait.

— Il a été mon professeur, vous savez! avait-elle dit en souriant.

— Un ancien artilleur médaillé est partout à sa place, avait sentencieusement répondu le percepteur.

Et de sa voix de commandement :

— Canonnier!

— Mon capitaine?

— Mlle Moreau te fait l'honneur de te prier d'assister à sa noce... Tu acceptes. Remercie.

Pour tout remerciement, Thomas, étranglé par l'émotion, avait fait le salut militaire, portant la main droite au côté droit d'un képi imaginaire, tandis qu'il regardait Marguerite avec des clignements d'œil reconnaissants. Tout à coup, l'idée du devoir l'avait emporté sur la joie, et il s'était écrié, quittant l'attitude réglementaire :

— Et la caisse?

Weber l'avait rassuré.

— Elle sera vide pour la circonstance.

Et voilà comment, dans l'église de Longueval, on pouvait contempler l'honnête figure de Thomas qui, certes, ne déparait pas une réunion de braves gens.

Le garçon et la demoiselle d'honneur étaient Albert et Fanny Ledru, venus avec leur mère ; pendant qu'ils faisaient la quête d'usage, les grâces un peu mièvres de ces petits Parisiens firent l'ébahissement des bonnes gens de Longueval habitués à plus de simplicité. Anatole, retenu par son bureau, et mal portant d'ailleurs, n'avait pu quitter Paris *. Ajouterons-nous que Mme Degand s'était décidée à quitter son cher faubourg pour être présente au mariage de sa petite amie ?

Durant le repas qui eut lieu au *Soleil d'Or*, M. Legrand, qui était à côté de Charles, lui dit :

— A quand votre tour, mon jeune camarade ? Mariez-vous au plus tôt, et je cède définitivement ma maison à Pierre Désormes et Charles Moreau, je n'y reste que sous le vocable : *et Cïe*... L'argent ?... Vous payerez par annuité, si les fonds vous manquent ; je puis attendre. Pensez-y.

Eh ! Charles y pensait assez... Soyez sûrs que la chose se fera sous peu. Charles, honnêtement marié, deviendra l'associé de son beau-frère, et Célestin reviendra alors dans le bureau de la fonderie, tout au fond du jardin.

Ce que deviendront les autres personnages. — Et que deviendra-t-on dans le faubourg de Lille *?

M. et Mme Verlinde auront toujours les mêmes motifs de chagrin ; l'industriel regrettera Charles Moreau, mais lui tiendra si peu rancune de son départ qu'il mettra à sa disposition son crédit et ses relations industrielles. Mme Degand, privée de ses petits voisins, se décidera, la bonne femme, à aller habiter cette vilaine Afrique où, chose étonnante, elle se trouvera promptement heureuse. Pour la servir, elle y emmènera Léonie Bertin, qui s'y remettra des premières atteintes du mal dont elle serait morte à Lille *. Claude mourra d'alcoolisme; mais sa femme aura le bonheur de voir revenir son Henri corrigé par la dure main du capitaine Jean-Martin.

Et les Letellier? Et les Baptiste? Et tous les autres? Ils auront le sort qu'ils se seront préparé eux-mêmes : heureux si, par l'accomplissement des devoirs de famille, ils ont su se ménager la plus grande des félicités terrestres, malheureux au cas contraire.

FIN

LEXIQUE

(Ce lexique contient tous les mots marqués d'un astérisque dans le corps de l'ouvrage; il ne donne que l'acception dans laquelle ces mots sont employés.)

Action. Titre représentant la part que l'on a dans le capital social d'une entreprise. — L'*action* ne doit pas être confondue avec l'*obligation*, qui est un titre de rente fixe, remboursable dans un délai déterminé et émis par une société qui veut faire un emprunt.

Adjudication. Acte par lequel quelqu'un (*adjudicataire*) passe marché avec l'État pour une construction ou une fourniture; ces adjudications ont lieu avec publicité et concurrence.

Agent de change. Officier public nommé par l'État pour servir d'intermédiaire dans les opérations de Bourse. Il y en a 270 pour toute la France. C'est au règne de Charles IX que remonte l'institution des agents de change.

Airaines. Bourg de France (Somme), arrond. d'Amiens. 1 900 hab.

Aix. Ch.-l. d'arrond. (Bouches-du-Rhône). 29 000 hab. Ancienne capitale de la Provence. Académie et cour d'appel.

Albuminé. Enduit d'albumine, substance analogue au blanc d'œuf.

Alger. Résidence du gouverneur de l'Algérie et ch.-l. du départ. d'Alger. 71 000 hab. Port sur la Méditerranée, à 165 lieues des côtes de France.

Algérie. Grande colonie française au nord de l'Afrique. Population : 3 817 000 hab. Mines, culture des céréales, de la vigne, du tabac ; élève de bœufs et de moutons; industrie en voie de formation.

Amiens. Ch.-l. du départ. de la Somme. 74 000 hab. Grande ville industrielle. Cathédrale célèbre.

Ammoniacal. Qui contient de l'*ammoniaque* (composé d'azote et d'oxygène).

Andelys (les). Ch.-l. d'arrond. (Eure). 5 400 hab.

Angers. Ch.-l. du départ. de Maine-et-Loire. 73 000 hab.

Anne (Asile Sainte-). A Châtillon-lez-Bagneux (arrond. de Sceaux, Seine), à 8 kil. de Paris. 1500 hab. Entretenu par la ville de Paris pour le service des aliénés.

Antimoine. Métal vénéneux, d'un blanc bleuâtre, assez semblable à l'arsenic.

Appareiller. Se mettre en route. *Terme de marine.*

Archéologie. Science qui s'occupe des monuments anciens ; *archéologue*, celui qui pratique cette science.

Argot. Langage particulier aux vauriens et aux voleurs.

Armentières. Ch.-l. de cant. (Nord), arrond. de Lille. 28 000 hab. Tissages de toiles. Hospice d'aliénés.

Armistice. Suspension des hostilités.

Arras. Ch.-l. du départ. du Pas-de-Calais. 27 000 hab. Grand commerce de céréales.

Arrimage. Action de ranger convenablement la cargaison d'un navire.

Aurillac. Ch.-l. du départ. du Cantal. 14 600 hab.

Ausculter. Écouter les bruits de la poitrine pour reconnaître l'état des poumons ou du cœur.

Autun. Ch.-l. d'arrond. (Saône-et-Loire). Une des plus anciennes villes de France. 14 900 hab.

Auxonne. Ch.-l. de cant. (Côte-d'Or), arrond. de Dijon. 7 100 hab. Autrefois garnison d'artillerie.

Aviso. Petit navire de guerre particulièrement destiné à porter des ordres ou des dépêches.

Baccalauréat. Examen que l'on

passe à la fin des études secondaires (lycées ou collèges). Il y a le *baccalauréat ès lettres, ès sciences* et le *baccalauréat d'enseignement spécial*. Il faut être *bachelier* pour suivre les cours de *droit*, de *médecine*, etc., pour entrer dans beaucoup d'*écoles* et dans certaines *administrations*.

Bachelier. V. Baccalauréat.
Bailleul. Ch.-l. de cant. (Nord), arrond. d'Hazebrouck. 13 000 hab.
Balance. Opération par laquelle un commerçant arrête ses comptes, à certaines époques, pour être au courant de sa situation.
Bart (Jean), célèbre marin, né à Dunkerque (1650-1702).
Besançon. Ch.-l. du départ. du Doubs. 56 000 hab. Ville renommée par son horlogerie qui y occupe environ 13 000 ouvriers.
Bilan. Exposé de la situation d'un commerçant.
Billom. Ch.-l. de cant. (Puy-de-Dôme). 4 500 hab.
Billon. Jeu en usage dans le Nord. Il consiste à jeter des pièces de bois en forme de massue de façon à ce qu'elles soient le plus rapprochées possible d'un piquet fiché en terre.
Birmingham. Grande ville industrielle d'Angleterre, comté de Warwick. Près de 400 000 hab.
Blois. Ch.-l. du départ. du Loir-et-Cher. 22 000 hab.
Boissière (la). Village de France (Seine-et-Oise), arrond. de Rambouillet. 635 hab.
Bordeaux. Ch.-l. du départ. de la Gironde. 241 000 hab. Port sur la Garonne. Grand commerce de vins. Académie, cour d'appel.
Bréguet. Célèbre famille d'horlogers. Le plus célèbre est Abraham Bréguet (1747-1823). On dit un *bréguet* pour une montre sortie de la maison Bréguet.
Brest. Ch.-l. d'arrond. (Finistère), ch.-l. de préfecture maritime. Grand port de guerre. 71 000 hab.
Breteuil. Ch.-l. de cant. (Oise), arrond. de Clermont. 3 200 hab.
Breuvannes. Bourg de France (Haute-Marne), arrond. de Chaumont. 1 100 hab.
Briare. Ch.-l. de cant. (Loiret), arrond. de Gien, à la jonction avec la Loire du canal qui met ce fleuve en communication avec la Seine. 5 900 hab.
Brisée. Se dit d'une pâte compacte et ferme.
Buenos-Ayres. Cap. de la République Argentine (Amérique du Sud). 200.000 hab.

Burin. Instrument d'acier servant à graver sur les métaux.
Cabanon. Cellule où l'on enferme les fous dangereux.
Cabri. Jeune chevreau.
Caillot. Petite masse de sang coagulé.
Calligraphie. Belle écriture.
Cendrillon. Personnage d'un conte de fées.
Céramique. Fait avec de la terre cuite au feu.
Châlons-sur-Marne. Ch.-l. du départ. de la Marne. 23 000 hab.
Chambon-Feugerolles (le). Ch.-l. de cant. (Loire), arrond. de Saint-Etienne. 8 500 hab.
Chanteau. Morceau de pain entamé.
Chantilly. Bourg de France (Oise), arrond. de Senlis. 4 000 hab. Magnifique château. Fabrication de dentelles.
Chanzy. Général français (1823-1883). Lutta héroïquement pendant deux mois contre les Allemands avec des armées improvisées.
Chartres. Ch.-l. du départ. d'Eure-et-Loir. 20 000 hab.
Châtillon. V. Anne (Asile Sainte-).
Chaumont. Ch.-l. du départ. de la Haute-Marne. 13 000 hab.
Chlore. Corps simple, gazeux, jaune verdâtre, d'une odeur âcre, qui a la propriété de décolorer les matières végétales. Combiné avec de la chaux (*chlorure de chaux*), il s'emploie comme désinfectant. — Le *sel de cuisine* est un composé de chlore et de sodium (*chlorure de sodium*.)
Chronologiquement. En suivant l'ordre des dates.
Chronomètre. Montre de précision.
Clermont-Ferrand. Ch.-l. du départ. du Puy-de-Dôme, 47 000 hab.
Cluses. Ch.-l. de cant. (Haute-Savoie), arrond. de Bonneville. 1 900 hab.
Consigne. Endroit d'une gare où l'on dépose les bagages qui ne sont pas réclamés à l'arrivée.
Contrevenant. Celui qui commet une *contravention*, c'est-à-dire une infraction à une loi, à un règlement, à un arrêté.—Les contraventions peuvent être punies de l'amende jusqu'à 15 francs et de la prison jusqu'à 5 jours.
Corbeil. Ch.-l. d'arrond. (Seine-et-Oise). 7 500 hab.
Corbie. Ch.-l. de cant. (Somme), arrond. d'Amiens. 4 600 hab.
Cordon bleu. Cuisinière très habile. (Le cordon bleu était dans l'ancienne France l'insigne d'une décoration.)

Coté. Se dit des valeurs dont le cours est indiqué.

Creil. Ch.-l. de cant. (Oise), arrond. de Senlis. 7400 hab. Exploitation de pierres à bâtir.

Creusot (le). Ch.-l. de cant. (Saône-et-Loire), arrond. d'Autun. 27 300 hab. Son usine métallurgique est célèbre dans le monde entier.

Delirium tremens (mots latins signifiant *délire tremblant*). Délire accompagné d'un tremblement nerveux; c'est une maladie à laquelle sont exposés les ivrognes; elle aboutit à la folie complète ou à la mort.

Demoiselle (ou *hie*). Instrument dont on se sert pour enfoncer les pavés.

Dépôt. Prison où l'on enferme provisoirement les individus arrêtés; leur séjour y est de peu de durée.

Deule. Rivière de France qui passe à Lille; elle se jette dans la Lys; sa navigation est active. 86 kil. de cours.

Dijon. Ch.-l. du dép. de la Côte-d'Or. 61 000 hab.

Donjon. Grosse tour faisant partie d'un château et le dominant.

Douai. Ch.-l. d'arrond. (Nord). 30 000 hab. Cour d'appel.

Doubs. Grand affluent de la Saône. 430 kil. de cours, dont 73 sont navigables dans sa partie inférieure, et 220 flottables.

Ducasse. Mot qui dans le Nord désigne une fête communale.

Dunkerque. Ch.-l. d'arrond. (Nord). 37 000 hab. Port de commerce important.

Echassier. Oiseau à jambes très longues, comme la cigogne.

Ecrouer. Inscrire sur le registre des emprisonnements, par suite emprisonner.

Emeri. Substance minérale très dure qui, réduite en poudre, sert à polir les métaux, les marbres, les cristaux, etc. Dans les flacons qu'on appelle *bouchés à l'émeri*, on a usé le bouchon de verre dans le col même du vase à l'aide de cette substance; aussi ces flacons ferment-ils hermétiquement. En Europe, l'émeri se trouve particulièrement dans les îles de l'Archipel.

Enregistrement. Se dit soit de l'administration à qui l'on paye les droits dus pour faire transcrire certains actes sur le registre public, soit de ces droits eux-mêmes. La plupart des actes doivent être enregistrés; c'est une condition pour qu'ils puissent être produits en justice. Suivant la nature des actes, les droits à payer sont *fixes* ou *proportionnels* au montant des sommes qu'elles indiquent. Les indigents peuvent obtenir l'enregistrement gratuit des actes qui leur sont nécessaires.

Epilepsie. Maladie caractérisée par des convulsions et une perte subite de la connaissance et de la sensibilité.

Escompter. Payer par anticipation le montant d'un effet de commerce moyennant une prime convenue. C'est l'opération de banque la plus ordinaire.

Estaminet. Cabaret. Mot fort en usage dans le Nord.

Estampage. Opération qui consiste à faire une empreinte en relief au moyen d'une planche gravée en creux.

Estienne. Famille de savants imprimeurs français du XVIe et du XVIIe siècle.

Etienne (Saint-). Ch.-l. du départ. de la Loire. 118 000 hab. Une des plus grandes villes manufacturières de France.

Ezy. Bourg de France (Eure), arrond. d'Evreux. 1 600 hab.

Faidherbe. Général français (1818-1889). Gouverna longtemps le Sénégal et, à la tête de l'armée du Nord, combattit intrépidement les Allemands.

Ferronnerie. Ouvrages de fer ou de cuivre.

Filoselle. Soie grossière.

Fisc. Trésor public.

Flamingant. Qui parle flamand. Le flamand, langue voisine du hollandais, est encore en usage dans certaines parties du départ. du Nord (arrond. d'Hazebrouck et de Dunkerque).

Frasque. Action pleine d'extravagance.

Frénésie. Sorte de folie furieuse.

Fugue. Fuite inattendue, escapade.

Futaie. Forêt ou bois composé de grands arbres.

Galle. Excroissance qui se produit dans les feuilles de certains végétaux piqués par des insectes.

Galvanisé. Se dit du fer qu'on a recouvert d'une couche de zinc afin de le préserver de la rouille. Le nom de galvanisation a été donné à cette opération, qui serait mieux dite *zingage*, en souvenir du physicien italien *Galvani* (1737-1798).

Garcette. Sorte de fouet dont on frappait autrefois les matelots indisciplinés.

Gar-Rouban. Localité d'Algérie (départ. d'Oran) où se trouvent des mines de plomb argentifère.

Gélatine. Substance qui s'extrait

des os par l'action de l'eau bouillante et se transforme en gelée.

Genève. Ville de Suisse, ch.-l. du canton du même nom, sur le lac Léman. 68 000 hab.

Génie. Corps militaire chargé de construire, d'attaquer, de défendre les places fortes, d'exécuter les travaux de fortification en campagne et ceux qui concernent les voies ferrées, etc. Il y a 5 régiments du génie.

Gisement. Accumulation de minéraux dans le sein de la terre.

Goths. Peuple de l'ancienne Germanie qui envahit l'Empire romain et contribua à le détruire au ve siècle ap. J.-C.

Goulette (la). Port de Tunisie, sur le canal qui mène à Tunis, et très voisin de cette dernière ville. Population nomade d'environ 4 000 âmes.

Gray. Ch.-l. d'arrond. (Haute-Saône). 6 800 hab.

Grenoble. Ch.-l. du départ. de l'Isère. 52 000 hab. Académie et cour d'appel.

Grimoire. Style obscur.

Guttural. Qui se prononce de la gorge.

Guyane. Région de l'Amérique du Sud, dont une partie, peuplée d'environ 26 000 hab., est possédée par la France. Terrains aurifères. Ch.-l. *Cayenne*.

Haguenau. Ancien ch.-l. de cant. du départ. français du Bas-Rhin, arrond. de Strasbourg, aujourd'hui aux Allemands. 12 500 hab.

Hippolyte-du-Fort (Saint-). Ch.-l. de cant. (Gard), arrond. du Vigan. 4 100 hab.

Iodure d'argent. Résultat de la combinaison du corps simple appelé *iode* avec l'argent.

Junien (Saint-). Ch.-l. de cant. (Haute-Vienne), arrond. de Rochechouart. 8 400 hab.

Just (Saint-). Ch.-l. de cant (Oise), arrond. de Clermont. 2 500 hab.

Laminoir. Machine composée de deux cylindres d'acier, tournant en sens contraire, et entre lesquels on fait passer une masse de métal pour lui donner une forme déterminée.

Lapidaire (*document*). Document inscrit sur la pierre.

Ligneux. De la nature du bois.

Lille. Ch.-l. du départ. du Nord. 188 000 hab. Une des plus grandes villes industrielles et manufacturières de France. Académie. — En 1792, cette ville, assiégée et bombardée pendant 8 jours par les Autrichiens, les força à se retirer.

Londres. Cap. du Royaume-Uni de Grande-Bretagne et d'Irlande. 4 millions d'hab. Cette ville, la plus peuplée du monde, est le centre des industries les plus variées; le plus grand port de commerce qui existe (sur la Tamise.)

Longueau. Village de France (Somme), arrond. d'Amiens. 850 hab.

Loupe. Verre grossissant, convexe des deux côtés.

Lunes. Fantaisies, bizarreries d'idées ou de conduite. — On croyait autrefois à une influence des phases de la lune sur l'esprit de l'homme.

Lyon. Ch.-l. du départ. du Rhône. 402 000 hab. La première ville de France après Paris pour la population, le commerce et l'industrie. Filatures de soie célèbres. Académie et cour d'appel.

Manille. Espèce de chapeaux de paille dont le nom vient de la ville de *Manille*, capit. des Philippines, îles de l'Océanie appartenant à l'Espagne.

Mans (le). Ch.-l. du départ. de la Sarthe. 55 000 hab.

Marchenoir. Ch.-l. de cant. (Loir-et-Cher), arrond. de Blois. 700 hab.

Marseille. Ch.-l. du départ. des Bouches-du-Rhône. 376 000 hab. Un des premiers ports de commerce du monde entier (sur la Méditerranée).

Martinique (la). La principale des colonies françaises aux Antilles. 177 000 hab. Ch.-l. *Fort-de-France*.

Marvejols. Ch.-l. d'arrond. (Lozère). 5 100 hab.

Maubeuge. Ch.-l. de cant. (Nord), arrond. d'Avesnes. 18 300 hab. Grande place de guerre.

Mercure. Métal appelé aussi *vif-argent*, liquide à la température ordinaire; il devient solide à la température de 40 degrés au-dessous de zéro. Il sert à la construction des thermomètres, des baromètres, à l'étamage des glaces, etc.

Milourd. Dépendance d'Anor, commune de l'arrond. d'Avesnes (Nord), laquelle compte 4 900 hab.

Mirliflore. Homme d'une élégance affectée.

Mobilisé. Mis sur le pied de guerre.

Molière. Illustre auteur comique français (1622-1673). Il était aussi acteur. Ses pièces les plus célèbres sont *le Misanthrope*, *le Tartufe*, *l'Avare*, *les Femmes savantes*, etc.

Mons-en-Puelle ou **Mons-en-Pévèle.** Bourg de France (Nord), arrond. de Lille. 2 000 hab. Philippe le Bel y battit les Flamands en 1304.

Montreuil-sur-Mer: Ch.-l. d'arrond. (Pas-de-Calais). N'est pas un port malgré son nom. 3 400 hab.

Morbide. Qui a rapport à la maladie.

Moulure. Partie saillante, carrée ou ronde, droite ou courbe, qui sert d'ornement dans un ouvrage d'architecture.

Myopie. Vue courte qui ne distingue les objets que de près.

Naïade. Divinité mythologique qui présidait aux sources, aux fontaines, aux rivières.

Nancy. Ch.-l. du départ. de Meurthe-et-Moselle. 79 000 hab.

Nantes. Ch.-l. du départ. de la Loire-Inférieure. 127 000 hab.

Nantissement. Gage donné à un prêteur.

Navarrenx. Ch.-l. de cant. (Basses-Pyrénées), arrond. d'Orthez. 1 400 hab.

Nickel. Métal blanchâtre assez commun à la Nouvelle-Calédonie. Son usage tend à se répandre de plus en plus.

Nonette, petit affluent de l'Oise.

Obligation. V. Action.

Omer (Saint-). Ch.-l. d'arrond. (Pas-de-Calais). 21 000 hab.

Oran. Ville d'Algérie, ch.-l. du départ. de ce nom. 67 000 hab.

Ordinaire. Ce qu'on sert habituellement aux soldats ; le *caporal d'ordinaire* est chargé des provisions.

Organiques (Matières). Composés qui se rencontrent dans les organes des végétaux et des animaux.

Orientation. Situation par rapport aux points cardinaux.

Orléans. Ch.-l. du départ. du Loiret. 62 000 hab.

Oxyde de carbone. Gaz qui résulte de la combustion incomplète du charbon ; respiré en certaine quantité, il amène la mort.

Pamiers. Ch.-l. d'arrond. (Ariège). 12 000 hab.

Paris. Cap. de la France et ch.-l. du départ. de la Seine. 2 345 000 hab. C'est une des plus grandes villes manufacturières du monde ; le tiers environ de sa population se compose d'ouvriers de toute espèce.

Passage à niveau. Croisement d'une route et d'un chemin de fer au même niveau.

Pilastre. Gros pilier carré, orné comme une colonne, et ordinairement engagé dans un mur.

Pleurésie. Inflammation de la *plèvre*, membrane qui tapisse les côtes et enveloppe le poumon. Elle est causée d'ordinaire par un *refroidissement* et caractérisée par un *point de côté* ; c'est une maladie qui peut devenir grave.

Pontgibaud. Ch.-l. de cant. (Puy-de-Dôme), arrond. de Riom. 1 150 hab.

Privat (Saint-). Village d'Alsace-Lorraine, dans l'ancien départ. français de la Moselle. — Le 18 août 1870, 26 000 Français, avec 78 canons, y luttèrent contre 90 000 Allemands et 280 canons.

Proviseur. Chef d'un lycée.

Pulpe. Substance charnue et molle des fruits, des légumes.

Quentin (Saint-). Ch.-l. d'arrond. (Aisne). 47 000 hab. Tissus.

Raccord. Liaison établie entre deux parties d'une maçonnerie qui offrent ensemble quelque inégalité de niveau.

Rambouillet. Ch.-l. d'arrond. (Seine-et-Oise). 5 600 hab.

Rameux. Qui a des rameaux ou branches.

Ravaleur. Ouvrier qui fait un *ravalement*, c'est-à-dire un enduit à un mur.

Réclusion. Emprisonnement dans une maison de force ; la durée de la réclusion est de cinq ans au moins et de dix ans au plus.

Règle à calcul. Règle marquée de divisions et de chiffres, à l'aide de laquelle on peut exécuter des calculs et même des opérations assez compliquées. Inventée en 1625 par Gunter, elle a été depuis beaucoup perfectionnée.

Régulateur. Appareil d'horlogerie dont la marche sert à régler les pendules et les montres chez un horloger.

Reims. Ch.-l. d'arrond. (Marne). 93 000 hab. Les rois de France se faisaient sacrer dans la cathédrale de Reims.

Remmaillage. Action de refaire des mailles ou d'en faire de nouvelles pour unir deux parties d'un tricot.

Réunion (la). Autrefois *île Bourbon*, dans la mer des Indes, appartenant à la France. 170 000 hab. Ch.-l. *Saint-Denis*.

Rotterdam. Port important de la Hollande, sur la Meuse. 170 000 hab.

Roubaix. Ch.-l. de canton (Nord), arrond. de Lille. 92 000 hab. Importantes filatures de laine et de coton.

Rouen. Ch.-l. du dép. de la Seine-Inférieure. 107 000 hab. Grande ville industrielle et manufacturière.

Scellés. Bandes de papier ou rubans de toile apposés à des portes, des fenêtres, des meubles, etc., et qu'il est interdit de briser sous peine d'un emprisonnement de 1 à 3 ans.

Seclin. Ch.-l. de cant. (Nord), arrond. de Lille. 5800 hab. Filatures.

Second. Officier de la marine marchande qui vient immédiatement après le capitaine.

Sel d'argent. Résultat de l'action d'un acide sur l'argent. — Le sel d'argent utilisé en photographie est l'*azotate d'argent*, qui se prépare en dissolvant dans l'acide nitrique l'argent des monnaies; sous l'action des rayons solaires, il subit une décomposition chimique. Fondu et coulé en bâtons, il constitue la *pierre infernale* employée pour ronger les chairs. Sa dissolution peut servir à marquer le linge.

Senlis. Ch.-l. d'arrond. (Oise). 7000 hab.

Solférino. Village d'Italie (province de Brescia). Victoire remportée par les Français sur les Autrichiens en juin 1859.

Sousse. Ville de Tunisie. 10000 hab.

Stand. Champ destiné aux exercices de tir. *Mot anglais.*

Stationnaire. Navire de guerre qui surveille l'entrée d'une rade.

Strasbourg. Ch.-l. de l'anc. départ. français du Bas-Rhin, aujourd'hui aux Allemands. 105000 hab.

Surnuméraire. Employé qui travaille sans appointements en attendant qu'on l'admette au nombre des employés en titre.

Taillis. Se dit d'un bois que l'on taille de temps en temps.

Tannin (on écrit aussi **tanin**). Substance qui existe dans l'écorce de la plupart des arbres, et en particulier dans l'écorce du chêne, de l'orme, du marronnier, etc. L'écorce de chêne, qui est la plus riche en tannin, est utilisée pour le *tannage* des cuirs.

Thorax. Poitrine.

Tombouctou. Ville d'Afrique (Soudan). Environ 17000 hab. Entrepôt du commerce fait par les caravanes.

Tonne. Poids de 1000 kilogrammes.

Toulon. Ch.-l. d'arrond. (Var). 70000 hab. Préfecture maritime; Grand port de guerre sur la Méditerranée.

Tramway (tram-ouè). Voiture qui est traînée par des chevaux ou par la vapeur sur un chemin de fer à rails plats au niveau du sol. *Mot anglais.*

Tremper. Plonger le fer rouge dans l'eau froide pour lui donner des qualités nouvelles.

Trésorier-payeur général. Celui qui dans un départ. reçoit les fonds perçus et préside aux payements.

Truyère. Affluent du Lot. 175 kil. de cours.

Tunis. Cap. de la Tunisie. 135000 hab.

Tunisie. État de l'Afrique septentrionale, entre l'Algérie et Tripoli. 2100000 hab. Depuis 1882, le souverain de ce pays qui porte le titre de *bey* s'est placé sous le protectorat de la France. Cette contrée peut devenir fort riche si elle est bien administrée et exploitée avec intelligence.

Turgot (École). École primaire supérieure, établie à Paris par la municipalité dans l'intérêt des familles qui destinent leurs enfants au commerce et aux professions industrielles. Elle ne reçoit que des externes; l'enseignement comprend 3 années d'études.

Typhoïde (Fièvre). Maladie très grave, épidémique et contagieuse, due probablement à la présence d'un parasite dans l'intestin.

Usufruit. Jouissance des revenus d'un bien dont on n'a pas la propriété.

Vergeté. Couvert de petites raies de différentes couleurs.

Versailles. Ch.-l. du départ. de Seine-et-Oise. 50000 hab. Magnifique château bâti par Louis XIV.

Volontariat. Avant la loi militaire de 1889, les jeunes gens instruits pouvaient ne rester qu'un an sous les drapeaux au lieu de cinq ans, à la condition de subir avec succès, avant le tirage au sort, un examen spécial dit de *volontariat*. Les volontaires d'un an payaient à l'État une somme de 1500 francs. En temps de guerre, ils étaient appelés comme les autres.

Zoophyte. Animal qui ressemble à une plante (éponge, corail, etc.).

TABLE DES MATIÈRES

Aux enfants................ 3

Chap. I. — **La fin d'un honnête homme.**
Lettre de Charles Moreau à son ami Pierre Désormes. — L'article de l'*Echo de Longueval*........ 5

Chap. II. — **Longueval.**
Une sous-préfecture. — La famille Moreau.................... 11

Chap. III. — **Rue des Pierres.**
Retour du cimetière. — Justin Hubert. — Le testament de Moreau..................... 23

Chap. IV. — **Le frère et la sœur.**
Charles et Marguerite. — Discussion d'affaires. — Une lettre de Lille. — Le départ est résolu. — Le successeur du père Moreau. — Les droits de succession........ 31

Chap. V. — **Les derniers jours à Longueval.**
Le déménagement. — Maison vide. — Deux lettres de Pierre Désormes. — Le fils du forestier. — L'ex-canonnier Thomas, professeur de cuisine. — Evocation du passé. — Au cimetière de Longueval. — Les adieux. — Réflexions tristes..................... 48

Chap. VI. — **A Paris.**
L'arrivée. — Une maison de Paris. — Les cousins Ledru. — Un logement d'employé. — Jeune Parisien et jeune Parisienne. — A table. — Où le cousin Anatole continue à n'avoir pas raison. — De différentes connaissances qu'il est bon d'acquérir................ 78

Chap. VII. — **De Paris à Lille.**
La gare du Nord. — Une rencontre. — Ce qu'on voit le long d'une ligne. — Un monsieur communicatif. — Fin du voyage..... 98

Chap. VIII. — **Un faubourg industriel.**
Mme Degand. — La sortie des ateliers. — Intérieur flamand. — Installation. — Le budget de Charles et de Marguerite. — Les associations coopératives de consommation.................... 110

Chap. IX. — **Le ménage Bertin.**
Une pauvre femme. — Ce qu'était Claude Bertin. — Années heureuses. — Les suites d'une grève. — Claude à l'hôpital. — Retour à la raison. — Claude et son fils à Paris. — Deux complices. — Nouvelles cruelles. — Au dépôt et à Sainte-Anne. — Triste avenir. — Ce que sont les enfants des ivrognes..................... 122

Chap. X. — **Célestin Vincent.**
L'oncle perdu. — Nouvelles de Tunisie..................... 150

Chap. IX. — **Mariage.**
Coup d'œil à Longueval et à Origny. — Conversation de Justin Hubert et de M. Weber. — Ce qu'écrivait

Justin Hubert. — L'opinion de Mme Degand au sujet du mariage. — L'opinion de Charles..... 158

Chap. XII. — **Les Letellier.**

Une saisie. — Vanité et désordre. — Mauvais parents. — La débâcle. — L'opinion publique. — Histoire d'une conversion.......... 172

Chap. XIII. — **Braves gens.**

M. Baptiste, Mme Baptiste et les petits Baptiste. — Le retour de l'école. — Bons effets de l'ordre. — Une invitation. — La fête dans un village du Nord. — Chez les François. — Propos campagnards. — Un tour à la fête. — Un vilain personnage. — Le cas que Christophe Claeys fait de l'instruction.................... 185

Chap. XIV. — **Retour imprévu.**

Où Mme Bertin est peu rassurée. — L'oncle Célestin et Mme Degand. — Où il est beaucoup question de l'Afrique. — Où un célibataire parle du célibat. — Près de l'écluse......... 212

Chap. XV. — **Deux vies manquées.**

Sans enfants. — Tuteur et pupille..................... 223

Chap. XVI. — **L'enfant voleur.**

Au bureau de police. — Ce qui s'était passé à l'atelier. — L'aveu. — La responsabilité de Claude Bertin. — Où l'on entrevoit le capitaine Jean-Martin Vandercruyssen..... 231

Chap. XVII. — **Le coffret de chêne.**

Les papiers militaires de Moreau. — L'éducation physique. — Les campagnes de Célestin. — Les actes de l'état civil. — L'aïeul Jean Moreau. — Un contrat de mariage... 245

Chap. XVIII. — **Une bonne mère.**

Vieilles lettres. — Souvenirs de Marguerite................... 268

Chap. XIX. — **Qui commence tristement et finit joyeusement.**

Anniversaire. — La fiancée du marin. — Où des amis se retrouvent. — La demande en mariage. — Marguerite retournera à Longueval. 278

Chap. XX. — **Conclusion.**

Mariage de Marguerite et de Pierre. — Ce que deviendront les autres personnages............... 292

Lexique.................. 297

TABLE ALPHABÉTIQUE

DES NOTIONS DE DROIT USUEL, D'ÉCONOMIE DOMESTIQUE, D'HYGIÈNE ET DES LEÇONS DE CHOSES

Acajou	51	Garde champêtre	207
Actes de naissance, de mariage, de décès	258	Garde forestier	61
		Gaz	112
Actes respectueux	101	Horlogerie	162
Adoption	227	Houx	159
Alcool	123	Huile	154
Apoplexie	164	Hypothèque	127
Apprenti	6	Imprimerie	135
Assurance	178	Inventaire	42
Attitudes vicieuses	250	Juge de paix	210
Bail	42	Lime	247
Banque de France	224	Maisons de correction	145
Biens immeubles et biens meubles	266	Mandat de poste	139
		Marine de guerre	61
Bière	115	Marine marchande	211
Blanchissage	119	Minerai de fer	15
Bœuf	202	Mont-de-piété	179
Bonneterie	108	Moutarde	92
Boulanger	187	Nids	252
Bourses	62	Noms et prénoms	261
Boutons	33	Notaires	35
Bronchite	256	Octroi	85
Brou de noix	167	Opposition	180
Café	198	Palissandre	50
Caisse d'épargne	185	Papier timbré	263
Certificat de bonne conduite	127	Peau	275
Chair, muscles, nerfs, veines, cervelle	133	Peigne	276
		Photographie	214
Chauffage	118	Phtisie	147
Chicorée	199	Pierre de liais	72
Chiffre des échanges de la France avec les différents pays	96	Plantes textiles et tinctoriales	57
		Plâtre	130
Clef	247	Plomb	216
Colonies agricoles	238	Pneumonie	9
Conseil de famille et émancipation	125	Préfecture de la Seine	260
		Préfecture de police	142
Conserves	54	Receveur particulier	160
Convulsions	118	Renonciation	264
Cornichon	90	Rentes sur l'État	35
Cour d'assises	210	Rougeole	80
Cretonne	49	Saisie	172
Degré de parenté	82	Scarlatine	79
Dépêche télégraphique	52	Signaux	101
Dissolution de la communauté	205	Sociétés de secours mutuels	191
Donation	263	Stuc	81
Dot	29	Style gothique	12
Éclairage	118	Successions	47
Écluse	220	Testament	28
Écoles d'arts et métiers	21	Tournesol	196
Enfants de troupe	67	Tutelle	220
Éponge	275	Vente de magasin	41
Expositions	137	Vermicelle	89
Facture	273	Viaduc	106
Fonderie	201	Vinaigre	91
Fusil Lebel	205	Voies de fait envers un agent de l'autorité	208
Gants	174		

ARMAND COLIN et Cie, éditeurs, 5, rue de Mézières, Paris.

HENRY MARCHAND

Tu seras Agriculteur, Histoire d'une famille de cultivateurs. — Livre de lecture courante sur l'Agriculture et l'Économie rurale, par M. HENRY MARCHAND, chef de bureau au Ministère de l'Agriculture. 1 v. in-12, cart., illustré de 160 gravures.   1 60

Ouvrage couronné par l'Académie française (Prix Montyon) et par la Société nationale d'Agriculture de France (médaille d'argent); honoré de souscriptions des ministères de l'Agriculture, de l'Instruction publique, du Commerce et des Colonies; adopté par la Commission ministérielle des Bibliothèques populaires et pédagogiques et par la Commission des Livres de prix.

« L'agriculture est la plus noble des professions. »

En écrivant ce petit livre, M. Marchand s'est attaché à démontrer comment on peut vivre heureux à la campagne; que si la profession agricole exige un pénible labeur, elle donne, par contre, des satisfactions et des jouissances qu'on ne rencontre nulle part ailleurs.

Tu seras Agriculteur n'est donc pas un traité d'agriculture : « c'est l'histoire bien simple d'une honnête famille de cultivateurs qui, par l'ordre, le travail et l'intelligence, s'élève graduellement et finit par trouver le bonheur. »

L'auteur présente tout d'abord Pierre Durier, le héros du récit, au moment où il vient d'acquérir la ferme des Ajoncs; puis il raconte son enfance et ses débuts comme cultivateur. La description de la ferme, le récit des nombreuses améliorations qui y sont apportées, sont autant d'occasions saisies habilement par l'auteur pour indiquer, sous une forme attrayante, les divers travaux de la campagne, les soins à donner aux animaux domestiques, les bons résultats produits par une culture bien entendue.

Les personnages qui se meuvent dans cette histoire sont bien vivants; le récit des faits et gestes de Maurice, de Marie et de Suzanne intéresseront tout particulièrement les enfants et leur apprendront à aimer la culture de « cette terre que leur père et leur aïeul ont arrosée de leurs sueurs. »

Des *leçons de choses*, véritables articles encyclopédiques, et de nombreuses gravures explicatives complètent le texte et donnent encore plus d'intérêt à l'ouvrage.

La Première année d'Agriculture et d'Horticulture, par M. RAQUET, avec la collaboration de MM. FRANC et GASSEND. 1 volume in-12, cartonné 1 50

ARMAND COLIN et Cie, éditeurs, 5, rue de Mézières, Paris.

ÉMILE LAVISSE

Tu seras Soldat, Histoire d'un soldat français. — Récits et leçons patriotiques d'instruction et d'éducation militaires; livre de lecture courante, par M. ÉMILE LAVISSE, lieutenant au 8e bataillon de chasseurs à pied. 5 cartes, 200 gravures, lexique. 1 vol. in-12, cart. **1 40**

Ouvrage honoré d'une souscription du Ministère de la Guerre.

Honneur et Patrie.

Dans ce livre, destiné à la jeunesse des écoles, l'auteur a groupé, autour de personnages imaginaires, de nombreux récits authentiques, choisis autant que possible dans les temps les plus proches de nous.

En apprenant aux enfants les misères endurées par les soldats français, prisonniers de l'Allemagne pendant la guerre funeste de 1870-1871, en leur parlant des souffrances de la patrie, en répétant à chaque page ce qu'a coûté à la France l'invasion allemande, il a voulu toucher leur cœur et fortifier en eux l'amour du pays.

En exposant l'organisation de l'armée française simplement, avec des termes assez clairs pour ne déconcerter aucune intelligence, il a voulu montrer aux écoliers que la France est forte, bien organisée, et faire naître dans leur âme la confiance.

En expliquant la noble mission de l'armée, en prouvant son utilité, sa nécessité, en racontant les exemples de discipline et de dévouement donnés par ses officiers et ses soldats, il a voulu apprendre aux enfants à aimer cette armée, et les préparer à bien remplir un devoir sacré, le service militaire.

Ce livre contient des récits et des leçons; de plus 200 gravures anecdotiques ou explicatives viennent commenter le texte et ajouter encore à l'intérêt qui s'attache à l'ouvrage.

ARMAND COLIN et Cⁱᵉ, éditeurs, 5, rue de Mézières, Paris.

FERNAND BOURNON

Petite Histoire de Paris. Histoire. — Monuments. — Administration. — Environs de Paris, à l'usage de l'enseignement primaire, par M. FERNAND BOURNON, archiviste paléographe. 1 vol. in-12, avec 130 vignettes et 11 plans, dont 2 hors texte, cartonné. **1 60**

L'étude de l'histoire locale mérite de prendre place dans l'enseignement de nos collèges et de nos écoles, comme elle a déjà été introduite pour certaines régions, dans quelques-unes des Facultés de province.

Parmi les ouvrages innombrables dont *Paris* a été l'objet, il n'en a pas encore été fait un seul qui puisse donner aux enfants un tableau sommairement esquissé, mais cependant complet de son histoire. C'est pour combler cette lacune que nous avons voulu éditer une *Histoire classique de Paris*.

L'auteur présente dans la **Première partie** de son livre le récit des événements historiques dont Paris a été le théâtre.

La **Deuxième partie** donne la description des monuments dans l'ordre chronologique de leur construction et étudie au fur et à mesure de leur apparition les diverses transformations du style architectural.

La **Troisième partie** expose l'organisation actuelle de l'administration de la Ville avec la comparaison du passé et du présent.

Des plans, au nombre de 11, dont 3 hors texte, et 130 gravures accompagnées de légendes explicatives permettent à l'élève de suivre les agrandissements successifs de la capitale et lui font connaître les monuments disparus et ceux qui existent encore, les détails qui caractérisent les différents âges de notre architecture, les types des habitations parisiennes, les costumes, les usages de chaque siècle depuis l'origine jusqu'à nos jours.

PARIS, histoire, monuments, administration, environs, par M. FERNAND BOURNON. 1 vol. in-8°, illustré de 151 vignettes et 11 plans, dont 3 hors texte.................................. **7 "**

ARMAND COLIN et C¹ᵉ, Éditeurs, 5, rue de Mézières, PARIS.

H. RAQUET

La Première année d'Agriculture et d'Horticulture, d'après les programmes officiels. — Leçons. — Résumés. — Rédactions. — Problèmes. — Expériences et Excursions. — Questionnaires. — Hygiène du cultivateur. — Droit rural, par M. RAQUET, professeur départemental d'agriculture, avec la collaboration de MM. FRANC, professeur départemental d'agriculture, et GASSEND, directeur de la station agronomique des Bouches-du-Rhône. 1 vol. in-12, cartonné, avec 310 gravures. **1 50**

Ouvrage honoré d'une souscription du Ministère de l'Instruction publique.

L'enseignement de l'agriculture ayant été introduit dans les programmes de l'instruction primaire, il nous a paru nécessaire d'éditer un livre qui, sous une forme simple, élémentaire et méthodique, mît à la portée des enfants des écoles les notions indispensables de la science agricole.

Cet ouvrage fait connaître, non pas tout « ce qu'il est possible de savoir, mais bien ce qu'il n'est pas possible d'ignorer sur les plantes cultivées dans les champs et dans les jardins, sur l'élève et sur l'entretien des animaux domestiques, sur l'organisation et sur l'administration d'une culture ». Tout en donnant à ce livre une forme simple, pratique, les auteurs ont décrit, d'après les données les plus récentes de la science, ce qui fait la force et ce qui constitue essentiellement la valeur d'un engrais ou la force et la valeur d'un aliment.

La méthode adoptée pour cette publication est la seule qui convienne à l'enseignement primaire ; c'est « celle qui fait intervenir tour à tour le maître et les élèves, qui entretient, pour ainsi dire, entre eux et lui un continuel échange d'idées sous des formes variées, souples et ingénieusement graduées ».

La Première année d'Agriculture est ornée de nombreuses gravures qui expliquent le texte, et facilitent l'étude en la rendant attrayante.

ARMAND COLIN et Cⁱᵉ, Éditeurs, 5, rue de Mézières, PARIS.

COURS CHALAMET

La Première année d'Économie domestique et notions d'Instruction civique et de Droit usuel, ouvrage contenant des préceptes, des récits, des résumés, des gravures, des devoirs de rédaction à l'usage des écoles de filles, par R.-El. Chalamet. 1 vol. in-12, cartonné, avec vignettes. **1 10**

La même, *Livre du Maître*, contenant, à gauche, le texte de l'élève, à droite, des questionnaires, des lectures variées, les développements des devoirs de rédaction. 1 vol. in-12, cartonné, avec de nouvelles gravures. **2 50**

Dans cet ouvrage on s'est proposé de passer en revue les devoirs et les occupations des femmes et de faire une place dans les études scolaires des jeunes filles, à des travaux qui remplissent la plus grande partie de leur existence. Le plan de l'ouvrage rappelle sensiblement celui de la *Première année d'Instruction morale et civique*. Ce que le livre de Pierre Laloi est pour les garçons, on voudrait que la *Première année d'Économie domestique* le fût pour leurs sœurs.

Ainsi conçu, le livre répond à la fois à trois parties du programme des écoles primaires : 1° Morale ; 2° Travaux manuels, Couture, Économie domestique proprement dite ; 3° Instruction civique et Droit usuel. En parcourant les divers chapitres, il sera aisé de s'assurer que le programme a été suivi scrupuleusement. On s'est en outre efforcé de faire de la *Première année d'Économie domestique* un véritable manuel de travail pour les écoles de filles.

Ce que le précepte formule d'une façon nécessairement un peu sèche à cause de sa concision, le récit le fait pénétrer plus avant dans l'esprit et dans le cœur de l'élève par l'intérêt qu'il excite, par l'appel qu'il fait à l'imagination et au sentiment ; on ne s'est point privé, dans la *Première année d'Économie domestique*, de cette ressource précieuse.

Comme il faut aussi parler aux yeux quand on s'adresse à des enfants, de nombreuses gravures ont été intercalées dans le texte ; elles sont destinées à présenter sous une forme de plus et à graver dans la mémoire de l'élève les enseignements donnés par la maîtresse et puisés dans le livre.

ARMAND COLIN et Cⁱᵉ, Éditeurs, 5, rue de Mézières, PARIS.

MARIE DELORME

Les petits Cahiers de madame Brunet, Gouvernement de la Famille. — Hygiène et médecine usuelles. — Recettes de ménage. — Économie domestique. — Calendrier de la bonne ménagère. — Dialogues, par Mᵐᵉ MARIE DELORME. Ouvrage destiné aux jeunes filles et illustré de 22 vignettes. 1 vol. in-12, broché, 1 50; cartonné. 1 60

LE MÊME, relié toile, tranches dorées. 2 50

Ouvrage couronné au concours établi par la ville de Reims (Prix Doyen-Doublié) et par la Société d'encouragement au bien (Médaille d'honneur); admis par la Commission ministérielle des Bibliothèques populaires et pédagogiques, et honoré d'une souscription du Ministère de l'Instruction publique.

Ce petit manuel a été composé avec grand soin et avec le souci constant de n'offrir aux mères de famille que des enseignements faciles à comprendre et à pratiquer. Les conseils et recettes qu'on y trouve sont le fruit de longues années d'expérience et non le résultat d'une banale compilation. Les préceptes d'hygiène peuvent être appliqués dans tous les intérieurs; les recettes de cuisine sont choisies et énoncées de façon à pouvoir être mises en œuvre dans les ménages les plus simples. Elles ne contiennent aucun terme spécial qui ne soit expliqué dans un chapitre particulier. En ce qui concerne la médecine, on a évité soigneusement d'indiquer aucun médicament en dehors de ceux qu'une personne peu instruite peut employer sans danger.

Le livre est divisé en plusieurs parties très distinctes. Ce mode de classement, imposé par la variété des sujets qu'il traite, le rendra plus commode à lire et plus aisé à consulter.

Après un court prologue, sont présentés, sous forme de lettres, des conseils de toute nature, depuis ce qui concerne l'éducation, la morale, les bonnes manières, l'ordre et l'économie, jusqu'aux plus humbles indications pour le bien-être intérieur. L'hygiène, la médecine usuelle, les cas d'accident, d'empoisonnement, etc., les soins à donner aux malades, font l'objet de la seconde partie du livre. La troisième est consacrée à la cuisine, à l'économie domestique, aux conserves de ménage, etc. La quatrième, intitulée *Calendrier de la bonne Ménagère*, indique, pour chaque mois, chaque saison, les soins, les travaux, les plaisirs qui lui sont propres.

Enfin, dans des dialogues d'un tour familier et naturel, sont traitées quelques questions d'un intérêt sérieux pour les familles.

ARMAND COLIN et Cⁱᵉ, Éditeurs, 5, rue de Mézières, PARIS.

DICTIONNAIRE GAZIER
19 Cartes

Nouveau Dictionnaire classique Illustré, par M. A. Gazier, docteur ès lettres, maître de conférences à la Faculté des lettres de Paris. — *Vocabluaire français; Agriculture; Sciences; Histoire; Géographie; Hygiène; Industrie; Législation; Vie pratique*. 1 vol. in-12 de 800 pages; 19 cartes, 700 gravures, dont 70 figures d'ensemble, 1 000 articles encyclopédiques, cartonné. **2 60**
Relié toile, tranches rouges. **3 30**

Ouvrage honoré de souscriptions du Ministère de l'Instruction publique et adopté par la Commission consultative des Bibliothèques populaires communales et libres.

Le *Dictionnaire Gazier* se recommande, entre autres qualités, par la justesse et la simplicité des définitions. Chaque mot est expliqué d'une manière claire et précise, chaque sens du mot développé par un exemple choisi avec soin; cette précision est encore augmentée par l'indication des *synonymes* et des *contraires*.

Les figures n'ont pas été épargnées dans le *Dictionnaire Gazier*, non plus que les cartes. Ces dernières suffiraient à composer un atlas complet. Quant aux gravures, on s'est bien gardé de représenter les objets que l'enfant a quotidiennement sous les yeux; on a, au contraire, choisi des choses moins ordinaires, moins connues de lui, mais surtout on s'est attaché à donner des *figures d'ensemble*, dont les légendes expliquent la signification des termes groupés méthodiquement.

À ces explications viennent s'en ajouter d'autres d'un caractère particulier : on a rangé sous la rubrique générale **Encyclopédie**, un certain nombre d'indications qu'on a jugées utiles et qui portent de préférence sur les choses de la vie pratique : Hygiène, médecine domestique, législation, pédagogie, connaissances usuelles.

Emile LAVISSE
LIEUTENANT AU 8e BATAILLON DE CHASSEURS A PIED

TU SERAS SOLDAT

Histoire d'un Soldat français. — Récits et leçons patriotiques d'Instruction et d'Éducation militaires. — 200 grav., 5 cartes, lexique. 1 v. in-12, cart. 1 40

Honneur et Patrie.

Dans ce livre destiné à la jeunesse des écoles, l'auteur a groupé autour de personnages imaginaires, de nombreux récits authentiques, choisis autant que possible dans les temps les plus proches de nous.

Il rappelle les souvenirs de l'invasion, les leçons de la guerre de 1870-71. Il expose l'organisation de notre armée, il prouve que la France est forte et fait naître la confiance dans l'âme de l'enfant.

Il lui explique aussi la noble mission de l'armée et rapporte de nombreux exemples de discipline et de dévouement pour lui faire aimer cette armée et le préparer à remplir un devoir sacré, le service militaire.

Fig. 37. — Un drapeau décoré (Chasseurs à pied).

Des récits attachants alternent avec les leçons. Deux cents gravures illustrent les épisodes du texte, ou facilitent la compréhension des explications techniques.

Paris. — Imp. E. CAPIOMONT et Cie, rue des Poitevins, 6.

www.ingramcontent.com/pod-product-compliance
Lightning Source LLC
Chambersburg PA
CBHW071503160426
43196CB00010B/1407